Das

Expropriations-Recht

und das

Expropriations-Verfahren

nach

dem neuesten Standpunkt der Wissenschaft
und der Praxis

dargestellt

von

Adolar Thiel,
Rath am Königlichen Appellationsgericht zu Insterburg.

„Suum cuique tribue“.

BERLIN.
Verlag von Julius Springer.
1866.

ISBN 978-3-642-50550-8 ISBN 978-3-642-50860-8 (eBook)
DOI 10.1007/978-3-642-50860-8

Softcover reprint of the hardcover 1st edition 1966

Vorrede.

Der Verfasser hat die Ehre, allen Denen, die sich dafür interessiren, die Frucht seiner Studien über die Lehre von der Expropriation in dem gegenwärtigen Werk darzubieten. Es ist dies eine von denjenigen Materien, die vermöge ihrer hohen socialen Wichtigkeit bestimmt zu sein scheinen, nicht bloss im jetzigen, sondern auch in späteren Jahrhunderten eine bedeutende Stelle für sich in Anspruch zu nehmen. Nachdem besonders das Deutsche Volk so lange idealen Zielen sich zugewandt hat, strebt es mit verdoppeltem Eifer, durch angestrengte Thätigkeit die materiellen Güter dieses Lebens zu erringen und auch auf diesem Felde lohnender Arbeit mit den alten Culturstaaten Europa's ebenbürtig zu rivalisiren.

Noch vor dem Streben des Einzelnen, auf dem eröffneten individuellen Arbeitsfelde sich eine solide und wohlhäbige Existenz zu verschaffen, treten hier die Kollektiv-Unternehmungen hervor, an denen der Staat, als die Gesammtheit aller Bürger ein vorzügliches Interesse hat. Sie erhöhen und befördern den Wohlstand der Nation; damit den jedes Einzelnen. Diese können aber nicht anders, als im Wege des Zwanges durchgeführt werden; dadurch greift der Staat in das Privatrecht des Einzelnen ein und daraus ergiebt sich die Nothwendigkeit der Expropriation.

Die Schriften, welche dem Verfasser über diese Lehre bekannt geworden, gehen vom Standpunkt des Gelehrten wesentlich aus. Sie vergleichen verschiedene, meist Deutsche Gesetzgebungen, suchen aus diesen die allgemeinen Grundsätze zu entwickeln und ziehen aus diesen ihre Schlussfolgerungen. Ihr Inhalt, sowie ihr Zweck ist darnach in der Hauptsache ein theoretischer.

Der Verfasser hat es versucht, für einen andern vorwiegend praktischen Zweck in seinen Betrachtungen über die Expropriation zu arbeiten. Es kam ihm darauf an, nicht nur für Diejenigen, die sich ex professo mit dieser Materie beschäftigen, sondern auch für Diejenigen, die ein praktisches Interesse zur Sache haben, mit möglichster Deutlichkeit auseinanderzusetzen:

einerseits: in welche Rechtsverhältnisse die Expropriation eingreift und welche sie selbst erzeugt;

andererseits: unter welchen Formen sie sich vollzieht.

Eine unmittelbare Folge dieser Scheidung ist die Trennung des Werks in zwei Theile: den materiellen, der das Expropriationsrecht, und den formellen, der den Expropriationsprozess im weitern Sinne von seiner ersten gesetzlichen Begründung an bis zum vollständigen Abschluss des Verfahrens umfasst. Die Abweichungen von dem gewöhnlichen Verfahren sind in einem besondern Abschnitt über den summarischen Expropriationsprozess zusammengefasst.

Deshalb sind, soweit es sich um eine feste allgemeine Grundlage handelt, vor allen Dingen das gemeine Recht, als das gemeinsame, die ganze Deutsche Nation umschlingende Band, dann im Einzelnen die Gesetzgebungen von Frankreich, Preussen, und die des einzigen Europäischen Bundesstaates, der Schweiz, einer eingehenden Betrachtung unterworfen. Die vorzügliche Berücksichtigung der Preussischen Gesetzgebung findet schon darin ihre einfache Erklärung, dass sie eine der reichhaltigsten ist und jetzt gerade in dem interessanten zu weiteren Ausführungen auffordernden Stadium sich befindet, dass durch ein neues Expropriationsgesetz die ganze Lehre einen festen Stützpunkt erhalten soll.

Es ist nicht vergessen worden, bei den einzelnen Fragen die dem Verfasser zugänglichen wichtigen Erkenntnissquellen aus den Entscheidungen aller Deutschen obersten Gerichtshöfe mit Genauigkeit zu benutzen. Nicht weniger sind die Hülfen dankbar angewendet, welche die praktischen Wissenschaften, namentlich Nationalökonomie und Landwirthschaft, an die Hand geben. Für Denjenigen, der sich, gleich dem Verfasser, für die Lehren der Geschichte interessirt, ist in einem besondern Kapitel eine kurze historische Uebersicht der Handhabung unserer Lehre gegeben.

Der Verfasser verlangt nicht, dass der Leser, den er als seinen Mitarbeiter ansieht, ihm in seiner Arbeit auf's Wort glaubt, um so weniger, als sie gleichmässig die schwierigsten Gebiete des öffentlichen und des Privatrechts, gewissermaassen ein Stück des „Jus gentium" umfasst. Der Unvollkommenheit seiner eigenen Erkenntniss und der Unzulänglichkeit der gebrauchten Hülfsmittel sich sehr wohl bewusst, die sich in der Hauptsache auf sein eigenes Gedächtniss und seine eigene geringe Bibliothek beschränkten, wünscht er, dass bei jedem Schritt von dem Leser selbst genau geprüft wird, inwiefern die entwickelten Ansichten richtig, und, wo dies nicht der Fall, dass sie von kundigerer Hand berichtigt werden mögen. Um dem Leser die Mittel dazu, soweit sie zu Gebot standen, in die Hand zu geben, sind bei allen erheblichen Fragen die Belagstellen für die dargestellte Ansicht angegeben. Und zwar sofort nach Richterbrauch im Text selbst, nicht etwa in Noten unter, oder in Exkursen hinter dem Text, weil erfahrungsmässig beiderlei Arten von Belägen den Leser ohne Noth bemühen und deshalb auch nicht selten das Schicksal haben, nicht gelesen zu werden.

Ist endlich dem Verfasser das Glück beschieden, dass in der vorliegenden Arbeit ein nicht unbrauchbarer Baustein für die von ihm behandelte Materie gefunden wird und dass theilnehmende Leser sich die Mühe nehmen, ihn aus dem Schatze ihrer Kenntnisse und praktischen Erfahrungen zu belehren, so wird ihm dies ein reicher Lohn für seine Bemühungen um Förderung gemeinnütziger Wahrheiten sein. So viel an ihm, wird er bestrebt sein, in den ihm verbleibenden Mussestunden mit Fleiss und Eifer auf dem begonnenen Wege rüstig fortzuschreiten, wenn seine Bestrebungen Anklang finden.

Insterburg, den 2. November 1865.

Adolar Thiel.

Inhaltsverzeichniss.

Zweites Buch.

Expropriationsprozess.

Siebentes Kapitel. Allgemeine Grundsätze in historischer Entwickelung.

Erster Abschnitt. Gewöhnliches Expropriationsverfahren.

Achtes Kapitel. Expropriationsgesetze und Verordnungen.

Neuntes Kapitel. Die administrative Leitung.

Zehntes Kapitel. Gerichtliche Festsetzung der Entschädigung.

Eilftes Kapitel. Die Besitzergreifung und der Schluss des Expropriationsverfahrens.

Zweiter Abschnitt.

Zwölftes Kapitel. Ausserordentliches Expropriationsverfahren.

Erstes Buch.

Expropriationsrecht.

Erstes Kapitel.

Der Rechtsbegriff der Expropriation.

Die Doktrin vom Dominium eminens des Staats dürfte jetzt keine Anhänger mehr zählen. Sie stellt den Staat als den allein berechtigten Eigenthümer, den „Einzigen“ dar Alle Besitzenden sind nur Niessbraucher Dessen, was sie für ihr Eigenthum halten, so lange es jenem wahren Eigenthümer gefällt. Der Privateigenthümer sinkt dadurch in die Klasse der Staatshörigen herab. Es ist dies Communismus, der, ersonnen unter der absolutesten Herrschaft Ludwigs XIV., gleiche Geltung während der ersten französischen Revolution durch Baboeuf sich zu verschaffen suchte. a. Dominium eminens des Staats.

Nicht besser steht es um die Lehre vom Jus eminens des Staats. Denn diese Theorie sublimirt nur die gröbere Theorie vom Dominium eminens. Danach ist der Staat in Wahrheit der Alleinberechtigte: die Rechte des Einzelnen müssen vor diesem angeblich höheren Rechte verschwinden. Sie vernichtet also die Individualität zum vermeintlichen Besten der Gesammtheit, vergisst aber völlig, dass über der Gesammtheit, gleich wie über dem Individuum das Gesetz steht, als der Gegensatz der Willkür und die Manifestation des in ihm vollgültigen Ausdruck findenden, rechtsmässigen Gesammtwillens. b. Jus eminens des Staats.

Aus bloss staatsrechtlichen Theoremen lässt sich daher der Rechtsbegriff der Expropriation nicht bilden. Ebensowenig aus rein privatrechtlichen Lehrsätzen.

c. Kauf. Man hat versucht, unter Beifall gemeinrechtlicher Lehrer und Richter,

Urtel des O. A. G. zu Lübeck, vom 19. November 1850; Seuffert, Archiv B. 4. N. 117. S. 195;
Dekret des vormaligen O. A. G. zu Wolfenbüttel vom 5. Juli 1844 Seuffert, Archiv B. 14. N. 226. S. 376;
Beseler, Deutsches Privatrecht B. II. §. 90. N. IV. S. 101.

die Expropriation als eine Art des Kaufs zu betrachten und dieser Anschauung ist auch das Preussische Landrecht I. 11. §. 4. seiner Zeit vorausgegangen, indem es den Staat für berechtigt erachtet, Jemand zum Verkauf seiner Sache „zum Wohl des gemeinen Wesens" zu nöthigen. Specieller noch ist die Expropriation vom Standpunkt eines nothwendigen Verkaufs erwogen und diesen nimmt ein Erkenntniss des Obertribunals zu Berlin — Entscheidungen Bd. 35 S. 395 — ein, dessen scharf gezogene Consequenzen jedoch zu einem andern Resultat führen möchten.

In der That lässt sich die Expropriation weder als ein blosser Kauf, noch als eine nothwendige Subhastation prädiciren. Grundbedingung des Kaufs sind homogene Privatwillen von Civilkontrahenten. Bei der Expropriation stehen heterogene, nicht zu Einem gemeinschaftlichen Willen auf demselben Boden zusammenwachsende Singularwillen einander gegenüber. Die eine Partei ist der Staat, als eine Persönlichkeit des öffentlichen Rechts: die andere ein Privatmann, also eine civilrechtliche Person. Der Wille beider ist auch nicht auf ein übereinstimmendes Ergebniss gerichtet.

Der Staat ist der Angreifer, der Privatmann der Vertheidiger.

d. Nothwendiger Verkauf. Ebensowenig lässt sich die Expropriation unter den Begriff der nothwendigen Subhastation subsumiren oder auch nur mit ihr in Parallele stellen. Denn der Schluss beider Operationen, dass durch Anwendung des Zwanges obrigkeitlicher Gewalt Jemand sein Eigenthum verlieren soll, passt noch nicht einmal auf alle Expropriationen, auf diejenigen nämlich nicht, durch welche dem Eigenthümer nur temporär der Gebrauch seines Eigenthums genommen, nach Erreichung dieses Zwecks aber ihm die volle Nutzung zurückgestellt wird. Es möchten ferner wesentlich verschiedene Funktionen des Staats nicht genau von einander geschieden sein. Bei der nothwendigen Subhastation verkauft nicht der Staat als solcher, sondern die Privatgläubiger des Grundbesitzers verkaufen sein Eigenthum, um zu ihrer Befriedigung wegen ihrer Forderungen zu gelangen. Der Staat giebt nur im Wege der Exekution sein Ministerium her, um diesen Privatverkauf ordnungsmässig und unter Beobachtung der vorgeschriebenen Formen zu vollziehen. Bei der Expropriation verkauft der Staat nichts, er kauft auch nichts, vielmehr nimmt er die Sache, die Er braucht, dem Privateigenthümer weg, der ihm als solcher vorher nichts schuldig war. Und dies sogar in dem Falle, dass der Privateigenthümer zur wirklichen Anwendung des Zwanges es nicht kommen lässt. Von diesem darf man nur sagen: coactus voluit! Sein Wille hört auf, frei zu sein. Er muss weichen und deshalb kann auch dann von Abschluss eines Kaufgeschäfts, der zwei freie Entschliessungen von Privaten voraussetzt, nicht die Rede sein.

Die hier dargestellte Ansicht:

> „dass die Expropriation nicht vom Gesichtspunkt des privatrechtlichen Kaufes oder eines nothwendigen Verkaufes aus anzusehen sei,“

hat auch das Obertribunal zu Stuttgart in seinen Entscheidungen vom 12. August 1847 und 28. December 1850

Seuffert Archiv B. 4. N. 41. S. 83.

angenommen.

e. Opfer an den Staat.

Die Lösung der Frage muss daher auf einem andern Gebiet, auf dem des öffentlichen Rechts gefunden werden, das privatrechtliche Folgen nach sich zieht. Jedes schwächere Recht muss dem stärkeren weichen, überall, wo beide kollidiren. Das Recht des Staats ist gewiss das stärkste von allen, weil es das Recht der Gesammtheit repräsentirt. Das Recht des Einzelnen im Staat ist schwächer, weil er nur ein Bruchtheil, sogar ein unendlich kleiner Bruchtheil des Ganzen ist. Sein Recht hat allerdings auch den Anspruch auf den besonderen Schutz der Gesammtheit und das um somehr in Fragen, die das Eigenthum betreffen, als dieses eine der beiden Grundsäulen der ganzen bürgerlichen Existenz ist. Man kann aber in Anwendung des Spruches:

> „Salus publica suprema lex esto,“

vom Einzelnen mit Recht verlangen, dass er sich dem Willen der Gesammtheit fügt, wo dieser nach einem unabweislichen Bedürfniss mit zwingender Nothwendigkeit in den Formen des Gesetzes ihm gegenübertritt. Das Geschehenlassen der Entziehung seines Eigenthums Seitens des Einzelnen, das im Falle vorübergehender blosser Gebrauchsentziehung zu einem „emprunt forcé" sich gestaltet, kann man daher füglich als ein dem Staat dargebrachtes Opfer betrachten. So ist es auch in älteren und neueren Gesetzen angesehen. Schon das Preussische Landrecht — Einl. §. 75 — spricht von der „Aufopferung" der besonderen Rechte und Vortheile, zu der Jemand für „das Wohl des gemeinen Wesens" „genöthigt" wird. Die Französische Charte vom 7. August 1830 — in diesen Punkt fast wörtlich übernommen in die Verfassung der Französischen Republik vom 4. November 1848, Art. 11 — drückt sich gleichfalls dahin aus (Art. 11): „L'État peut exiger le sacrifice d'une proprieté." Man darf hienach annehmen, dass es eine öffentliche Pflicht des Einzelnen ist, sein Eigenthum dem Staat zum Opfer darzubringen, wenn das unabweisliche Bedürfniss desselben dies gebieterisch erheischt.

f. Consequenzen aus der Kauftheorie.

Für die Richtigkeit des hier gewonnenen Resultats spricht denn auch wenigstens negativ, dass alle Folgen, die regelmässig bei einem abgeschlossenen Kaufgeschäft eintreten, bei der Expropriation nicht statthaben können.

Zunächst bedarf es nicht der Errichtung eines Vertrages, wie auch die Obertribunale zu Berlin und zu Stuttgart in den angeführten Entscheidungen, B. 35. S. 395; Seuffert Archiv, B. 4. S. 84 anerkennen. Sogar da, wo, wie in Preussen alle Parzellirungsverträge dem Zwange des gerichtlichen Abschlusses bei Strafe der Nichtigkeit unterworfen sind — Parzell. Ges. vom 24. Mai 1853. §§. 2—3 G. S. S. 241 — wird dem Princip der freieren Bewegung der Expropriationsgeschäfte insofern nachgegeben, als diese — §. 5 N. 5. — in der gswöhnlichen sonst rechtsgültigen Form zu Stande gebracht werden können, ohne Unterschied, ob die „Veräusserung selbst durch Expropriation" oder durch „freien Vertrag" bewirkt wird: unzweifelhaft deshalb, weil der Wille des Expropriaten kein freier Privatwille ist.

Ebensowenig kann wohl der Expropriat dazu angehalten werden, die expropriirte Sache dem Staat zu tradiren, wenngleich das Preussische Eisenbahngesetz vom 3. November 1838 — §. 11, G. S. S. 568 — von einer Verpflichtung des Eigenthümers spricht, das expropriirte Grundstück der Gesellschaft gegen Zahlung oder Deposition der Entschädigung zu übergeben, und die Regierung ermächtigt, ihn „nöthigen Falles" dazu anzuhalten. Das Recht des Staats auf eine expropriirte

Sache charakterisirt sich wesentlich als eine Occupation; er mag die Sache nehmen, die er gebraucht. Der Eigenthümer muss sich dies gefallen lassen; er muss die „Einweisung des Staats in den Besitz“ — die missio in possessionem, wodurch das Recht des Staats regularisirt werden soll, — über sich ergehen lassen. Eine eigene Thätigkeit kann von ihm nicht verlangt werden. Mit Recht haben daher das Oesterreichische und das Französische Recht — B. G. B. §. 365, Code civil art. 545 — vermieden, im Falle der Expropriation von der bei einem Kauf sonst dem Verkäufer obliegenden Verpflichtung zur Uebergabe — B. G. B. §. 1061., C. C. art. 1582 — zu reden. Sie begnügen sich, hierin übereinstimmend mit dem Preussischen Berggesetz vom 24. Juni 1865, §§. 65, 135, 136, die Verpflichtung des Expropriaten auszusprechen, die Sache „abzutreten“ — céder la proprieté.

Bei dieser Sachlage ist es auch unmöglich, dass aus irgend einem civilrechtlichen Grunde von einer der beiden Parteien Gewährleistung gefordert und Entschädigung angesprochen werden kann. Es lässt sich auf keiner von beiden Seiten ein dolus oder culpa denken, weil diese eine civilrechtlich freie und deshalb zu imputirende Willensaktion voraussetzen. Der Staat nimmt die ihm unentbehrliche Sache, wo, und in welchem Zustande er sie findet. Daraus folgt weiter für ihn die Verbindlichkeit, die Sache auch nur so, wie sie ist, weiter zu veräussern: ein Anspruch wegen Fehlerhaftigkeit der von ihm in Besitz genommenen, später von ihm weiter veräusserten Sache wird civilrechtlich nicht verstattet. Wir entnehmen dies aus dem Römischen Recht, bei welchen leider in den Schriften der klassischen Juristen nur sehr dürftige Sätze über diese wichtige Materie erhalten sind. Namentlich lehrt Ulpian — §. 3. Fr. 1, §. 2. Fr. 38 de Aedil. Ed. XXI, I. — dass, „mancipia et iumenta“, vom Fiskus (vom Staat, als Subjekt von Vermögensrechten) verkauft, den Regeln des Aedilitischen Edikts über vitium und morbus nicht unterworfen sind. Vom Zwange der Expropriation ausgehend, hat auch das Obertribunal zu Berlin in einem nach Preussischem Recht abgeurtheilten Falle — „Militairfiskus c/a. Herzog von Ratibor“, Striethorst Archiv. Bd. 43. S. 339 — im umgekehrten Falle den Fiskus, als Annehmer eines Mobilmachungspferdes, mit der Klage auf Rückzahlung des für ein solches gezahlten Preises wegen angeblicher Gewährsmängel zurückgewiesen.

Mit der Subsumtion derartiger Fälle unter die Lehre vom Kauf oder vom nothwendigen Verkauf liesse sich freilich nicht die Pflicht des Expropriaten zu einer etwaigen Gewährleistung und zur Prästation des Interesses beseitigen. Denn selbst bei der nothwendigen Subhastation müssen nach Preussischem Recht die verkaufenden Gläubiger, wenngleich nur im beschränkten Masse, wie beim Kauf per aversionem Gewähr leisten. A. L. R. I. 11. §. 344, §. 213.

Wie wenig aber die Expropriation dem Kauf unterzuordnen, zeigt sich auch darin, dass Rescission des Geschäfts wegen laesio enormis nicht zuzulassen ist. Nach der ursprünglichen Disposition der Kaiser Diocletian und Maximian — l. 2 Cod. de rescindend. vendit 44,4 — sollte dieser Rechtsbehelf nur dem Verkäufer zu gut kommen. Nach der jetzt in der gemeinrechtlichen Praxis wohl allgemeiner adoptirten Ansicht des Donellus in seinem Commentar zum Codex ist er, weil dies „aperte beneficium caussae, non personae", auch auf den Käufer ausgedehnt. Er leidet aber deshalb keine Anwendung auf Expropriationen, weil das Grundstück in dem Augenblick, in welchem es der Staat überkommt, aufhört, eine res in commercio zu sein, also dem vermeintlichen Verkäufer nichts zurückgegeben werden kann. Der Staat aber, als der angebliche Käufer, würde schon darum nicht in der Lage sein, das Geschäft aufzurufen, weil der Regel nach nicht der gemeinhin gewöhnliche Werth, sondern ein aus verschiedenen, sich jeder genaueren Berechnung entziehenden Faktoren zusammengesetzter Werth den Maassstab bei der Preisbestimmung gebildet hat. Der letztere Grund ist im Preussischen Recht leitend gewesen, um den Käufer, dem nach dessen Grundsätzen allein der Einwand der Verletzung über die Hälfte zusteht, — A. L. R. I. 11. §. 59 —, gerade bei Expropriationen ihn zu versagen. Bei diesen kommt nicht bloss der gemeine, sondern auch der ausserordentliche Werth in Betracht — §. 9 a. a. O.: in Fällen dieser Art cessirt das „Remedium de rescindenda venditione" §. 66. a. a. O. — umsomehr, „als schon der Begriff des Werths relativ ist und dabei soviel auf Umstände, Verhältnisse, Rücksichten, Spekulationen, Liebhabereien u. s. w. ankommt." — Suarez amtliche Vorträge bei der Schlussrevision des A. L. R. v. Kamptz J. B. B. 41. S. 16.

Ferner schützt auch gegen die Expropriation gemeinrechtlich keine Verjährung, kein Erlass der höchsten Staatsgewalt, weil sie dem öffentlichen Recht angehört und sich mit unabweislicher Nothwendigkeit geltend macht.

„Praescriptio temporis iuri publico non debet obsistere, sed ne rescripta quidem. c. 22. Cod. Thudos. d. opp. publ. XV, 1.

Endlich ist zu berücksichtigen, dass durch die Expropriation jede Rechtsverfolgung in Beziehung auf den expropriirten Gegenstand in den Formen und mit dem Schutze des Civilprocesses unmöglich wird, eine Folge, die nicht eintreten könnte, wenn dieselbe nur den civilrechtlichen Charakter eines Kaufs hätte. Die Procedur des Staats, der, vermöge seines Expropriationsrechts in den dauernden oder vorübergehenden Besitz der Sache einzutreten sich bemüht, lässt sich weder als eine vis expulsiva, noch als vis inquietativa nach der generalisirenden Theorie der Glossatoren auffassen. Es darf daher der Interdictenschutz, in Preussen das possessorium summariissimum nach den Vorschriften des Titels 31 der Prozessordnung, vom Civilrichter nur dann ertheilt werden, wenn zuvor festgestellt ist, dass die angebliche Störung sich nicht als ein Ausfluss des staatlichen Expropriationsrechts herausstellt. Urtel des Obertribunals zu Berlin vom 3. Juni 1864, Entscheidungen B. 51. S. 97. In jedem andern Falle ist er unzulässig, namentlich bei den von der Regierung ertheilten Besitz-Einweisungen für Expropriationen. Urtel des Competenzgerichtshofes zu Berlin: vom 19. Juni 1858, Justizministerial-Blatt p. 1859 S. 46. vom 11. Februar 1865. J. M. p. 1865. S. 99, 106.

Jede petitorische Realklage und jede Realexekution, die sich auf den Gegenstand der Expropriation bezieht, muss ebenfalls in dem Augenblick eingestellt werden, in welchem der Staat das Grundstück mittels Expropriation an sich ziehen will.

Nach Preussischem Recht kann freilich abweichend vom gemeinen — l. 2. pr. Cod. d. quadrienn. praescr. VII, 37 — ein in nothwendiger Subhastation verkauftes Grundstück vindicirt werden, A. L. R. I. 15. §. 42. Entsch. Bd. 30. S. 69: ein expropriirtes gewiss nicht, weil der Staat das festhält, was er einmal genommen hat. Das bezeichnete Princip ist klar ausgesprochen im Art. 18. des neuesten Französischen Expropriationsgesetzes vom 3. Mai 1841, worin es heisst:

„Les actions en résolution, en révendication et toutes autres actions réelles, ne pourront arrêter l'expropriation, ni en êmpêcher l'effet. Le droit des reclamants sera transporté sur le prix, et l'immeuble en demeurera affranchi.“

Urtel des Berliner Competenzgerichtshofes vom 18. März 1865. — J. M. Bl. 1865. S. 109.

Wir glauben demgemäss noch weiter gehen und behaupten zu dürfen, dass sogar die Wirkung eines rechtskräftigen Urtels und der Versuch, diesem durch nothwendige Subhastation Nachdruck zu geben, durch eine dazwischen tretende Expropriation annullirt wird, wie dies durch die Worte „ni en empêcher l'effet“ treffend ausgedrückt wird. Der Staat ist keine Civilpartei, sobald er kraft des Expropriationsrechtes in die Arena eintritt; res litigiosa und res iudicata, als nur civilrechtliche Begriffe, kümmern ihn nicht. Seine Thätigkeit übt den unwiderstehlichen Einfluss der vis maior auf alle Civilbetheiligten aus. Sogar eine eingeleitete nothwendige Subhastation geht ihn nichts an, weil sie nur die letzte Verwirklichung des Rechts eines obsiegenden Civilklägers auf einen Gegenstand bezweckt, der durch die Expropriation aufhört, subhastabel zu sein. Vorgängige Civilprozesse und anhängig gemachte Subhastationen Rücksichts des Gegenstandes der Expropriation kommen daher nur insoweit in Betracht, als sie für die Legitimation des Empfängers der Entschädigung von Belang sind, die dem Civilrecht wieder anheimfällt.

Fassen wir diese negativen Kriterien zusammen:

— Kein Abschluss eines Kaufvertrages; keine Tradition; keine Gewährleistung; keine Recission des Geschäfts wegen laesio enormis; keine Verjährung; kein possessorischer und petitorischer Rechtsschutz —

so erhellt daraus zur Evidenz, dass die Expropriation sich nicht als ein Kauf, speciell nicht als ein nothwendiger Kauf, auffassen lässt. Ihr Charakter ist vielmehr ein publicistischer, soweit es um Ausübung des staatlichen Expropriationsrechts sich handelt. In ihr vollzieht sich ein dem Staat vom Privatmanne dargebrachtes Opfer aus seinem Vermögen. Nur insofern für diese Aufopferung vom Staat eine Entschädigung gewährt werden muss, treten privatrechtliche Folgen ein.

Zweites Kapitel.

Zweck, Gegenstand und Arten der Expropriation.

a. Zweck der Expropriation.

Bei einem aus dem Gebot der Nothwendigkeit allein zu rechtfertigenden Institut, wie das der Expropriation, verlangt der Einzelne, der davon betroffen wird, mit Recht, dass ihm die Gründe dafür angegeben werden, weshalb er sich diesem Gebot fügen und sein Eigenthum ihm zum Opfer darbringen soll. Man hat nun verschiedene rechtsphilosophische Motive aufgesucht, um den Eingriff in das Privateigenthum zu rechtfertigen.

Das Preussische Landrecht geht davon aus, dass jeder Staatsbürger verpflichtet sei, zur Beförderung des „gemeinschaftlichen Wohls" oder „des Wohls des gemeinen Wesens" nach Verhältniss seines Standes und Vermögens beizutragen Einl. §. 73—74. Von dieser allgemeinen Verpflichtung leitet es auch die specielle Verbindlichkeit des Einzelnen her, den Zwang des Staats zum Verkauf seiner Sache sich gefallen zu lassen, wenn es „zum Wohl des gemeinen Wesens" nothwendig ist. A. L. R. I. 11. §. 4. Diese Rechtsanschauung ist vom absolut regierten Staat in den verfassungsmässigen übergegangen. Die Verfassung vom 31. Januar 1850 proklamirt daher zunächst zwar die Unverletzlichkeit des Eigenthums; fügt aber sogleich hinzu — Artikel 9 —, dass das Eigenthum nur „aus Gründen des öffentlichen Wohls" gegen Entschädigung nach Massgabe des Gesetzes entzogen oder beschränkt werden könne. Der Entwurf des hier verheissenen Specialgesetzes zur Regelung der Expropriationsgesetzgebung — Preuss. Justizministerial-Blatt p. 1864 S. 337 — stellt denn ebenfalls den Grundsatz an die Spitze — §. 1 —, dass die Entziehung oder Beschränkung des unbeweglichen Eigenthums „aus Gründen des öffentlichen Wohls" erfolgen solle.

Man ersieht hieraus, dass die landrechtliche Theorie von der Beförderung des Gesammtglücks durch den Einzelnen und das von diesem darzubringende Opfer seines Eigenthums hier noch heute maassgebend ist.

Das Oesterreichische, vielfach die Definitionen des Preussischen Landrechts generalisirende, bürgerliche Gesetzbuch bezeichnet ebenfalls — §. 365 — „das allgemeine Beste" als den letzten rechtsphilosophischen Zweck der Expropriation.

Auf einen andern wesentlich verschiedenen Standpunkt,

den des berechtigten Egoismus des Individuums, der nur dem Nutzen der Gesammtheit weichen muss, hat sich das Französische Recht gestellt. Es erklärt zunächst — Code civil Art. 544 — das Eigenthum als die absoluteste Herrschaft des Menschen über die Sache, zwingt aber — art. 545 — den Eigenthümer, seine Sache „aus Gründen des öffentlichen Nutzens“ — pour cause d'utilité publique, — gegen gerechte und vorgängige Entschädigung — moyennant une juste et préalable indemnité (ein Anklang an das pretium iustum beim Kauf) abzutreten. Es ist das in Nachbildung der „utilitas publica“ bei einer speciellen Servitut — Fr. 1. §. 7. D. de cloacis XLIII, 23 und des bei servitutähnlichen Instituten vorkommenden „usus publicus,“ §. 4 Inst. d. rer. divis. II, 1; bestimmt, aber im Gegensatz zu der rein privatrechtlichen „utilitas servitutis“ — Fr. 6 D. si serv. vind. VIII, 5, oder wie es an einer Stelle — L. 51. Cod. Theod. d. oper. publ. XV, 1 — mit Verbindung beider Begriffe heisst: „privatorum usus et utilitas.“

Jene Anschauung verfolgt denn auch das neueste Französische Expropriationsgesetz vom 3. Mai 1841, indem es disponirt:

art. 1. L'expropriation pour causé d'utilité publique s'opère par autorité de justice.

art. 2. Les tribunaux ne peuvent prononcer l'expropriation qu'autant que l'utilité en a été constatée et déclarée dans les formes préscrites par la présente loi.

Eine andere neuere Verfassung, die Bundesverfassung der Schweizerischen Eidgenossenschaft vom 12. September 1848, legt — Art. 21. —, dem Bunde das Recht bei, „im Interesse der Eidgenossenschaft oder eines grossen Theiles derselben“ auf Kosten der Eidgenossenschaft öffentliche Werke zu errichten oder die Errichtung derselben zu unterstützen. Zu diesem Zweck kann der Bund das Recht der Expropriation geltend machen. Die Bundesversammlung ist auch befugt, die Errichtung öffentlicher Werke zu untersagen, welche die militärischen Interessen der Eidgenossenschaft verletzen. Die Ausführung dieser allgemeinen Bestimmungen wird hierauf durch das Expropriationsgesetz vom 1. Mai 1850 geregelt.

Der Zeitfolge nach später kommt ein jüngeres Französisches Gesetz — Sénatus-Consulte du 25. Dec. 1852 art. 4, Constit. et S. C. Imprim. du Corps Législ. 1865 pag. 25 — dazu, die travaux d'utilité publique" und „toutes les entreprises d'intérêt géneral" nebeneinanderzustellen. Unter den letztern sind hier vorzüglich die Umbauten von Städten, wie von Paris, nach einem „plan d'embellissement" im Gegensatz zu dem von London nach einem „plan d'amélioration" verstanden. Justin Améro, Les transformations de Londres. Révue contemporaine, 1865, 2. et 3. livr. p. 330. 401. sv.

Nur der Curiosität halber wollen wir im Vorübergehen erwähnen, dass die Expropriation des Dante-Hauses zu Florenz in einer dem Senator des Königreichs Italien, dem greisen Dichter Alessandro Manzoni überreichten Petition aus Rücksichten des „decoro nazionale" verlangt wird. Der Eigenthümer des gedachten Hauses, Luigi Mannelli, hat diese Forderung in würdigster Art beseitigt.

Wir können nicht umhin, mit Treichler — Zwangsabtretung §. 7, Zeitschrift für Deutsches Recht von Reyscher, Wilda und Beseler B. 12. S. 35 — anzunehmen, dass jene Ausdrücke „gemeines Wohl", „öffentlicher Nutzen", „öffentliches Interesse" ihrer Allgemeinheit wegen nicht geeignet erscheinen, über die letzten Gründe und Ziele des Expropriationsrechts genügenden Aufschluss zu ertheilen. Man muss nicht übersehen, dass diese Begriffe an sich keine feste, sich gleichbleibende Bedeutung haben, dass die Anschauungen des Volks selbst nach dem Wechsel der Zeiten und der Bedürfnisse einer Wandelung unterworfen sind und dass die Meinungen der Regierenden selbst in noch weit kürzeren Perioden einem völligen Umschwung unterliegen. Der Wechsel in den Ansichten der Machthaber ist aber, wie die alte Geschichte lehrt, weitaus das Gefährlichere, weil er nicht selten, um eingebildete Bedürfnisse zu befriedigen, die Zukunft escomptirt und die Staatsfinanzen durch Aufbürdung von drückenden Schulden in Verwirrung stürzt, so dass gerade dann die Wirthschafts- und Kapitalkraft des Volks durch unproduktive Ausgaben erheblich gelähmt wird, wenn ihr freie Bewegung zur Erhaltung der Integrität des Staats am Nothwendigsten wäre. Die geschichtlichen Beispiele sind nicht selten, dass eine nachfolgende Regierung vergeblich bemüht ist, die finanziellen Irrthümer ihrer Vorgängerin wieder gut zu machen.

Wir müssen uns daher nach einem andern Ziel umsehen, aus welchem wir im Stande sind, die Expropriation zu rechtfertigen. Wir finden dies, indem wir alle Theorien ihres philosophischen Beiwerks entkleidend, davon ausgehen, dass der Staat, als die juristisch höchste Persönlichkeit, ebenso unerlässliche Bedürfnisse als der Privatmann hat. Dem wohlberechtigten Egoismus des Privatmannes, der sein Eigenthum erhalten will, steht der Staatsegoismus gegenüber, der sein Bedürfniss befriedigen muss. Mit andern Worten: der Staat muss seine Bedürfnisse dadurch befriedigen, dass er das zu seiner Existenz Unentbehrliche da nimmt, wo er es findet, wenn er es auf gütlichem Wege nicht erwerben kann. Gegen den Missbrauch dieses an sich höchst bedenklichen Rechts kann nur das Gesetz schützen. Muss die Gesammtbürgschaft aufgehoben werden, unter der das Eigenthum des Privatmanns steht, weil dies die Befriedigung des Staatsbedürfnisses erheischt, so ist doch dafür Sorge zu tragen, dass dieser Rechtsbruch baldigst geheilt und das normale Verhältniss wiederhergestellt wird.

b. Zu expropriirende Vermögensgattungen.

Unter diesen Voraussetzungen bleibt nur übrig zu untersuchen, auf welche Theile des Privatvermögens das Gesetz der staatlichen Nothwendigkeit Anwendung findet und in welchen Arten es in die äussere Erscheinung tritt.

Das Französische Gesetz vom 3. Mai 1841 erstreckt sich nur auf unbewegliches Eigenthum. Art. 2—3. Das Schweizer Expropiationsgesetz vom 1. Mai 1850 folgt diesem Beispiel und will die Expropriation generalisirend — Art. 1 — auch „auf andere, auf unbewegliche Sachen bezügliche Rechte" ausgedehnt wissen.

Das Preussische Landrecht geht weiter, indem es nicht bloss die Expropriation des unbeweglichen Eigenthums zur Anlegung und Verbreitung öffentlicher Landstrassen, — jetzt auch nach dem Eisenbahngesetz vom 3. November 1838 §. 8, zur Anlegung von Eisenbahnen —, ferner zur Anlegung von schiffbaren Canälen oder Schiffbarmachung eines Flussbettes, zur Errichtung von Festungswerken — A. L. R. I. 11. §. 5—6 sowie auch von beweglichem Eigenthum insofern gestattet, als bei entstehendem Getreidemangel der Staat zur Abwendung einer drohenden Hungersnoth berechtigt sein soll, die Besitzer von Getreidevorräthen zur Ausstellung derselben zum feilen Verkauf, jedoch mit Vorbehalt ihres eigenen Bedürfnisses zu nöthigen — §. 7. —.

Der neue Entwurf des Expropriationsgesetzes — Justizministerial-Blatt p. 1864 S. 337 —, will — §. 1 — die Expropriationsbefugniss des Staats auf unbewegliches Eigenthum beschränkt wissen, indem er zugleich das Gebiet der Agrar-, Berg- und Wassergesetzgebung, als durch besondere Gesetze geregelt, ebenso wie das der Landes-Kriegs- und Mobilmachungslasten, von seinen Dispositionen ausschliesst, und zwar die letzteren, weil sie durch Specialgesetze vom 11. Mai 1851 und vom 12. September 1855 ihre Erledigung gefunden haben. Als Grund für diese Restriktion wird in den Motiven angegeben — S. 353 a. a. O., dass der landrechtliche „Zwangsverkauf" von Getreidevorräthen „unpraktisch" sein soll.

Wir vermögen uns dieser Ansicht nicht anzuschliessen, glauben vielmehr, dass wenn dem Staat einmal das Expropriationsrecht eingeräumt werden soll, dasselbe ebenso sehr auf bewegliches, als auf unbewegliches Eigenthum ausgedehnt werden muss und zwar zunächst im Interesse der Gleichheit vor dem Gesetz, weil der Eigenthümer einer beweglichen Sache kein Privilegium vor dem einer unbeweglichen voraushaben darf. Mag das Expropriationsrecht in Beziehung auf bewegliche Sachen, namentlich in Beziehung auf Getreide, bisher nicht zur Anwendung gebracht sein, so darf der Regierung das Recht nicht verschränkt werden, davon Gebrauch zu machen, zumal in einem neueren Falle die Erfahrung gelehrt hat, dass die blosse Androhung einer Regierung genügt hat, eine Revision der Kornböden zur Zeit einer künstlich erzeugten Theurung zu veranlassen, um das zurückgehaltene Getreide auf den Markt zu bringen und damit die freie Cirkulation dieses unentbehrlichsten Nahrungsmittels wiederherzustellen. Die in der angeführten Stelle des Landrechts in das Ermessen der Regierung gestellte Massregel kann überdies nur als eine Nöthigung der mildesten Art angesehen werden. Durch das Gesetz über das Maximum wurde während der Französischen Revolution der Zwang zur Entäusserung des Getreides unter den härtesten Strafen gehandhabt. Viel weiser und menschlicher befiehlt das Landrecht, dass in den Zeiten der Hungersnoth das Getreide nur auf den Markt gebracht werden soll. Nach richtigen national-ökonomischen Grundsätzen wird der angemessene Preis durch die Konkurrenz von selbst sich herausstellen, sobald das dem Eigenthümer überflüssige Getreide — denn seinen eigenen Bedarf behält er zurück — erst auf dem Markt ist.

Es möchte dies übrigens keinesweges der einzige Fall der Expropriation an beweglichem Privatvermögen sein, der gerade in die äussere Erscheinung tritt. Eine Expropriation ist landrechtlich — I. 8. §. 29 — auch zulässig, wenn ein bedeutender Schade dadurch vom Staate selbst oder von Andern abgewendet werden kann. Sollte es auf diesem gesetzlich sehr bestimmt angedeuteten Wege nicht möglich sein, die öffentlichen Spielbanken mittelst Expropriation zu beseitigen und damit baldigst vorzuschreiten? —

c. Arten der Expropriation.

Was nun noch die Arten der Expropriation anbelangt, so wird der Regel nach die Zeit als der bestimmende Faktor erachtet. Das Französiche Gesetz vom 3. Mai 1841 unterscheidet wesentlich nur zwischen der dauernden Entziehung des Eigenthums — expropriation im eigentlichen Sinne — art. 1 und 2 — und der vorübergehenden Entziehung des Besitzes — occupation temporaire, art. 76, „vorübergehende Benutzuug“, §. 143 des Preussischen Berggesetzes vom 24. Juni 1865 —, wovon das zu militärischen Zwecken erlassene Gesetz vom 30. März 1831 ausführlich handelt. Das Schweizer Fxpropriationsgesetz vom 1. Mai 1850 stellt anscheinend zwei Kathegorien der Expropriation auf: dauernde oder zeitweise Abtretung von Eigenthum oder anderen auf unbewegliche Sachen bezüglichen Rechten — Art. 1, 17. N. 1. — In der That sind dies aber vier Kathegorien, nämlich

auf die Dauer

entweder Abtretung des Eigenthums oder „anderer auf unbewegliche Sachen bezüglichen Rechte“;

auf Zeit

in gleicher Weise: Abtretung des Eigenthums oder anderer Rechte auf Sachen.

Der neue Preussische Entwurf eines Expropriationsgesetzes beschreitet einen Mittelweg, indem er drei Kathegorien annimmt, bei welchen er gleichfalls vom Maassstab der Zeit ausgeht. Er lässt auf der einen Seite eine Entziehung oder dauernde Beschränkung des unbeweglichen Eigenthums — §. 2 —, auf der andern — §. 37 — eine vorübergehende Benutzung von Privatgrundstücken für militärische Zwecke zu. Uns scheint es angemessen, dass man nicht allein zum Zweck der Definition, sondern auch rein praktisch das Moment der Zeit weniger voranstellen, vielmehr hauptsächlich den Gegenstand der Expropriation in's Auge fassen sollte. Wir würden daher vorschlagen, in anderer Richtung zwei Kathegorien der Expropriation zu machen. Diese bezieht sich entweder auf die Entziehung der Sache selbst, oder nur des Gebrauchsrechts: erstere mit dem Römischen „rem habere licere", letztere mit den Servituten in patiendo auf dem Gebiet des Civilrechts vergleichbar. Hievon allein sind die Formen der Procedur wesentlich abhängig, unter welchen die Expropriation vor sich gehen soll. Die Zeitdauer, für welche die Expropriation ins Leben tritt, äussert bloss einen Einfluss auf die Höhe der Entschädigung. Den Charakter der „causa perpetua" hat übrigens das Preussische Landrecht schon bei seiner Definition der Servituten. I. 22. §. 11—12 — abgestreift.

Drittes Kapitel.

Der Expropriant und der Expropriat.

a. der Expropriat und dessen Adhärenten.

Als Expropriaten können wir zunächst nur den Eigenthümer der Sache ansehen, um deren Enteignung es sich handelt. Es macht dabei keinen Unterschied, ob dieser Eigenthümer ein Individuum, oder eine Collektivpersönlichkeit des Privat- oder öffentlichen Rechts ist, weil das Bedürfniss des Staats ein solches ist, dass alle Personen, gleichviel ob physische oder juristische sich demselben unterwerfen müssen. Ebenso wenig kann der Lauf der Expropriation durch individuelle, oder aus der besonderen Qualität des Eigenthums privatrechtlich hergeleitete Veräusserungsverbote wie bei der Lehen- oder Fideikommiss-Eigenschaft der davon betroffenen Grundstücke — Preussischer Entwurf §. 3 — gehemmt werden.

Der Vollgenuss der im Eigenthum sich vereinigenden Rechte kann jedoch in mehrfacher Art beschränkt oder belastet sein. Eine Beschränkung tritt durch Mieth- und Pachtrechte, nicht minder durch alle Servituten ein, welche den Gebrauch oder den Nutzungswerth des belasteten Grundstücks schmälern. Eine Belastung, wenn Obligationen mit verlorenem Kapital-Reallasten, „unerschöpfliche an den Grundbesitz geknüpfte Obligationen", wie v. Savigny definirt, Obligationenrecht, §. 15 und Note d., B. 1. S. 134 —, oder, mit bestehendem Kapital, auf dem Grundbesitz ruhen. Um die Substanz der im Eigenthum begriffenen Rechte zu rekonstruiren, müssen diese Abzweigungen mit dem Ganzen wieder vereinigt werden, woraus sie entnommen sind. Es wird daher die Zuziehung auf Seiten des Eigenthümers im Französischen Gesetz vom 3. Mai 1841 Art. 21, der Pächter, Miether, der Berechtigten zum Niessbrauch, Wohnung oder Usus; im Schweizer Gesetz vom 1. Mai 1850 — Art. 12, 14, 43 — der Berechtigten zu Pfandrechten, Grundzinsen und Zehenten; im Preussischen Entwurf — §. 11 — der Nutzungs- oder sonstigen Realberechtigten, namentlich in Bezug auf Reallasten und Hypotheken, bei der Expropriation mit Recht erfordert. Unter die Kathegorie der „Reallasten" ist denn auch nach der wiederholt ausgesprochenen Ansicht des Obertribunals zu Berlin — Plenarbeschluss vom 5. Januar 1855, Entscheid. B. 29. S. 306ff. — der bei ländlichen Grunstücken so häufig vorkommende Altentheil zu zählen. Inwiefern auch öffentliche Abgaben und Lasten bei der Expropriation zu berücksichtigen sind, wird weiter zu erwägen sein.

Wenn das Recht zur Expropriation auch auf bewegliche Sachen sich erstreckt, wie dies namentlich bei der Preussischen Gesetzgebung der Fall ist, so müssen bei dessen Ausübung die Faustpfandgläubiger als Genossen des Expropriaten gleichfalls zugezogen werden.

b. der Expropriant.

Schwieriger stellt sich die Bestimmung des Exproprianten heraus. Das Französische Gesetz vom 3. Mai 1841 weist an vielen Stellen — Art. 19, 21, 23, 28, 34 suiv. — die Rolle des Exproprianten der „administration" d. h. dem Staat, zu. Das Schweizer Bundesgesetz vom 1. Mai 1850, das besonders auf Errichtung „öffentlicher Werke" sich bezieht, betrachtet den „Unternehmer" oder „Bauunternehmer" — Art. 2. 6ff. — als Denjenigen, der die Expropriation auf Grund eines Bundesgesetzes vollzieht. Das Preussische Gesetz über die Eisenbahnen vom 3. November 1838 verleiht an einer Stelle — §. 8 — der zum Bau koncessionirten „Gesellschaft", das Preussische Hohenzollernsche Eisenbahngesetz vom 1. Juni 1865 §. 1 — G.-S. S. 317 — „dem Unternehmer" das Recht zur Expropriation: eine Bestimmung, die bei Gelegenheit des Ersatzes für Beschädigungen bei Beförderung von Personen oder Gütern mit der Bahn — §. 25 — vom Obertribunal zu Berlin — Entsch. B. 37. S. 42 — mit Recht unter Bezugnahme der für die Ostbahn erlassenen, besonderen Bestimmungen dahin näher definirt wird, dass überall, wo der Staat selbst baut, ihm die Expropriationsrechte und alle auf das Werk sich erstreckenden Pflichten der „Gesellschaft“ obliegen. Die Motive des Entwurfs zu dem allgemeinen Preussischen Expropriationsgesetz erkennen nun zwar in thesi an, dass der Staat der eigentliche Expropriationsberechtigte sei, beseitigen aber wesentlich die praktischen Folgen dieses Satzes mit der Bemerkung, dass derjenige die Leistungen aus der Ausübung des Expropriationsrechts mit übernehmen müsse, zu dessen Gunsten es ausgeübt wird. — zu §§. 1, 5, J. M. Bl. p. 1864 S. 354, 359. —

Es fällt nun in die Augen, dass die richtige Bestimmung des Exproprianten von den wesentlichsten Folgen, besonders in Beziehung auf die Festsetzung und Einziehung der Entschädigung dem Expropriaten gegenüber, begleitet ist.

Wir glauben nun die Ansicht für gerechtfertigt erachten zu müssen, dass der Staat allein als der Expropriant aufzufassen ist. Es unterliegt keinem Bedenken, dass das Expropriationsrecht allein der Gesammtheit, gegenüber dem Individuum, zusteht. Kein Theil der Gesammtheit darf sich deren Rechte anmassen. Speciell für Preussen ist durch Entscheidungen des Obertribunals zu Berlin mehrfach festgestellt, dass das Expropriationsrecht nur dem Staat, nicht Gemeinen, in ihrem Interesse, durch den §. 75 der Einleitung zum Landrecht beigelegt sei. Unternimmt daher eine Stadtgemeine Anlagen, welche zum Nachtheil eines Privat-Grundeigenthümers gereichen, so hat sie, nicht der Staat für dessen Entschädigung zu sorgen. Entsch. Bd. 43. S. 15. S. 23.

Darüber ist man nun allerseits einig, dass das Expropriationsrecht des Staates cessibel ist. Durch den Akt der Cession können aber zweiseitige Rechte und Pflichten nicht verändert werden. Die Obligation besteht zwischen dem Cedenten und dem Cessus in ihrer Ursprünglichkeit fort. Der Cessus muss die Wegnahme seines Eigenthums sich gefallen lassen, der Cedent muss ihn dafür entschädigen. Cedirt kann bloss die actio werden. Für den Cessus ist es gleichgültig, ob ihm der Cessionar als blosser procurator des Cedenten oder als procurator in rem suam gegenübersteht. Dies letztere Moment hat bloss auf die Verhältnisse des Cessionars zum Cedenten, sowie auf den eigenen Vermögenserwerb des Cessionars Einfluss.

Der Cessus hat davon weiter keine Notiz zu nehmen, so lange er selbst nicht bei zweiseitigen Rechtsgeschäften den Cedenten entlassen und statt seiner den Cessionar als seinen Schuldner angenommen hat.

Diese Grundsätze sind für das Preussische Civilrecht durch die Gesetzgebung, sowie durch die Jurisprudenz des höchsten Gerichtshofes festgestellt.

A. L. R. I. 11. §§. 382, 402, 408, 412, I. 16. §§. 399, 400.
Plenarbeschluss des Geh. Obertribunals zu Berlin vom 16. Januar 1846. Entsch. Bd. 12. S. 10.
Präjudiz N. 695. Sammlung I. S. 57.

Sie sind auch hier bereits, wenngleich gelegentlich und in etwas verdeckter Weise, bei der Eisenbahngesetzgebung zur Anerkennung gebracht. Bei Erlass des Gesetzes vom 3. November 1838 ging man davon aus, dass es bedenklich sei, den Staat in industrielle Unternehmungen zu verwickeln, welche die wohlgeordneten Staatsfinanzen sehr bedeutend in Mitleidenheit ziehen, mit dem ordentlichen Budget nicht bestritten werden können und durch Anleihen oder Zinsgarantien den öffentlichen Credit mehr belasten, als es zu seiner Freihaltung für ausserordentliche Fälle wünschenswerth erscheint. Man überliess diese Bauten, wie es noch jetzt in England üblich, der Ausbeutung durch die Privatindustrie. Deshalb wurde das Expropriationsrecht Gesellschaften verliehen — §. 8 —; Gesellschaften entschädigten die zu expropriirenden Eigenthümer — §. 11 — und sollten für die durch den Betrieb auf den Bahnen an Personen und Gütern verursachten Schaden Ersatz leisten.

Der Gedanke aber, dass **der Staat** der eigentliche Expropriant sei und dass ihm zunächst gegenüber dem Expropriaten alle Entschädigungen obliegen, bricht durch im §. 20, worin es wörtlich heisst:

> „**Für alle Entschädigungs-Ansprüche**, welche **in Folge der Bahnanlage an den Staat gemacht** und entweder von der Gesellschaft selbst anerkannt, oder unter ihrer Zuziehung richterlich festgestellt werden, ist die Gesellschaft verpflichtet.“

Wie sollte es aber möglich sein, Entschädigungs-Ansprüche in Folge der Bahnanlage an den Staat zu machen, wenn nicht Er, sondern lediglich die Gesellschaft verpflichtet wäre? Es möchte dann einfacher gewesen sein, zu bestimmen, dass der Staat überhaupt nicht, vielmehr ausschliesslich die bauende Gesellschaft für „alle“ derartigen Entschädigungs-Ansprüche dem Beschädigten, namentlich dem Expropriaten gegenüber verhaftet ist. Gerade das Umgekehrte müsste hier angeordnet sein.

Es lässt sich vielmehr aus der angeführten Stelle das Verhältniss des Expropriaten dahin fixiren, dass er wohl befugt ist, alle Entschädigungs-Ansprüche, die ihm aus der Expropriation gebühren, gegen den Staat geltend zu machen, welcher die Gegenpartei bei der Expropriation bildet und dessen Recht als Auktor der Gesellschaft das seinige nicht alterirt. Will er wider die Gesellschaft, als den Successor des Exproprianten, seine Rechte geltend machen, so muss ihm dies unverwehrt bleiben.

Man kann die Verbindlichkeit des Staats auch nicht soweit herabsetzen, dass in erster Linie die Gesellschaft oder der Unternehmer, in zweiter — also subsidiarisch — der Staat einträte. Dem Ermessen der Verwaltung muss es überlassen bleiben, was sie sich als Cessionsvaluta für die Concessionsverleihung von dem Unternehmer ausbedingen will. Ein Theil dieser Gegenleistung ist unzweifelhaft die Liberation von den Ansprüchen, welche die Eigenthümer aus der Expropriation gegen den Staat erheben. Dies ist wohl die richtige Bedeutung des §. 20 des Eisenbahngesetzes.

Der Staat nimmt darin, wenn man sich so ausdrücken darf, Rückversicherung für die Verluste, die er durch die Ansprüche der Expropriaten erleidet, auf die Concessionsträger. Dieser Prozess vollzieht sich nur zwischen dem Cedenten und dem Cessionar: der Cessus, hier der Expropriat, hat damit nichts zu thun, wenn er seine Ansprüche gegen den Staat verfolgen will.

Man darf auch füglich nicht behaupten, dass diese Interpretation des Gesetzes gegen die Regeln der Billigkeit verstosse. Der Staat selbst läuft dabei keine Gefahr, wenn er — wie man voraussetzen kann — durch Bestellung tüchtiger Cautionen in sofort zu realisirenden Papieren von den Unternehmern die erforderliche Deckung für alle Ansprüche der Expropriation sich gewähren lässt. Dem Expropriaten ist es füglich nicht zu verargen, wenn er an den Staat, als den solventesten Schuldner, sich hält. Hievon kann er durch die Betrachtung sich nicht abhalten lassen, dass er den Besitz des expropriirten Grundstückes nicht früher zu räumen verpflichtet ist, als bis die Entschädigung gezahlt oder deponirt wird. §. 30 des Entwurfs zum Preuss. Expropr.-Gesetz. Er muss schon vorher das Grundstück liegen lassen, weil es ihm in jedem Augenblick abgenommen werden kann. Es entstehen dadurch Unregelmässigkeiten in der Wirthschaft, die sich einer Schätzung in Geld entziehen. Die vorvorläufig arbitrirte Entschädigung bleibt nicht selten hinter der definitiv festgestellten zurück. Endlich finden sich nicht selten beim Anfang solcher erst in der Folge lukrativen Unternehmungen unvermeidliche Zahlungsstockungen ein, die nur bei der prompten Solvenz des Staats vermieden werden.

Wir glauben hienach als Resultat unserer Betrachtungen aufstellen zu können, dass dem Expropriaten gegenüber der Staat allein als der wirkliche Exproprіant zu erachten ist.

Viertes Kapitel.

Leistungen des Expropriaten und des Exproprianten unter einander.

I. Leistungen des Expropriaten. Die Leistung des Expropriaten beschränkt sich ihrer Natur nach darauf, dass er die Wegnahme oder die Entziehung des Gebrauchs seiner Sache durch den Exproprianten gestattet. Sie trägt also einen bloss negativen Charakter an sich. Soll dem Expropriaten das Eigenthum der Sache völlig genommen werden, so hat er nur über sich ergehen zu lassen, dass der Expropriant sich in deren Besitz setze, sie occupire, selbstverständlich unter Beobachtung derjenigen Regeln und Formen, wie sie das Gesetz vorschreibt. Eine eigene positive Thätigkeit, wie sie in der Tradition sich offenbart, kann ihm dagegen nicht angesonnen werden, weil er ausser Stande ist, frei zu handeln und dem Stärkern weichen muss. Soll ihm der Gebrauch seiner Sache entzogen werden, so ist er bloss verbunden, dies zu dulden.

Wenn im Preussischen Entwurf des Expropriations-Gesetzes (§. 40) verfügt wird, dass bei militärischen Uebungen der Eigenthümer kultivirter Grundstücke verpflichtet sein soll, dieselben mit Strohwiepen oder sonstigen Merkmalen zu bezeichnen, damit die vorrückenden Truppen vor ihrem Betreten gewarnt werden, so halten wir dafür, dass eine solche Verbindlichkeit aus der rechtlichen Beschaffenheit der Expropriation sich nicht herleiten lasse. Eine Beihülfe zur

Ausübung einer Servitut zu leisten, ist nach gemeinem Civilrecht der Eigenthümer des dienenden Grundstücks nicht verpflichtet.

„Servitutum non ea natura est, ut aliquid faciat quis — — — sed ut aliquid patiatur, aut non faciat“ Fr. 14. §. 1. D d serv VIII, I. A. L. R. I. 22. §. 30.

Umsoweniger dürfte man berechtigt sein zu verlangen, dass Jemand etwas thue, damit ein Anderer darauf ein Gebrauchsrecht nicht ausübe. Wir glauben auch nicht, dass es gestattet sein dürfe, die Eigenthümer bestellter Felder im Wege des polizeilichen Zwanges zur Markirung derselben anzuhalten, um einen Nachtheil von ihnen abzuwenden, weil die äusserliche Bezeichnung eines Feldes ein Jus merae facultatis ist. Dem gewiss anerkennungswerthen Bestreben der Militärbehörden, bestehende Culturen zu schonen, würde sich am Einfachsten dadurch zu Hülfe kommen lassen, dass die Gemeindebehörden, unter deren Schutz diese Feldfluren zunächst stehen, zu deren Bezeichnung veranlasst, und die dafür entstehenden Kosten an Materialien und Arbeitslöhnen aus der Staatskasse vergütet werden.

II. Leistungen des Exproprianten.

Viel mehreren Controversen unterworfen erscheint der Umfang und die Arten der Leistungen des Expropriaten.

a. Allgemeine Regeln. Entstandener Schaden und entgangener Gewinn.

Im Allgemeinen darf man davon ausgehen, dass die Ausübung des Expropriationsrechts eine Vermögensbeschädigung in sich schliesst. Sie lässt sich in dem Sinn als ein „damnum injuria datum“ charakterisiren, dass sie aus Gründen des blossen Civilrechts nicht gerechtfertigt werden kann, dass sie vielmehr in dem Gebot einer höheren unabweislichen Nothwendigkeit, also in einem publicistischen Motiv, ihre Entstehung und Rechtfertigung findet. Jede nicht „dolo“, wohl aber, wie hier, „consulto“ einem Andern zugefügte Beschädigung zieht aber unfehlbar die Verpflichtung zur Entschädigung nach sich. Diese Entschädigungsverbindlichkeit durch den Beschädiger ist mit der oben (Cap. II.) entwickelten Natur der Expropriation als eines Opfers auf Seiten des Expropriaten in keiner Weise unvereinbar.

Der Charakter des Opfers giebt sich darin deutlich kund, dass die inneren Nachtheile jeder Expropriation sich überhaupt einer Schätzung, damit einer vermögensrechtlichen Ausgleichung durch andere Güter, entziehen. Wenn Jemand die Amputation einer Hand sich hat gefallen lassen müssen, so kann ihm durch eine dem Rumpfe angefügte künstliche

Hand ein Mechanismus gewährt werden, der nothdürftig die Funktionen einer Hand versieht. Mit dem lebenden Organismus wird dies künstliche Gebilde zu Einem Ganzen nicht verwachsen. Ebenso wenig wird ein lang gehegter und mit Liebe gepflegter Familienbesitz, der um den gebieterischen Forderungen der modernen Industrie zu genügen, zerstückelt werden musste, durch eine noch so reichlich bemessene Entschädigung aufgewogen werden können.

Es ist aber gewiss ein Akt der Gerechtigkeit zu verlangen, dass der durch den Staat veranlasste Schade in möglichst vollem Maasse vergütet werde. Damit die Grösse des Schadens vollkommen ermittelt werde, ist es daher erforderlich, das beschädigte Objekt in seiner Totalität und durch alle Phasen der Beschädigung von Anfang an bis zur Schlusshandlung; für die Gegenwart, so wie für die Zukunft, aufzufassen und nun mit Genauigkeit zu ermitteln, um welchen schätzbaren Werth das Vermögen des Eigenthümers verringert ist. Es wird hier um so leichter eine richtige Schätzung vermögensrechtlicher Nachtheile aufgefunden werden können, wenn man nur an den trefflichen rechtsphilosophischen Grundsätzen des Preussischen Landrechts (I. 6. §. 79ff.) festhält:

§. 79. Wenn ein Schade geschehen ist, so muss Alles soviel als möglich wieder in den Zustand gesetzt werden, welcher vor der Anrichtung des Schadens vorhanden war.

§. 80. Kann durch diese Wiedererstattung der „Beleidigte" (damnum injuria datum) nicht hinreichend entschädigt werden, so muss der Beschädiger ihm das daran noch Fehlende anderweitig vergüten.

§. 81. Ein gleiches muss geschehen, wenn die Erstattung unmöglich ist.

§. 82. Ist eine Sache ganz verloren gegangen, vernichtet, oder unbrauchbar geworden, so muss der Beschädiger den ganzen durch die Gesetze bestimmten Werth vergüten."

Die richtige Interpretation dieser allgemeinen Rechtsregeln zeichnet auch für unsern Fall der Expropriation in deutlich erkennbaren Grundrissen die anzuwendenden Vorschriften vor. Sie umfassen ebenso sehr den Modus als die Skala und das Ausmaass der Entschädigung, welche der Expropriat zu erwarten berechtigt ist. Den Modus: wenn möglich, Restauration des Besitzes: wenn nicht: Entschädigung in anderer Weise.

Die Skala: zunächst Natural —, wenn dies unmöglich, Geldentschädigung, als das allgemeine Ausgleichungsmittel:

Das Ausmaass: Ersatz des ganzen Werths.

Dieser „ganze Werth" ist aus zwei Faktoren zusammengesetzt: dem entstandenen Schaden und dem entgehenden Gewinn und zwar nicht der imaginäre Gewinn, der dem Exproprianten gegenüber fingirt wird, aller Realität aber baar ist, sondern der entgangene reale Gewinn, d. h. diejenigen Vortheile, die Jemand „nach dem gewöhnlichen Laufe der Dinge und der Geschäfte des bürgerlichen Lebens oder vermöge gewisser schon getroffenen Anstalten und Vorkehrungen vernünftiger Weise erwarten konnte" §. 6. a. a. O.

Der entstandene Schaden und der entgehende Gewinn bilden also die beiden Faktoren, aus welchen die Entschädigung des Expropriaten regelmässig zusammengesetzt ist. Die zeitlich älteste Gesetzgebung in einem speciellen Falle, sowie die jüngste vollständige neue Gesetzgebung legen daher diese bei Ausmessung der Entschädigung zum Grunde. Das Preussische Bergrecht billigt — II. 16. §. 112 — Berggesetz vom 24. Juni 1865, §§. 137, 148, — G.-S. S. 733, 736. — dem Grundeigenthümer für „Alles", was er zum Bergbau abgetreten hat, „vollständige Entschädigung" nach Vorschrift des ersten Theils Tit. 6. §. 7 zu, wo es heisst:

> „Zu einer vollständigen Genugthuung gehört der Ersatz des gesammten Schadens und des entgangenen Gewinns",

Das Schweizer Bundesgesetz vom 1. Mai 1850 bestimmt gleichfalls — Art. 3 —, dass die Abtretung nur „gegen vollen Ersatz aller Vermögensnachtheile" verlangt werden könne, welche aus derselben für den Abtretenden ohne seine Schuld erwachsen.

In der Mitte steht das Französische Expropriationsgesetz vom 3. Mai 1841. Es gewährt dem Expropriaten ganz allgemein „une indemnité", die nach diesem Ausdruck den entstandenen Schaden und entgangenen Gewinn (dommages et intérêts) umfasst. Diese Bestimmung genügt, wenn man erwägt, dass die Ermittelung der „indemnité" in die Hände einer Jury gelegt ist. Im Gesetz — chap. III. — sind daher nur sehr wenige, unzweifelhaft recht zweckmässige Dispositionen an die Hand gegeben, um den weiten Spielraum zu umgränzen, der für die freie Thätigkeit der Jury auf diesem Felde gesteckt ist.

Wenn das Preussische Recht an der Stelle, in der es von Expropriationen im Allgemeinen handelt, einen andern Maassstab für die Entschädigung zum Grunde legt und den Ersatz nicht bloss des gemeinen, sondern auch des ausserordentlichen Werths anordnet — I. 11. §. 9 —, so rührt dies schon von seinem, von den hier aufgestellten Grundsätzen abweichenden Standpunkt her. Die Hereinziehung des ausserordentlichen Werths in den Preis der Entschädigung führt aber zu Controversen, ob darunter — wie Einige wollen, Häberlin, Zwangsenteignung §. 13 Archiv für civ. Praxis B. 39. S. 186 — auch der Annehmlichkeitswerth begriffen ist, der wiederum von dem jedenfalls nicht zu ersetzenden Werth der besonderen Vorliebe (pretium affectionis) differirt. Um der nicht ausreichenden Definition des Landrechts abzuhelfen, specialisirt der neue Entwurf des Preussischen Expropriationsgesetzes — §. 7. — die Leistungen des Exproprianten an den Expropriaten dahin, dass sie bestehen sollen;

1. in dem gemeinen Werth des abzutretenden Gegenstandes und der entwährten Pertinenzen und Früchte;
2. in dem Mehrwerth, den der abzutretende Gegenstand durch seinen Zusammenhang mit anderen Eigenthumstheilen oder durch seine bisherige Benutzungsweise für den bisherigen Eigenthümer hat;
3. in dem Minderwerth, welcher durch die Abtretung für den übrigen Grundbesitz des Eigenthümers entsteht.

Von unserm Gesichtspunkt aus können wir weder mit der allgemeinen Bestimmung des Landrechts, noch mit der im neuen Gesetzentwurf versuchten Präcisirung der Entschädigungspflicht übereinstimmen. Beide gehen davon aus, dass die Expropriation ein Kauf sein soll. Diese Construktion des Rechtsbegriffs dürfte nach unserer Darstellung im Kapitel I. nicht die richtige sein. Von dieser Subsumtion unter die Lehre vom Kauf kommen auch die Detailbestimmungen her. Der wiederholt gebrauchte Ausdruck „Abtreten" bezeichnet nicht etwa das von uns geschilderte Zurückweichen vor dem stärkern Recht des Staats — céder la propriété — sondern bezieht sich auf die dem Preussischen Recht — A. L. R. I. 11. §. 1 — eigenthümliche von dem gemeinrechtlichen „rem habere licere" — Fr. 11. §. 2. D. d.

act. E. et V. 19. 1 — wesentlich abweichende Definition des Kaufs als einer Abtretung des Eigenthums Seitens des Käufers. Der fernere Ausdruck „Entwährte Pertinenzen“ — §. 7 N. 1 des Preussischen Entwurfs — weist deutlich darauf hin, dass man sich die Expropriation als eine Eviction gedacht hat. Diese Anschauung vermögen wir schon deshalb nicht zu theilen, weil die Eviction den Anspruch einer dritten Privatperson an eine unter zwei Privatpersonen verkaufte Sache, speciell einen gerichtlichen Anspruch und ein im Prozesse ergangenes Urtel oder einen zwischen dem Evincenten und Evikten geschlossenen Vergleich im Auge hat

Fr. 11 pr. 16. §. 1, 21 §. 1, d. evict XXI. 2. Const. 8, 17, de evict VIII., 45. A. L. R. I. 11. §§. 136, 143, 147.

und der „Werth“ das Aequivalent für einen entsprechenden Theil des Kaufpreises ist. A. L. R. I. 11. §. 189.

Wir müssen aber an dieser Theilung der Entschädigung des Expropriaten in den Ersatz des entstandenen Schadens und entgangenen Gewinns darum festhalten, weil sie von besonderem praktischen Nutzen bei Feststellung der Entschädigung ist. Die Rechnung nach den im §. 7 des Gesetzentwurfs aufgeführten Faktoren ist an sich eine aus drei Hauptbestandtheilen zusammengesetzte und möchte sich wegen ihrer Complikation zur Norm nicht eignen, da diese Vorschriften von Nichtjuristen angewendet werden sollen. Auf bloss empirischem Wege ist man schon, wie namentlich bei Kreistagbeschlüssen, welche die Abtretung von Ländereien zum Zweck öffentlicher Anlagen beabsichtigen, zu einer blossen Zweitheilung der Entschädigungen gelangt: in Entschädigungen für Grund und Boden; und für die Wirthschafts-Erschwernisse. Diese beiden Kathegorien umfassen nur den entstandenen Schaden. Es wird aber um so leichter sein, den entgangenen Gewinn hinzuzufügen, als „entstandener Schaden“ und „entgangener Gewinn“ ökonomische Begriffe sind, nach denen Jedermann im gemeinen Leben rechnet, deren Anwendung also auf einen gegebenen praktischen Fall keine Schwierigkeiten macht. Ueberdies bedient sich der Entwurf selbst — §. 38 — bei der Materie von den Eigenthumsbeschränkungen zu Militärzwecken der nämlichen Terminologie.

Sieht man nun auf die Zeit, für welche der entstandene Schaden und entgangene Gewinn festgestellt werden b. Zeitpunkt der Berechnung.

muss, so wird dieser der Regel nach auf denjenigen Moment zu bestimmen sein, worin die Abtretung des Eigenthums zu Staatszwecken stattfindet. Diese Regel möchte aber nach zwei Seiten hin einer Ausdehnung, beziehentlich einer Beschränkung unterworfen sein. Einer Ausdehnung insofern, als für alle präparatorische Anstalten, die der Enteignung vorausgehen, ebenfalls der Ersatz des entstandenen Schadens und entgangenen Gewinns zu bewilligen wäre, weil diese Anstalten als ein integrirender Theil des Unternehmens sich auffassen lassen und es jedenfalls nicht in der Schuld des Grundeigenthümers beruht, dass der Unternehmungslustige sein Vorhaben nicht weiter verfolgt hat. Es scheint uns daher nicht hinreichend, dass der Preussische Expropriations-Entwurf — §. 2 — in einem solchen Falle dem Grundeigenthümer nur den Ersatz des ihm hiedurch „etwa erwachsenden Schadens" zubilligt. Wir halten es lieber nach dem Berggesetz vom 24. Juni 1865 — §. 40 — und nach dem Schweizer Expropriationsgesetz — Art. 8 — für gerechtfertigt, dem Grundeigenthümer „vollen Ersatz" des ihm aus derartigen Versuchen erwachsenden Schadens zuzugestehen.

Auf der andern Seite wird die aufgestellte Regel eine Einschränkung erleiden müssen. Die Erfahrung lehrt, dass nicht selten Grundeigenthümer im letzten Augenblick, wenn die Abtretung ihres Eigenthums zu öffentlichen Werken bevorsteht, mit einem ungewöhnlichen Eifer an die Verbesserung ihrer Grundstücke sich machen und besonders Culturen veranstalten, von denen sie niemals den mindesten Nutzen erwarten können, die aber den täuschenden Schein erregen, als wenn es ihnen ernstlich um Erzielung eines höheren Ertrages zu thun gewesen sei. Dergleichen „in aemulationem operis" gemachte Anlagen sind nichts weiter als eine Chikane, die bloss auf Erpressung einer höheren Geldentschädigung von dem Exproprianten abzielt. Mit Recht bestimmt daher das Französische Gesetz vom 3. Mai 1841 art. 52:

> „Les constructions, plantations et améliorations, ne donneront lieu à aucune indemnité, lorsque, à raison de l'époque on elles auront été faites ou de toutes autres circonstances, dont l'appréciation lui est abandonnée, le jury acquiert la conviction qu'elles ont été faites dans la vue d'obtenir une indemnité plus élevée

und dem sich anschliessend, der Preussische Entwurf §. 12:

„Für Neubauten, Anpflanzungen und Verbesserungen wird beim Widerspruch des Unternehmers keine Vergütung gewährt, wenn die Königliche Bezirksregierung oder die erkennende Behörde aus der Art der Anlage, dem Zeitpunkt derselben oder „den sonst obwaltenden Umständen" die Ueberzeugung gewinnt, dass dieselben nur in der Absicht vorgenommen sind, um eine höhere Entschädigung zu erzielen."

Dem Preussischen Entwurf möchten wir darin den Vorzug geben, dass die Prüfung der Anlage nach den Umständen, unter welchen sie in's Leben gerufen, nur dann eintreten soll, wenn der Unternehmer, also der Entschädigungspflichtige, sie verlangt, weil im entgegengesetzten Falle Einverständniss unter den Parteien, folglich kein Feld zur Ausübung der Thätigkeit der Schätzer, übrig ist. Bedenklicher scheint es uns, ob man so ausgedehnte Befugnisse, als die im §. 12 erwähnten, in die Hände der Regierung oder eines Gerichtshofes würde legen können, selbst wenn diese nach §. 421 des neuen Preussischen Entwurfs der Civilprozessordnung von positiven Beweisregeln entbunden und an „freie richterliche Würdigung des Beweises" gewiesen sind. Eine „conviction" als das Produkt eigener technischer Erfahrungen, kann man füglich nur den aus dem Volke entnommenen Schätzern unseres Dafürhaltens beimessen.

Wir möchten noch einen Schritt weiter gehen als beide Gesetzgebungen und halten eine Disposition des Inhalts für gerechtfertigt, dass alle, etwa sechs Monate vor dem Beginn des Expropriations-Verfahrens angelegte Meliorationen bei der Feststellung der Entschädigung nicht berücksichtigt werden. Kleinliche Untersuchungen über die Zeit der Entstehung einer solchen Melioration werden dadurch nicht hervorgerufen, weil ein geübtes Auge an Ort und Stelle sehr bald alle Anlagen von neuestem Datum herausfindet. Wohl aber fällt ins Gewicht, dass alle öffentlichen mit Expropriationen verbundenen Anlagen im Publikum längst vorher bekannt, debattirt und in Comité's zur Beschlussfassung der Interessenten gebracht sind, bevor sie die amtlichen Stadien betreten.

Diejenigen also, die auf Kosten des Unternehmers sich bereichern und damit dem Publikum den Genuss einer gemeinnützigen Anlage vertheuern wollen, können sehr leicht ihre Maassregeln treffen. Der angegebene Zeitraum ist überdies kurz genug, um dem Grundbesitz freie Bewegung zu sichern.

Als Regel dürfen wir hienach annehmen, dass dem Expropriaten der entstandene Schade und entgangene Gewinn ersetzt werden muss, wie er an der zu expropriirenden Sache zur Zeit der Enteignung sich herausstellt.

c. Mehrentschädigungen.

Die Expropriation hat aber die Eigenthümlichkeit — und hierin äussert sich eine fernere Verschiedenheit vom Kauf —, dass sie über die Grenzen hinaus des zu Expropriationszwecken gebrauchten Gegenstandes häufig ausgedehnt werden muss. Dieser Mehrannahme über den eigentlichen Bedarf liegt das gemeinsame Princip zum Grunde, dass durch die Expropriation eine vollständig eingerichtete Wirthschaft nicht ganz zerrüttet werden darf. Daher verordnen übereinstimmend das Französische Expropriationsgesetz vom 3. Mai 1841 Art. 50, das Schweizer Expropriationsgesetz vom 1. Mai 1850 Art. 4 und der Entwurf des Preussischen Expropriationsgesetzes §. 9, dass der Expropriant das ganze Gebäude nehmen müsse, wenn er auch nur die Baustelle eines Theils desselben gebrauchen kann. Das Schweizer Gesetz dehnt diese Vorschrift ganz zweckmässig auf die Abnahme eines Complexes von Liegenschaften aus, wenn bei einer Partialabnahme der bisherige Gewerbebetrieb unmöglich gemacht oder mit grossen Schwierigkeiten verbunden sein würde. Der neuen Anschauung des Obertribunals zu Berlin — Urtel vom 11. April 1864, Archiv f. R. F. B. 54. S. 60 —, dass ein Haus eine real theilbare Sache sei, wodurch allerdings auch die Expropriation einer Haushälfte ermöglicht würde, können wir uns nicht anschliessen, weil ihr schon gemeinrechtlich — Fr. 23. §. 6 d. R. V. VI, 1, Fr. 7. §. 10 d. acq dom XLI, 1 — die suspendirte Vindikation der fremden, zu einem Hausbau mitverwendeten Baumaterialien, die Führung des Preussischen Hypothekenbuchs über ein Haus als ein untheilbares Ganzes — Hyp. Ord. Tit. 1 §. 6 — und unsers Erachtens auch die Erwägung entgegensteht, dass ein Haus, von dem die Hälfte bei Gelegenheit einer Expropriation abgebrochen ist, ein Haus zu sein aufhört. Ebensowenig aber, als der Eigenthümer eines Gebäudes nöthig hat, sich gefallen zu lassen, dass ihm der Exproprient einen aufrechtstehenden Trümmerhaufen zurücklässt, gleichwenig kann ihm angesonnen werden, dass der Expropriant seine Landwirthschaft dermaassen verkleinert, dass ein geordneter Betrieb derselben nicht mehr möglich ist. Die Französische Gesetzgebung nöthigt daher den Exproprianten — Art. 50 — jede Parzele abzunehmen, die in Folge der Expropriation unter den vierten Theil ihres Gesammtflächen-Inhalts herabsinkt, wenn der Expropriant kein unmittelbar anstossendes Terrain besitzt und die Parzele kleiner ist als zehn Aren. Ihr schliesst sich das Schweizer Expropriationsgesetz — Art. 4 N. 2 — insoweit an, als der Expropriant das ganze Grundstück abnehmen muss, auch wenn er nur einen Theil desselben gebraucht, falls der Rest nicht wenigstens 5000 Quadratfuss im Zusammenhang beträgt. Man ersieht hieraus, dass mindestens das Bedürfniss der Spatenkultur massgebend gewesen ist. Der Preussische Gesetzentwurf stellt sich — §. 8 Al. 2 — darin auf Seiten des Unternehmers, als er auf dessen Antrag die Expropriation auf das ganze Restgrundstück ausdehnt, wenn dieses nicht mehr ein Viertel des früheren Werths hat und der Eigenthümer sich nicht mit dem Zusatz von einem Viertel des früheren Geldwerths begnügen will. Diese Bestimmung beruht nach den Motiven — S. 361 — auf dem Badischen Expropriationsgesetz (ähnlich wie Art. 5 des Schweizer Expropriationsgesetzes) und soll, obwohl den Staat als Unternehmer zum gemeinen Wohl erheblich belastend, zur Ausgleichung zwischen den divergirenden Interessen des Eigenthümers und des Exproprianten dienen.

Diese Ansicht können wir nicht theilen. Sie stützt sich wiederum darauf, dass die Expropriation ein Kauf ist, und giebt demgemäss, wie sonst im Preussischen Recht dem Käufer — A. L. R. I. 11. §. 38 — ein Wahlrecht. Nach unserer Meinung kommt es nur auf den Expropriaten an, weil dieser der Beschädigte ist und deshalb das Recht hat, zu verlangen, dass, soweit es möglich, res integra hergestellt, wenn dies aber unthunlich, alles in Folge der beschädigenden Handlung ihm Unbrauchbare abgenommen wird. A. L. R. I. 6. §. 82.

Die Preussische Agrargesetzgebung — wie der Entwurf zum Expropriationsgesetz §. 1. N. 2. anerkennt — ein Theil der Expropriationsgesetzgebung, der durch Specialvorschriften geregelt wird, hat in Bezug auf die Entschädigung des Expropriaten viel weiter greifende und unseres Erachtens nach wohl in der Billigkeit gegründete Bestimmungen. Danach — Gemeinh. Theil: Ord. vom 7. Juni 1821, §. 58 — kann keine Entschädigung „aufgedrungen“ werden, welche eine Veränderung der ganzen bisherigen Art des Wirthschaftsbetriebes des Hauptguts nöthig macht. Als solche wesentliche Veränderungen werden nun, vorbehaltlich anderer gleicherheblicher, beispielsweise im §. 59 die Umwandlung einer Ackerwirthschaft in eine Viehzüchterei oder umgekehrt; die Aufhebung eines Hauptzweiges der Wirthschaft oder Fortsetzung desselben nur mit Hülfe von Fabrikanlagen; endlich die Umwandlung einer Gespannwirthschaft in eine Spatenwirthschaft erachtet.

Die von einem tüchtigen Praktiker hier aufgestellten Regeln erscheinen uns auf alle Expropriationen anwendbar und aus gerechter Berücksichtigung der Agricultur hergeleitet, die unter allen Umständen das Recht auf gleichen Schutz mit industriellen Unternehmungen hat. Wir würden deshalb den Exproprianten für verpflichtet erachten, ganze ländliche Grundstücke zu übernehmen, unerachtet er nur eines Theils derselben zu seinen Zwecken bedarf, wenn

Entweder: das Grundstück ohne durchgreifende Hauptveränderungen in seiner bisherigen Bewirthschaftungsart nicht erhalten werden kann;

Oder das Restgrundstück nicht mehr die Hälfte des Werths des früheren Gesammtgrundstückes hat.

Die letztere Clausel möchte sich darum empfehlen, weil man bei grösseren Gütern ungefähr fünfzig Prozent des Brutto-Ertrags auf Wirthschaftskosten abrechnen muss, während der Besitzer eines Bauernguts billiger, freilich auch improduktiver, wirthschaftet. Wird einem Gut die eine Hälfte dem Werth nach entzogen, so kann man als gewiss annehmen, dass sich die bisherige Wirthschaft gar nicht fortführen, die Einbussen einer neuen im Voraus nicht veranschlagen lassen, da sie oft erst nach einer Reihe von Jahren an den Tag treten. Auch das Preussische Berggesetz vom 24. Juni 1865 verleiht dem Eigenthümer das Recht, vom Bergbauenden die Abnahme des ganzen Grundstücks zu verlangen, wenn er den ihm verbleibenden Rest nicht mehr „zweckmässig“ bewirthschaften kann. §. 139. G. S. S. 734.

Zu diesen erweiterten Schaden- und Gewinnberechnungen treten noch die gleichfalls zu Lasten des Exproprianten stehenden Kosten für die erschwerte Bewirthschaftung und

Erhaltung des dem Exproprianten verbleibenden Restgrundstücks. Beide Arten von Kosten, wohin die Anlage von Ent- und Bewässerungs-Anstalten, von Communikationen, vermehrte Beaufsichtigungskosten, zu rechnen, legen dem Exproprianten übereinstimmend das Schweizer Expropriationsgesetz — Art. 6, 7 — und der neue Preussische Entwurf — §. 13 — auf.

d. die Netto-Entschädigung.

Ist auf diese Art der Betrag der Brutto-Entschädigung des Expropriaten gefunden, so fragt sich, ob von derselben noch Abzüge zu Gunsten des Exproprianten zu machen sind, um einen Netto-Entschädigungswerth herzustellen. Das Französische und das Schweizer Expropriationsgesetz, so wie der Entwurf des Preussischen Expropriationsgesetzes gehen hiebei völlig auseinander.

Der Preussische Entwurf begünstigt den Expropriaten am Meisten. Er gestattet — §. 7 i. f. — conform mit dem Berggesetz vom 24. Juni 1865 §. 140, G. S. S. 734, dem Exproprianten überhaupt keine Abzüge für Vortheile, die dem Expropriaten durch die Enteignung erwachsen. In den Motiven — S. 361 — wird ausgeführt, dass ein derartiger Abzug ungerecht, der Verfassung widerstrebend, möglicherweise zu unentgeltlicher Abtretung des Eigenthums führen könne; dass er von zufälligen veränderlichen Conjunkturen abhänge und dass die angeblichen Vortheile auch wieder verloren gehen könnten, „Aus Billigkeitsrücksichten“ lasse sich nicht darauf reflektiren. Es sind dies im Wesentlichen die nämlichen Gründe, welche Treichler — Zwangsabtretung §. 18, Zeitschrift für deutsches Recht B. 12. S. 157 — und Häberlin — Zwangsenteigung §. 13. Archiv f. civ. Praxis B. 39. S. 190 — für die Versagung eines derartigen Abzugs anführen. Zu deren Vertheidigung citirt Treichler als „schlagendes“ Beispiel eine Aeusserung von Dr. Duttlinger in der zweiten Badischen Kammer bei Diskussion des dortigen Expropriationsgesetzes. Man nehme an — sagt Duttlinger — dass zwei Nachbaren, A. 2 Morgen, B. 1 Morgen an Ländereien besitzen. Der Werth des Morgens beträgt 500 Gulden. Durch die neue Anlage verdoppelt sich der Werth. Dem A. wird ein Morgen, dem B. die ganze Besitzung expropriirt. Hienach erhielte A. für seine um die Hälfte geschmälerte Besitzung keine Entschädigung, B. volle 500 Gulden. Es würde wohl dem Eigenthümer A. nicht klar zu machen sein, dass das Eigenthum „unter dem besonderen Schutz der Verfassung" gestellt, dass es ein „heiliges und unverletzliches" Verfassungsrecht sei. Gerade den entgegengesetzten Grundsatz stellt das Französische Expropriationsgesetz vom 3. Mai 1841 auf, indem es im Art. 51. verfügt:

> „Si l'exécution des travaux doit procurer une augmentation de valeur immédiate et spéciale au restant de la proprieté, cette augmentation sera prise en considération dans l'évaluation du montant de l'indemnité."

Das Schweizer Expropriationsgesetz vom 1. Mai 1850 versucht insofern — Art. 3 al. 2, — einen Mittelweg zu gehen, als es dem Expropriaten auf den Betrag der vollen Entschädigung die ihm durch die Expropriation erwachsenden Vortheile bloss mit dem Werth der besonderen Lasten in Abrechnung bringt, die ihm vorher oblagen und von denen er jetzt befreit wird. Es bezieht sich dies im Ganzen wohl nur auf Lasten mit publicistischem Charakter, wie die Wegebaulast, Deichbaulast und ähnliche.

Nach unserm Dafürhalten ist die Disposition im Artikel 51 des Französischen Expropriationsgesetzes wohl begründet und wir nehmen keinen Anstand, uns derselben anzuschliessen, obwohl sie anscheinend die strengste von allen ist. Durch Aufnahme einer solchen Bestimmung könnte unseres Erachtens in Preussen ebensowenig als in Frankreich im Jahre 1841 eine Verfassungs-Verletzung begangen werden, weil, wie bereits im Kapitel I. nachgewiesen, der Artikel 9 der Preussischen Verfassung vom 31. Januar 1850 theilweise wörtlich mit den Artikeln 8 und 9 der Charte constitutionelle vom 7. August 1830 übereinstimmt, beide Verfassungen in Unverletzlichkeit des Eigenthums dekretiren, beide Verfassungen auch gleichmässig die Expropriation zulassen.

Zur Ausführung dieser generellen Bestimmungen ist schliesslich in Frankreich das Expropriationsgesetz vom 3. Mai 1841 ergangen. In Preussen soll ein allgemeines Gesetz zum gleichen Zweck durch die legalen Organe des Landes jetzt berathen werden, weil die Unzulänglichkeit der bisherigen Specialgesetzgebung längst erkannt und die Unabweislichkeit baldiger Abhülfe allseitig gefühlt ist. Nichts berechtigt zu der Ansicht, dass die Franzosen, deren eminenter Majorität ein starkes Gefühl für Recht und Eigenthum in normalen Zeiten gar nicht abzusprechen ist, durch die Aufnahme des Artikel 51 in ihr Expropriationsgesetz sich eines Einbruchs in das Eigenthum schuldig gemacht haben sollen, ganz abgesehen von den trivialsten aller Gründe, dass in der Welt sich wohl nur Wenige finden würden, die ohne alles Motiv geneigt wären, dem Fiskus ein Geschenk za machen. Im umgekehrten Falle würde schwerlich Jemand behaupten können, dass durch Aufnahme der gegentheiligen Bestimmung in ein Preussisches Expropriationsgesetz, wie sie §. 7 des Entwurfs beabsichtigt, der Expropriat auf Kosten des Exproprianten ungebührlich begünstigt sei. Rechtsansicht und Gegenansicht müssen frei sein. Am Wenigsten aber sind brillante Phrasen, wie sie jener Redner am Schluss vorbringt, in irgend welcher Art geeignet, einen Richter zu überzeugen, dem sein Amt die nüchternste Skepsis zur Pflicht macht.

Das in jener Rede angeführte Beispiel beweist zugleich, dass der Sprechende sich über Dinge ergeht, bei denen er weder das Gesetz gehörig konsultirt, noch mit denen er sich praktisch vertraut gemacht hat. Das Französische Gesetz statuirt gar nicht die Möglichkeit, dass der Vortheil, den der Expropriat aus der Enteignung zieht, auch nur gleich gross mit der dadurch für ihn erwachsenden Benachtheiligung sein könne. Es zeichnet richtig der Jury unter den allgemeinen Normen, auf welche es bei Feststellung der Entschädigung im Kapitel III (Art. 48—52) hinweist, auch die vor, dass sie die unverweilte Steigerung des Werths des nicht expropriirten Grundstückrestes — augmentation de valeur immédiate et spéciale — bei Feststellung der Entschädigung in Erwägung ziehen solle: sera prise en considération. Damit sind die aus der falschen Prämisse: „dass der Werth durch die neue Anlage verdoppelt sein solle“ hervorgehenden unrichtigen Schlüsse vollständig widerlegt. Es darf dem B, der nur einen Morgen besitzt und dem dieses Besitzthum ganz entzogen wird, auf die volle Entschädigung nichts abgerechnet werden, weil er nichts übrig behält, worauf eine solche Abrechnung vorgenommen werden könnte. Anderer Seits muss sich A, dem ein Morgen von seinem das Doppelte betragenden Besitzthum entzogen wird, unseres Dafürhaltens mit Recht den vom Gesetz verlangten Abzug gefallen lassen, weil ihm der Abzug nicht auf den einen Morgen gemacht wird, den er gleich seinem Nachbar B verliert, sondern auf den andern Morgen, den er behält. Entschädigt kann aber Jemand nur insoweit werden, als er beschädigt ist. Vortheile durch eine Beschädigung zu gewinnen, darf Niemand nach irgend welchem Gesetz verlangen. A und B werden daher im gegebenen Falle mit der für Alle gleichen Wage der Gerechtigkeit gewogen, wenn sie beide für den je einen Morgen, den sie verlieren, die volle unverkürzte Entschädigung; A. aber für sein Restgut — le restant de la proprieté — nur auf seine Liquidation denjenigen Ersatz des Minderwerthes erhält, um den er in Folge der Expropriation effectiv ärmer geworden ist.

Das Französische Gesetz scheint auch bei näherer Betrachtung nichts Unbilliges zu enthalten. Es muss festgehalten werden, dass die Höhe der Entschädigung nur nach dem Zeitpunkt bestimmt wird, in welchem die Enteignung sich vollzieht. Deshalb verlangt das Gesetz eine „augmentation de valeur immédiate et spéciale,“ also eine Werthvermehrung, die in dem Augenblicke eintritt, in welchem die Expropriation stattfindet und welche sich auf diesen speciellen Gegenstand bezieht, nicht etwa eine solche, die auch vielen andern gemein ist. Es kommt daher wohl nicht darauf an, ob dieser Vortheil in Zukunft durch veränderte Conjunkturen verloren gehen könnte. Mit gleichem Rechte dürfte man darauf hinweisen, dass auch der liquidirte angebliche Minderwerth des Restguts durch Veränderung in den Zeitumständen sich in eine Werthvermehrung verwandeln würde.

Auf die Besitzer räumlich so geringfügiger Stellen passt überdies die Annahme nicht, dass sie durch Verringerung des Flächeninhalts eine Einbusse erleiden. Erfahrungsmässig hat der Kaufwerth kleiner Besitzungen vor und unmittelbar nach Anlegung von Eisenbahnen sich nicht geändert, weil deren Preise schon vor der Errichtung solcher Werke verhältnissmässig sehr hoch geschroben waren. Von einem Vortheil, den der Eigenthümer durch die Eisenbahn erlangt, ist auch wohl nicht die Rede, weil derselbe, wenn er überhaupt einen verkäuflichen Ueberschuss von Produkten hat, diesen, sowie früher, in seinem Tragkorbe zur Stadt bringt. Die Eiseubahnen haben ebensowenig den Eigenthümern grosser Landgüter einen bedeutenden sachlichen Vortheil gebracht. Wenn bei Verkäufen derartiger Landgüter zur Anpreisung bemerkt wird, ‚dass sie an der Eisenbahn belegen sind, so bezieht sich dies nicht auf die Steigerung des Kaufwerths, sondern auf die persönliche Annehmlichkeit des

Besitzers, die in der Wirthschaftsrechnung deshalb auch nicht mit einem Plus auftritt. So schätzenswerth der Pfenning- und Meilentarif pro Zollcentner auch sein mag, so kommt er doch nicht dem Gutsbesitzer, sondern dem Kaufmann zu gut, der die Produkte der Landwirthschaft auf Spekulation in grossen Massen aufkauft und auf einen entfernten Centralmarkt bringt. Der Gutsbesitzer erspart durch diese Anlage weder ein Gespann zur Ackerbestellung, noch bezahlt ihm deshalb der Kaufmann seine Produkte höher, weil er Gelegenheit hat, bei den Transportkosten auf billigere Ansätze zu rechnen. Im Gegentheil würde der Kaufmann ihm einen Abzug auf den Preis der Produkte machen, wenn er ihn anweist, künftig an einem näheren, statt wie bisher an einem entfernteren Orte abzuliefern, weil die Transportkosten bis zum Lieferungsort stets zu Lasten des Gutsbesitzers stehen und der Kaufmann dabei ein Interesse hat, diesen soweit als möglich vorwärts zu legen.

Wir glauben daher, ohne fehlzugehen, das Resultat unserer hauptsächlich dem Gebiet der National-Oekonomie angehörigen Betrachtungen dahin zusammenfassen zu können, dass der Art. 51 des Französischen Expropriationsgesetzes nichts weiter als ein Dämpfer für übertriebene Prätentionen in Liquidation imaginärer Minderwerthe ist. Er hat die Bestimmung, solche Liquidationen auf ihren wahren Werth zurückzuführen. Seine Anwendung wird überhaupt durch die Forderung für einen Minderwerth des Restguts bedingt. Lässt sich der Expropriat nicht davon abhalten, einen solchen Minderwerth dennoch zu liquidiren, so kann er sich auch nicht darüber beschweren, dass seine Principien hypothetisch als richtig vom Gegner angenommen und ihm auf der von ihm selbst gewählten Basis nachgewiesen wird, dass er aus der Anlage keinen Nachtheil hat. Eine Vermögensbeschädigung schliesst der Artikel 51 nicht in sich, vielmehr eine blosse Rektifikation eines sehr problematischen Verlusts.

Wir wenden uns schliesslich zu den **Ausgleichungsmitteln** für die Eigenthumsentziehung. e. Ausgleichungsmittel.

In Uebereinstimmung mit dem Grundsatze, dass Geld der allgemeine Werthmesser für alles Eigenthum ist, bestimmen das Französische Gesetz vom 3. Mai 1841 Art. 48 ff. und das Schweizer Expropriationsgesetz vom 1. Mai 1850 Art. 43, dass die Entschädigung für die Enteignung in Geld erfolgen solle. Der Preussische Entwurf des Expropriationsgesetzes — §. 6 — verfügt gleichfalls, dass die Entschädigung in Geld gegeben werden müsse, insofern nicht Specialgesetze eine Entschädigung in Land festsetzen. Er nimmt ferner im Einklang mit der ihm zum Grunde liegenden Kauftheorie an, dass das Entschädigungskapital ein so grosses sein solle, dass der Eigenthümer im Stande sei, ein anderes Grundstück in derselben Weise und mit gleichem Ertrage zu benutzen. (§.8)

Wir glauben nun, dass die Art der Entschädigung des Expropriaten auf andere Principien zu stützen sei. Von der Anschauung geleitet, dass bei der Expropriation, als einer Beschädigung ausserhalb dem Falle eines Kontrakts, Alles so viel als möglich in den Zustand versetzt werden müsse, welcher vor der Anrichtung des Schadens vorhanden war, — A. L. R. I. 6. §. 79 —, halten wir daran fest, dass die Entschädigung nicht nur gleichwerthig, sondern auch sobald es thunlich, gleichartig mit dem expropriirten Gegenstand sein solle. Es würde daher die Entschädigung zunächst in natura, hauptsächlich in Land, wo dieses vorhanden, und erst, wenn dieses nicht zu erlangen, in Geld zu gewähren sein. Das Geld kommt dabei in doppelter Funktion vor: einmal als Kapital, dann als Rente. Eine Entschädigung in Kapital wird in dem Falle eintreten, wenn die zu öffentlichen Anlagen gebrauchte Sache ihrem bisherigen Eigenthümer völlig entzogen ist. In Rente, wenn ihm zwar das Eigenthum der Sache verbleibt, aber die Nutzung oder der Gebrauch entzogen ist. Die Höhe der Rente wird danach zu bemessen sein, welcher aliquote Theil des Nutzens dem Eigenthümer durch dieExpropriation entgeht. Dehnt diese Zwangsbenutzung sich über die Dauer eines Jahres aus, so erscheint es angemessen, das volle Jahr als den zeitlichen Maassstab der Entschädigung anzunehmen, weil die Entziehung der Nutzung im Expropriationswege dann die Natur eines Grundzinses annimmt. In diesem letzteren Falle möchte es auch gerechtfertigt sein, dem Exproprianten nach Analogie der Agrargesetze — §. 91 des Preussischen Ablös-Gesetzes vom 2. März 1850 — die Ablösung der Jahresrenten mit dem zwanzigfachen Kapitalbetrage, als der Kapitalisirung zu fünf Prozent jährlich, zu gestatten. Ein höherer Satz, wie der im Schlesischen Zehntablösungsgesetz vom 10. April 1865 §. 5ª — G. S. S. 173 — festgesetzte zu 22%₀ der Jahresrente lässt sich wohl nur aus lokalen Gründen erklären. Die derartige Bestimmung über die Ablösung ist namentlich für die

Militärverwaltung dann von besonderer Wichtigkeit, wenn fortifikatorische Werke, die vorläufig bloss als passagère angelegt sind, in permanente umgewandelt werden sollen. Eine solche Anlage charakterisirt sich als eine wahre gemeinrechtliche Superficies, nicht in dem Sinne einer blossen landrechtlichen Servitut — A. L. R. I. 22. §. 243.; die Jahresrente als ein Solarium — Fr. 73. 74. — d. R. V. D. VI. I. Die Ablösung des Grundzinses bei einer gemeinrechtlichen Superficies ist auch durch Rechtsprechung bisher anerkannt. Zeitschrift des Rev. Coll. f. L. K. S. VII, 290, IX. 116.

Die hier entwickelte Ansicht ist nicht aus theoretischer Spekulation hervorgegangen. Sie hat vielmehr in unseren Augen den Vorzug, dass sie namentlich in Preussen sich streng an das historische Recht anschliesst und dass sie in dem Boden der realen sowie auch der speciell civilrechtlichen, in den §§. 458, 461. I. 20. A. L. R. präfigurirten Verhältnisse wurzelt, wie sie bei uns seit langer Zeit sich ausgebildet haben. Gern gestehen wir zu, dass sie von den Grundsätzen der modernen reinen Geldwirthschaft abweicht. Die Verhältnisse anderer Länder können für uns nicht maassgebend sein, weil von vorne herein nach deren Entwickelung es in der Unmöglichkeit beruht, dass das hauptsächlichste Aequivalent in Land gegeben werden kann. In Frankreich sind die werthvollen Staatsgüter, soweit sie in Acker und Wiesen bestanden, als Nationaldomänen während der ersten Revolution verkauft. An eine Hingabe von Forstland als Entschädigung wird natürlich Niemand denken.

Das unschätzbare Kapital muss nicht nur erhalten, sondern nach Kräften vermehrt werden, wozu durch die vortreffliche Französische Forstgesetzgebung in neuester Zeit entscheidende Schritte gethan sind. Die Schweiz, als der jüngste Bundesstaat hat kein aktives Grundvermögen.,

In Preussen hat aber schon das Kurmärkische Chausséebau-Edikt vom 18. April 1892 — N. C. C. T. IX. S. 933 —, nach unserm Dafürhalten eines der besten Administrativgesetze der postfridericianischen Epoche, im §. XVIII ausführliche Bestimmungen über die Entschädigung der Expropriaten ertheilt. Diese sollen allerdings nach dem Entwurf des Expropriationsgesetzes — §. 47 — aufgehoben werden, weil sie in das von diesem adoptirte System der reinen Geldentschädigung nicht passen. Es wird in jenem Edikt — §. XVIII, N. 1—4, 7—8 — dem Expropriaten zunächst eine

Entschädigung in Land, sogar unter unentgeltlicher Hergabe des Entschädigungslandes aus der Substanz der Domänen — N. 5 —, und nur, wo dieses nicht geschehen kann, in Geld bewilligt. Die doppelten Funktionen der eventuellen Geldentschädigung als Kapital und als Rente finden gesetzlich insofern ihren Ausdruck, als bei Einräumung nothwendiger Servituten und zu Abtretungen beim Bergbau die Entschädigung des Eigenthümers des belasteten Grundstücks als eine „jährliche Abgabe“ oder „jährliche volle Entschädigung“ bezeichnet ist. A. L. R. I. 22. §. 6, II, 16. §. 213, Berggesetz von 24. Juni 1865 §. 137. — Die volle Classifikation der Entschädigungen in Land (Naturalleistungen), Kapital und Rente findet sich endlich schon in einem der wichtigsten Expropriations-Specialgesetze — der Gem. Theil. Ord. vom 7. Juni 1821, §. 60 — vor.

Es scheint uns hienach angezeigt, diesen Weg bei dem neuen Expropriationsgesetz weiter zu verfolgen.

Fünftes Kapitel.

Leistungen des Exproprianten an Drittbetheiligte aus öffentlichen und privatrechtlichen Titeln.

1. Oeffentliche Lasten und Abgaben. a. Allgemeine Grundsätze.

Bei der weiteren Prüfung der Verpflichtungen des Exproprianten kommt die Frage in Betracht, inwiefern die Zwangsenteignung auf die aus öffentlichen Rechtstiteln zu entrichtenden Lasten und Abgaben einwirkt. Diese Frage darf nicht unerwogen bleiben, weil die Expropriation nicht einzelne geringfügige Theile eines Grundstücks, sdndern auch unter Umständen das ganze Grundstück ergreift, wenn beispielsweise zur Anlage eines Bahnhofs ein ganzer Bauerhof genommen wird oder nach den im vierten Kapitel entwickelten Grundsätzen der Expropriat berechtigt ist, die Abnahme des ganzen Grundstücks auch in dem Falle zu verlangen, dass für die Zwecke der Expropriation bloss ein Theil desselben nothwendig gebraucht wird.

Die von uns mehrfach benutzten drei Gesetzgebungen schweigen über die Einwirkung der Expropriation auf öffentliche Rechtsverhältnisse: alle drei aus verschiedenen Gründen. Zunächst die Französische Gesetzgebung, weil die eigentlichen Reallasten durch ältere, an das Dekret der Nationalversammlung vom 4. August 1789 sich anschliessende Gesetze aufgehoben sind; alsdann, weil die Vertheilung sonstiger öffentlicher Lasten und Abgaben Gegenstand besonderer Gesetze und Reglements ist. Die Schweizer Gesetzgebung, weil sie als eine Bundesgesetzgebung der Cantonallegislatur auch in diesem Punkte nicht präjudiciren darf. Der neue Preussische Entwurf zum Expropriationsgesetz, weil er von dem Grundsatz ausgeht, dass die Expropriation einem Kauf gleichsteht und deshalb die Regel gilt: „Res transit cum onere" Motive zu §. 11. Just. Minist. Bl. 1864 S. 363. In den Parzellirungsgesetzen vom 3. Januar 1845 — §§. 7 No. 1. und 20. G. S. p. 1845 S. 26, 29, — vom 24. Februar 1850 §. 3 — G. S. 1850. S. 68 — und vom 24. Mai 1853, §. 6 — G. S. p. 1853 S. 242 — sind überdies ausführliche Bestimmungen über die Vertheilung öffentlicher Lasten und Abgaben bei Dismembrationen enthalten.

Nur ein älteres Preussisches Provinzialgesetz, das Kurmärkische-Chaussée-Bauedict vom 18. April 1792 beschäftigt sich im §. XVIII, ausführlicher mit einer Reihe einschlägiger Fragen. Von dem Grundsatz ausgehend, dass die Entschädigung des Expropriaten vorzugsweise in natura, also in Land, und nur wenn dies unthunlich, in Geld erfolgen sollte, kommt es zu dem Schlusse, dass zuförderst alle öffentlichen Lasten und Abgaben, die auf dem abgetretenen Grundstück hafteten, auf das Landsurrogat übergehen. Wird keine Landentschädigung gegeben, so fällt die Pflicht zur Entrichtung der öffentlichen Lasten und Abgaben auf das dem Expropriaten verbliebene Restgrundstück. Der Expropriat muss aber für diese Mehrbelastung durch Kapital entschädigt werden, das man findet, indem man die vom expropriirten Grundstücktheil zu entrichtenden Abgaben nach dem Jahreswerth auf Geld reducirt und diesen Geldbetrag mit vier Procent kapitalisirt. N. 9, 13, 14, a. a. O.

Man kann nun freilich von einem im Jahr 1792 erlassenen Provinzialgesetz ohne Unbilligkeit nicht verlangen, dass der Verfasser, wie ein anderer Teiresias, die ungeheuren Wandelungen vorausschauen sollte, welche die Industrie künftiger Zeiten in Bezug auf den damals noch so stabilen Grundbesitz hervorrufen würde. Es lag dies auch nicht in seiner Aufgabe, bei der es sich darum handelte, für einen konkreten

Fall ein alle Verhältnisse des bürgerlichen Lebens in jener Zeit umfassendes praktisch brauchbares Gesetz zu schaffen. Mit Dank muss es aber noch heute anerkannt werden, dass er in einzelnen Nutzanwendungen das wichtige Princip zur Geltung gebracht hat, dass der zu öffentlichen Unternehmungen gebrauchte Grund und Boden von öffentlichen Lasten und Abgaben befreit sein muss.

Diese Anschauung glauben wir gleichfalls aufrecht erhalten zu sollen. Durch die Expropriation wird das expropriirte Grundstück zum öffentlichen Gebrauch bestimmt, also eine res publica:

„Bona civitatis abusive publica dicta sunt: sola enim ea publica sunt, quae populi Romani sunt. fr. 15 D. d. V. S. 50. 16

und insofern eine res extra commercium, als es den bisherigen öffentlichen und privatrechtlichen Lasten und Abgaben nicht unterworfen bleiben kann, zu denen es als ein Theil eines Privateigenthums verpflichtet war. Vom Augenblick der Zwangsabtretung an wird es nur denjenigen öffentlichen Lasten unterzogen, welche einer derartigen expropriirten Sache eigenthümlich sind. Die Collision der publicistischen Stellung, welche ein expropriirtes Grundstück gegen seine bisherige privatrechtliche Stellung fortan einnimmt und der dem öffentlichen Recht, als dem stärkeren, verbleibende Sieg machen es unmöglich, abgesehen von der Rücksicht auf eine etwanige Unterbürdung, dass das Grundstück, so bald es expropriirt ist, neue öffentliche Lasten neben seinen bisherigen tragen soll. Wir gelangen daher zu den doppelten Schlussfolgerungen:

Das expropriirte Grundstück kann nur mit denjenigen öffentlichen Lasten behaftet sein, zu denen es vermöge seiner neuen Bestimmung zum Gemeingebrauch verpflichtet ist;

und

Alle bisher aus der Qualität des Privatbesitzes darauf ruhenden öffentlichen und privatrechtlichen Lasten müssen mit dem Zeitpunkt seines Ausscheidens aus diesem Besitz davon genommen werden.

b. Persönliche Lasten und Abgaben.

Den ersteren Grundsatz müssen wir insofern weiter formuliren, als wir das Unternehmen selbst als das verpflichtete Subject von Anfang an zur Tragung der mit demselben verbundenen öffentlichen Lasten bezeichnen. Die Schaffung einer solchen Rechtspersönlichkeit hat insofern nichts Abnormes, wenn man bedenkt, dass die physischen Personen, welche als Leiter und Vollführer des Unternehmens auftreten, wechselnd und vorübergehend sind. Es genügt darauf hinzuweisen, dass „die Gesellschaft" wie schon früher in Preussen bei dem Eisenbahngesetz vom 3. November 1838 §. 2 ff., jetzt durch das deutsche Handelsgesetzbuch — Buch 2, Titel 2 und 3 — in den mannigfachsten äusseren Gestaltungen, als das Subjekt besonderer Rechte und Pflichten staatlich anerkannt ist. Das Englische Recht geht darin noch weiter, dass es sogar einzelnen Theilen des Unternehmens eine besondere Persönlichkeit beilegt. Bei der Beschädigung von Menschen durch Eisenbahnzüge lässt es die Lokomotive zu einer Privatbusse (Deodandum) an den Beschädigten oder dessen Erben verurtheilen. Selbstverständlich wird diese aus der Kasse der Eisenbahn-Compagnie bezahlt.

Schon mit dem Beginn eines derartigen Unternehmens entstehen nun Lasten, die füglich nur von diesem getragen werden können, weil es dieselbe hervorgerufen hat. Man hat nur nöthig, daran zu denken, dass zahlreiche Schaaren von Arbeitern von ihrem heimischen Heerd bei Eisenbahn- oder Canalbauten abgerufen und vorübergehend auf einzelne Punkte geworfen werden. Für einzelne Bedürfnisse dieser Arbeitermassen, die sie persönlich als Individuen angeben, ist bisher in Preussen dadurch gesorgt, dass sie, wie bei den Krankenkassen — §. 21 V. O. v. 21. Dezember 1846, G. S. 1847 S. 25 — mittels des wöchentlichen Silbergroschen-Abzugs diese selbst bestreiten müssen. Es giebt aber auch allgemeine Bedürfnisse, für welche weder der Einzelne als solcher, noch der Staat in seiner Gesammtheit aufzukommen verpflichtet ist. Dahin rechnen wir die Ermöglichung einer eigenen Gerechtigkeitspflege an Ort und Stelle durch Einsetzung transitorischer Gerichtskommissionen; die Verstärkung der Kreispolizei; die Gewährung geistlicher Hülfe in der Diaspora. Die gewöhnlichen innerhalb des Bezirks angestellten Kräfte reichen erfahrungsmässig zur prompten Bestreitung solcher ausserordentlichen Bedürfnisse nicht aus. Es muss daher für die Dauer des Bedürfnisses besondere Hülfe geschafft werden. Den dadurch erforderlichen Kostenaufwand kann man füglich der Staatskasse aus dem Grunde nicht aufbürden, dass durch derartige Unternehmungen die allgemeine Prosperität, damit das Staatseinkommen, steige. **Während** der Ausführung ist dies gewiss nicht der Fall:

im Gegentheil entstehen, besonders in Bezug auf Armenpflege für die in Mitleidenheit gezogenen Gemeinen und Provinzen, oft nicht unbeträchtliche Ausgaben. Es scheint daher nur billig, dass das Unternehmen diese Kosten trägt, die allein durch dasselbe entstanden sind. Hiemit stimmt auch unseres Erachtens die beachtenswerthe Finanzpolitik anderer Staaten überein. Die Unternehmer der letzten Ausstellung in dem Krystallpallast zu Sydenham haben für die Aufrechthaltung der Ordnung 4900 Pfund St. an „Polizeimiethe" bezahlt. Wie wir glauben, mit Recht. Gewiss kommt es den Unternehmern zu gut, wenn die Besucher der Ausstellung durch besondern Polizeischutz ihr Eigenthum, das sie an sich trugen, gegen diebische Eingriffe gesichert wussten, und deshalb häufiger hingingen, als wenn sie genöthigt waren, ihr Bestreben, sich zu belehren, mit einem unfreiwilligen Aufschlag zum Entrée zu bezahlen.

Man kann auch nicht behaupten, dass es gleichgültig sei, ob der Staat im Allgemeinen (die **General-Staats-Kasse**), oder der Staat als Unternehmer öffentlicher Anlagen, speciell als Gewerbtreibender, diese Kosten bezahlte, weil sie doch schliesslich aus dem allgemeinen Säckel entnommen werden. Die Unterscheidung zwischen beiden Qualitäten hat dann praktische Wichtigkeit, wenn der Staat sein Expropriationsrecht einem Privatmanne überträgt, auf den Cessionar also die Pflichten des Staats übergehen.

Der Expropriant wird sich weiter der Verbindlichkeit nicht entziehen können, diejenigen öffentlichen Lasten und Abgaben zu tragen, die nach Vollendung des Unternehmens d a u e r n d entstanden sind. Dahin rechnen wir vor allen Dingen diejenigen Ausgaben, die l o k a l durch solche Anlagen hervorgerufen werden. Gelegentlich ist im Plenarbeschlusse des Obertribunals zu Berlin vom 8. April 1861 — Entsch. B. 45. S. 16 — und wiederholt in dessen neuerer Entscheidung vom 14. Juni 1864 — Entsch. B. 51. S. 133 — dargestellt, dass die Regierung die Besoldung eines zur Ueberwachung der Eisenbahn angestellten Polizeikommissars der Stadt Halle auferlegt hatte. Auf die Klage der Stadt Halle ist Fiskus verurtheilt, die für diesen Polizeikommissar, so wie für die neu eingesetzte Königliche Polizeidirektion nothwendigen Gehaltsbeträge der Stadt Halle zu erstatten. Civilrechtlich ist diese Entscheidung dadurch schon gerechtfertigt, dass nach den entwickelten Grundsätzen eine Stadtgemeine, der die Lokalpolizei zusteht, nicht verpflichtet ist, die Kosten einer bei ihr nach Maassgabe des Gesetzes vom 11. März 1850 — §§. 2. 3 — eingerichteten Königlichen Polizeiverwaltung zu tragen. Vom Gesichtspunkt des öffentlichen Rechts aus, worauf es hier ankommt, darf von ihr die Besoldung von Polizeibeamten nicht verlangt werden, wenn diese nicht durch ihr Bedürfniss, sondern durch den Eisenbahn-Verkehr, also in Folge ausserordentlicher, ihr fremder Anstalten und im Interesse der Eisenbahngesellschaft, erheischt wird.

c. Sachliche Lasten und Abgaben.

In gleicher Weise kann an sachlichen Leistungen aller Art von einem öffentlichen Unternehmen nichts weiter gefordert werden, als was unmittelbar aus demselben folgt. Es wird also nur statthaft sein, dasselbe mit einer Staatssteuer zu belegen, insofern es einen Ertrag abwirft, der dem Privatnutzen der Unternehmer zu gut kommt. Auf diese Art ist den Preussischen Eisenbahnen eine nach dem Reinertrag bemessene Staatssteuer mit progressiver Skala durch das Gesetz vom 30. Mai 1853 — §§. 2. 3 G. S. S. 449 — auferlegt. Nicht minder ist es in der Ordnung, dass solchen öffentlichen Unternehmungen, wenn sie einen Reingewinn ergeben, eine davon zu entrichtende Communal-Einkommensteuer abgefordert wird, ohne dass sie deshalb berechtigt sind, einen Entschädigungs-Anspruch an den Fiskus zu erheben — Entsch. B. 42. S. 280 —, weil diese Communalsteuer ihrem Wesen nach eine „centime additionelle" zu der Staatssteuer darstellt und ihre Rechtfertigung in der Beförderung findet, die das Unternehmen durch die Lokalbehörde geniesst.

Auf der andern Seite kann dagegen mit Recht verlangt werden, dass das Unternehmen als ein öffentliches von denjenigen Steuern befreit bleibt, die auf dem Privatgrundbesitz lasten. Der Grundbesitz als solcher hört auf, eine fruchttragende Sache zu sein, sobald er zu einer öffentlichen Arbeit verwendet wird. Es lassen sich an ihm weder fructus naturales, noch — wie durch Vermiethung von Gebäuden an Privatpersonen des Nutzens halber, — Fr. 36 D. d. usur. XXII, 1 — fructus civiles denken, weil er nur zur Grundlage eines neuen dem Civilverkehr entrückten Werks dient. Er kann daher auch nicht der Grundsteuer unterzogen werden, die eine Quote des Brutto-Ertrags fruchtbringender Grundstücke repräsentirt. In Preussen war daher schon durch das Kurmärkische Chausséebau-Edikt vom 18. April 1792 §. XVIII N. 13, der zur Anlage der Chausséen abgetretene Grund und Boden von der Grundsteuer befreit. Ihm schliessen sich das Gesetz vom 24. Februar 1850 über die Aufhebung der Grundsteuer-Befreiungen — § 2a und i. f. G. S. S. 62—63 — und das Gesetz vom 24. Mai 1861 über die anderweitige Regelung der Grundsteuer — §. 4, c—d, G. S. S. 254 — dahin an, dass die zu einem öffentlichen Dienst oder Gebrauch bestimmten, dem Staate oder öffentlichen Corporationen gehörigen Communikationsmittel, namentlich Schienenwege der Eisenbahnen und schiffbare Canäle, diese auch, wenn sie von Privatpersonen oder Aktiengesellschaften mit Genehmigung des Staats angelegt sind, von der Grundsteuer befreit sein sollen. Hinsichts der neu auferlegten Gebäudesteuer ist aber durch §. 3 N. 2, 7 des Gesetzes vom 21. Mai 1861 — G. S. S. 318 — nur die Befreiung der dem Staat oder den öffentlichen Corporationen mit Communal-Charakter gehörigen, zum öffentlichen Gebrauch oder Dienst bestimmten Gebäude, wie der Beamtenwohnungen, ferner der zum gewerblichen Zweck bewidmeten unbewohnbaren Gebäude, beispielsweise der zur Aufbewahrung von Brennmaterialien und Rohstoffen dienenden, angeordnet. Von diesem Boden und diesen Gebäuden würde daher auch keine Communalsteuer erhoben werden können, die auf dem Grundbesitz lastet.

Wir glauben nun, dass diese Gesetzgebung, die sich auf gewisse Privilegien, nicht auf den Charakter der Oeffentlichkeit der betreffenden Anlagen stützt, darin nicht weit genug geht, als auch Gebäude, die zum wohnlichen Gebrauch bei Privateisenbahnen und andern öffentlichen Anlagen eingeräumt sind, von Entrichtung einer Gebäudesteuer an den Staat zu befreien wären. Es scheint, dass der Grundsatz wenigstens analoge Anwendung findet: „Res publica nemini servit“. Was nicht Gegenstand einer Privatdienstbarkeit sein kann, ist auch nicht mit einer Staatsgrundsteuer zu belegen. Sogar vom Standpunkt des Privilegiums aus möchte sich die Befreiung aller, auch von Privatgesellschaften verwalteten öffentlichen Anlagen rechtfertigen lassen. Die Steuerfreiheit derselben ist kein privilegium personae, das allerdings dem Cessionar nicht zu gut kommt, sondern ein privilegium causae und dies geht auf den Cessionar über A. L. R. I. 11. §. 403—4.

Es fragt sich, wie es zu halten sei, wenn **künftig** Privatgrundstücke zu öffentlichen Anlagen genommen werden, die bereits mit Grund- oder Gebäudesteuer belegt sind, und ob auch in diesem Falle die Steuern davon fortfallen sollen? Hinsichts der Gebäudesteuer, die ihrer Natur nach eine fluctuirende, von der Existenz des Gebäudes selbst bedingte ist, wird sich die Sache insoweit von selbst erledigen, als das Gebäude abgebrochen werden muss, um der neuen Anlage Platz zu machen. Anders steht es mit der Grundsteuer. Hier ist innerhalb derselben nur ein Uebergang von einer Bonitirungsklasse in die andere, oder ein Uebergang in die Gebäudesteuer möglich. Man kann nun hier nicht wohl behaupten, dass das Unternehmen verpflichtet sei, die vorhandene Grundsteuer zu übernehmen, weil kein Kauf, sondern eine Expropriation vorliegt. Wohl aber erfordert es die Billigkeit, dass dem Finanzministerium nicht angesonnen werden darf, auf eine so wichtige Einnahmequelle auch nur theilweise zu verzichten. Der Canon der in Preussen nicht hoch bemessenen Grundsteuer ist in den Minimalsätzen durch die Contingentirung vorläufig geschlossen. Mittels der Expriation geht ausserdem die Möglichkeit verloren bei gesteigerten Staatsbedürfnissen von dieser sichersten Einnahmequelle eine Bewilligung mehrerer Simpla oder aliquoter Zusatzbruchtheile eines Simplums zu verlangen. Hienach empfiehlt sich der Ausweg, dass bei der Expropriation zur Deckung des Ausfalls ein angemessenes Kapital also etwa das Zwanzigfache der Jahressteuer liquidirt wird, um dem Fiskus als Deckung für den entstehenden jährlichen Ausfall an der Grundsteuer zu dienen.

Eine besondere Berücksichtigung verlangen endlich die übrigen Lasten und Abgaben aus öffentlichen Rechtstiteln. Dahin gehören vorzüglich die Abgaben an geistliche und Schul-Institute. Bei diesen fällt zunächst in's Gewicht, dass sie der Regel nach in Naturalien der verschiedensten Art bestehen, dermaassen variirend, dass beispielsweise die in Ostpreussen übliche kleine Kalende:

> „sämmtliche Getreidegattungen, Brod, Mehl, Grütze, Eier, Fische, Geköch, Pilze, Gänse, Hühner, Fleisch, Speck, Braten, Würste, Butter, Flachs und Wolle“

umfasst (Marcinowski, die kleine Kalende S. 15).

Es bedarf keiner Auseinandersetzung, dass von einer Eisenbahn oder einem schiffbaren Kanal dergleichen Naturalabgaben nicht entrichtet werden können. Ebensowenig erscheint die bisherige Gesetzgebung ausreichend, um die Ablösung solcher Naturalabgaben zu bewirken. Hier kommt in Betracht, dass nicht bloss einzelne Theile eines ländlichen Grundstücks, sondern ganze Bauerstellen öfters zu öffentlichen Anlagen verwendet werden müssen, und dass höchstens die Umwandelung der unwichtigen Naturalien — mit Ausschluss des Getreides und des Brennmaterials in fluctuirende Roggenrente mit Abführung in Gelde, nicht aber die vom Willen der Vorsteher abhängige Kapitalablösung gesetzlich gestattet ist — Gesetze vom 15. April 1857 und vom 10. März 1864, Ges. S. p. 1857, S. 363, p. 1864 S. 149. Hiemit lässt sich aber weder dem Berechtigten, noch dem Verpflichteten helfen. Bei der ohnehin sehr komplicirten kaufmännischen Buchführung, welche die Verwaltung solcher öffentlichen Anlagen nothwendig macht, können im Debet keine andere Posten geführt werden, als die sich auf sachliche oder persönliche Ausgaben zum Zweck der Unterhaltung und der Erweiterung der Anlage beziehen. Die Staatssteuer wird vom Reinertrag am Schluss der Rechnung über das Betriebsjahr abgezogen.

Es würde daher bei Gelegenheit der Expropriation zu veranlassen sein, dass sämmtliche auf dem expropriirten Grundstück ruhenden geistlichen Abgaben und Lasten, insofern sie auf das Restgrundstück nicht übernommen werden können, in Geld verwandelt und für die Jahresrente ein Ablösungskapital nach dem allgemeinen Maasstabe des Zwanzigfachen — §. 91, Ablös. Ges. vom 2. März 1850 — liquidirt wird, das den berechtigten Instituten zur Verwaltung und Nutzung anheimfällt.

II. Privatlasten und Schulden. d. Servituten und Reallasten.

Was nun die Servituten, Reallasten, Nutzungsberechtigungen und Hypothekenschulden anbelangt, die mit dem expropriirten Grundstück verbunden waren, so bestimmt das Schweizer Bundesgesetz vom 1. Mai 1850 allgemein, dass die Cantonalregierungen, denen die Ausführung der Expropriation obliegt, dafür zu sorgen haben, dass den Inhabern dinglicher auf dem abgetretenen Grundstück lastender Rechte, z. B. von Pfandrechten, Grundzinsen u. s. w. für ihre Ansprüche ihr „Betreffniss" zukomme und dass die daherige Ledigung des Abtretungsgegenstandes in die betreffenden Titel eingetragen werde. Specieller beschäftigen sich mit diesem Gegenstand das Französische Gesetz vom 3. Mai 1841 und der Entwurf des Preussischen Expropriationsgesetzes. Das erstere hält den Eigenthümer zur Anzeige der Niessbraucher, Wohnungsberechtigten, Usuarien und Servitutberechtigten an. Es verordnet ausserdem die Selbstmeldung der sonstigen Interessenten (Art. 21) und billigt (Art. 39) den gemeldeten Kathegorieen besondere Entschädigungen für jeden Interessenten durch Festsetzung der Jury mit *der* Maassgabe zu, dass der Eigner (nu-propriétaire) und der Niessbraucher zusammen eine Entschädigung erhalten. Der Preussische Entwurf schliesst sich im Wesentlichen diesen Dispositionen an, jedoch mit einer erheblichen Modalität. Auch hier sollen alle Berechtigte zu Nutzungs- oder sonstigen Realansprüchen, namentlich zu Reallasten und Hypotheken, Pächter und Miether zugezogen, für jede Kathegorie *besondere* Entschädigungen administrativ oder richterlich festgesetzt werden, *insofern nicht die Realberechtigten ihre Entschädigung in der des Eigenthümers finden* und die ihnen zustehende Geldentschädigung an die Stelle des mitexpropriirten Rechts tritt; §§. 7 N. 4, 11, 33 des Entwurfs, verglichen mit Art. 18 des Französischen Gesetzes.

Im Allgemeinen bemerken wir nun, dass, wenn für das expropriirte Grundstück eine Entschädigung in einem gleichwerthen Gegenstand, namentlich also in Land (Kapitel IV.) gegeben wird, die Frage nach der Entschädigung der Realinteressenten keine Schwierigkeiten macht, weil die zur Expropriation qualificirten Specialtitel von Rechtswegen von dem abgetretenen Grundstück auf das Surrogat übergehen.

In den Fällen jedoch, in welchen eine Geldentschädigung Mangels eines Natural-Surrogats eintreten muss, scheint uns eine nähere Betrachtung der einzelnen Kathegorien nothwendig, weil sowohl nach der Natur der verschiedenen Realberechtigungen, nach dem Umfange des expropriirten Gegenstandes und nach der Entschädigung selbst — ob Kapital oder Rente? — eine andere Behandlung geboten ist.

Von den *Personalservituten* fällt zunächst das *Wohnungsrecht* ganz fort, weil das ganze Gebäude expropriirt wird (Art. 50 des Französischen Gesetzes, §. 9 des Preussischen Entwurfs). Es muss daher eine so hohe Geldrente ermittelt werden, dass sie den Miethwerth einer gleichen Wohnung repräsentirt. *Niessbrauch und Usus* fallen bei Expropriationen des ganzen Grundstücks gleichfalls fort. Bei Theilabtretungen unterliegen sie einer entsprechenden Verminderung. Im ersten Falle wird eine Total-, im letzteren eine Partialrente für die Berechtigten zu ermitteln sein, die dem entzogenen Genuss correspondirt.

Durch die Expropriation gehen ferner alle Prädialservituten unter, bei denen das abgetretene Grundstück das herrschende war, weil dieses aufgehört hat, eine res in commercio zu sein. Aus demselben Grunde erlöschen nicht minder alle Servituten in non faciendo, denen das abgetretene Grundstück als praedium serviens unterworfen war. Nur für die Servituten in patiendo muss eine Entschädigung in ablöslicher Rente gegeben werden, sei es, dass sie nur die Benutzung der bisherigen Eigenthümers des dienenden Grundstücks einschränkten, oder dass sie dem jedesmaligen Besitzer des praedium dominans eine besondere Nutzung gewährten. In die erste Kathegorie gehören besonders die Wegeservituten. Kann der Weg auf dem Restgrundstück nicht eingeräumt werden. so tritt recht eigentlich der Fall ein, dass der Wegeberechtigte auf einem andern Nachbargrundstück mittels Legalservitut sich einen Weg bestellen lassen muss. Dem Eigenthümer des neu belasteten Grundstücks gebührte schon nach den bisherigen Bestimmungen des Preussischen Landrechts (I. 22. §. 6) dafür eine Entschädigung in einer jährlichen Rente. Auf den Betrag dieser Rente bemisst sich daher der Verlust des bisher auf dem expropriirten Grundstück Berechtigten. War aber der Servitutberechtigte nicht bloss zu einer Benutzung, sondern zu Nutzungen auf dem dienenden Grundstück berechtigt, wie dies bei allen legal constituirten Wald- und Weideservituten der Fall ist, so muss mit Rücksicht auf das Maass der Berechtigung und die Fähigkeit des expropriirten Grundstücks zur Gewährung eines solchen Genusses die Nutzung nach Vorschrift der Agrargesetze auf eine jährliche Geldrente veranschlagt werden. §. 77 G. T. O. vom 7. Juni 1821. —

Bei der Expropriation kommen ferner die Reallasten besonders in Betracht. Wenn diese bereits rentificirt sind, so bildet dasjenige Kapital, welches für Ablösung der Rente noch auf die Zeit ihrer Dauer gesetzlich — Preussisches Rentenbankgesetz vom 2. März 1850, §. 23 — zu zahlen ist, zugleich den Maassstab der Entschädigung. Befinden sich dagegen die Reallasten noch in der Hand der ursprünglich Berechtigten, so muss mit deren Rentification und alsdann mit Ablösung der Geldrente durch Kapitalzahlung vorgeschritten werden.

An die Ablösung der Reallasten schliesst sich die Ablösung der Altentheile an, die vom Obertribunal zu Berlin — Plenarbeschluss vom 8. Januar 1855, Entsch. B. 29 S. 301 — in Uebereinstimmung mit der Bekanntmachung des Oberappellationsgerichts zu Dresden vom 2. October 1839 §. 1 — Emminghaus, corpus jur. Germ. I. S. 902 — für wahre Reallasten erklärt sind, wenn deren Uebertragung auf das Restgrundstück unmöglich ist oder eine Landentschädigung nicht gewährt werden kann. Die Ablösung der Altentheile wird um so complicirter, als es jetzt keine seltene Erscheinung ist, dass ein Grundstück mit mehreren Altentheilen gleichzeitig belastet ist und durch die Bestimmung der Preussischen Konkursordnung vom 3. Mai 1855, §. 55, dass Reallasten mit den Hypothekenforderungen nach der Zeit der Eintragung in das Hypothekenbuch rangiren, eine Konkurrenz zwischen Altentheilen und Hypotheken sanktionirt ist. Die Entscheidung der Fragen nun: welche Entschädigung für solche Altentheile bei Expropriationen zu ermitteln sei und wie sich dabei das Verhältniss des Altsitzers zum Eigenthümer einer-, zu den Hypothekarien andererseits stellt? — kann nur aus der gegenwärtigen Beschaffenheit des Altentheils selbst gewonnen werden. Der Auszug hat längst aufgehört, eine Altersversorgung für nicht mehr arbeitsfähige Besitzer von Bauergütern zu sein, was er nach der ursprünglichen Bedeutung des Instituts war, als die Höfe geschlossen und in festem, mehr oder minder vererblichem Familienbesitz waren. Er hat vielmehr den Charakter einer Leibrente in Naturalien angenommen, die in Geld nicht gewährt werden kann, weil der Erwerber des Bauerguts nicht im Stande ist, ein höheres Kaufgeld zu zahlen und deshalb den anscheinend gefahrloseren Weg wählt, einen Abzug an Naturalien zu gestatten. Der Altentheil repräsentirt daher jetzt einen äquivalenten Theil des jährlichen Nutzungswerths. Der Gesammtnutzungswerth mehrerer, auf dem belasteten Grundstück ruhender Altentheile kann aber naturgemäss nicht höher sein, als der Totalnutzungsertrag des Grundstücks selbst. Ueberschreitet deshalb der jährliche Gesammtwerth solcher Altentheile den Nutzungswerth des belasteten Grundstücks überhaupt, so müssen sie auf diesen reducirt, durch diese Operation aber und durch die Zeit der Entstehung näher bestimmt werden, wer von den Altsitzern sein dingliches, in Geld zu übersetzendes Nutzungsrecht verliert. Das Verhältniss des Altsitzers zum Eigenthümer regulirt sich in gleicher Weise dadurch, dass der Eigenthümer seine Entschädigung blos für den nach Abzug des Altentheilwerths verbleibenden Restwerths des Grundstücks erhalten kann; zu den Hypothekarien nach Maassgabe der beiderseitigen Prioritäten. In jedem Falle wird es nothwendig sein, bei der Expropriation definitiv das Gesammtausmaass der Renteberechtigungen der Altsitzer festzustellen und dafür mit Rücksicht auf deren muthmaassliche Lebensdauer eine sogleich zahlbare Entschädigung zu ermitteln. Das in der Preussischen Konkursordnung vom 8. Mai 1855 — §§. 62, 398 — gewählte, freilich den postintabulirten Real- und Hypothekengläubigern sehr vortheilhafte Auskunftsmittel: „ein Kapital auszuwerfen und durch Deposition zu sichern, dessen Zinsen der Realberechtigte erhält, dessen Substanz aber bei seinem Ausscheiden zur Vertheilung in die Kaufgeldermasse zurückfliesst", erweist sich hier nicht als anwendbar, weil die Expropriation keine nothwendige Subhastation ist und die vollständige Regulirung aller damit verbundenen Rechtsverhältnisse unverweilt erheischt.

e. Miether und Pächter.

Eine besondere Kathegorie unter den Nutzungsberechtigten mit eigenthümlichen Verhältnissen bilden noch die Miether und Pächter, mag man diesen nun, wie nach Preussischem Recht — A. L. R. I. 2. §. 135 — ein durch Besitz erworbenes dingliches Recht, oder nicht, wie nach gemeinem Recht, zugestehen, wo sie als blosse Detentoren angesehen werden.

Beim Miether hört der Miethkontrakt auf, weil das ganze Gebäude expropriirt wird. Ob er aber noch eine Entschädigung verlangen kann, hängt wesentlich davon ab, ob er in der für längere Zeit gemietheten Wohnung blos ein Obdach fand, oder ob ihm dieselbe eine Stätte zum Betrieb gewerblicher Unternehmungen gewährte. Wenn das Erstere der Fall ist, so muss man annehmen, dass ihm keine Entschädigung gebürt. Er zahlte nur die seinen bürgerlichen Verhältnissen angemessene Vergütung für die Benutzung der Wohnung. Eine gleich brauchbare Wohnung wird er meistentheils für den nämlichen Zins überall wieder finden. Dadurch wird nicht ausgeschlossen, dass der Fiskus aus billigen Rücksichten eine Entschädigung gewähren wird, wenn Jemand durch sein Amt genöthigt ist, an demselben Orte seine Wohnung zu nehmen, wegen beschränkter Wohngelegenheit aber dies nur mit einem Mehraufwand am Zinse zu thun vermag. Aus ähnlichen Gründen sind den Beamten im Falle der Versetzung Wohnungs-Entschädigungsgelder auf ein Vierteljahr aus der Staatskasse bisher bewilligt worden.

Anders steht es mit dem Miether, dem das gemiethete Lokal nicht blos zur Wohnung, sondern zum Gewerbebetrieb dient. Denn hier waltet ausser dem allgemeinen Miethverhältniss noch ein besonderes in Geld abzuschätzendes Vermögensinteresse ob. Dies Interesse wächst in dem Maasse, als gerade an den Ort ein gesteigerter Erwerb gebunden ist, der bei einem Gewerbebetrieb an anderer Stelle entweder gar nicht, oder erfahrungsmässig doch nur in sehr geschmälertem Maasse zu erwarten ist. Bei Miethern dieser Art kommt also als ein erwachsener Schade die Miethsteigerung, wenn der Gewerbebetrieb an eine andere Stelle verlegt werden muss, als entgangener Gewinn aber für den ganzen Rest der alten Miethzeit, diejenige Summe in Anschlag, die der Gewerbetreibende verdient haben würde, wenn er das alte Quartier beibehalten hätte, und die ihm bei der Verlegung des Geschäfts nun entgeht.

Aus diesen Motiven, die sich namentlich bei städtischen Expropriationen fühlbar machen, sind neuerlich bei der Expropriation in Paris ausser den Entschädigungen an den Hauseigenthümer, an gewerbtreibende Miether für die gezwungene Aufgebung des Gewerbes an dieser Stelle sehr bedeutende Entschädigungen von der Jury ausgeurtheilt. Dasselbe wird voraussichtlich eintreten, wenn der nothwendige Umbau anderer grosser Städte in Angriff genommen wird.

Die gleichen Grundsätze finden auch beim Pächter als einem ländlichen Gewerbetreibenden Anwendung, wenn durch die Expropriation das ganze Grundstück fortgenommen wird. Wird aber dem Pächter dadurch nur ein Theil der fruchtbringenden Sache entzogen, so muss man die Frage über die Fortdauer der Pacht von der Entschädigungsfrage trennen. Die erstere — rein civilrechtlicher Natur — ist von den Umständen abhängig: Ob nämlich der Pächter noch im Stande ist, eine ordnungsmässige Fruchtnutzung von der gepachteten Sache nach der Expropriation zu ziehen oder nicht? Diese ist einem Zufall oder einer höhern Gewalt gleich zu erachten, die ohne Verschulden des Eigenthümers eintritt. Der Code civil trifft daher — Art. 1722 — gewiss das Richtige, indem er disponirt:

„Si pendant la durée du bail, la chose louée est détruite en totalité par cas fortuit, le bail est resilié de plein droit: si elle n'est détruite qu'en partie, le preneur peut suivant les circonstances demander une diminution du prix ou la résiliation même du bail."

Er stellt es also in das Ermessen des Pächters, sls des Beschädigten, ob dieser bei Partialenteignungen die Pacht mit Herabsetzung des Zinses fortsetzen oder vom Vertrage ganz abgehen will: offenbar, weil er auch am besten weiss, ob er mit einem solchen zertrümmerten Grundstück noch länger ordentlich wirthschaften kann oder nicht. Wenn der Code aber hinzufügt:

„Dans l'un et l'autre cas, il n'y a lieu à aucun dédommagement"

so bezieht sich das nur auf das Verhältniss des Pächters zum Verpächter: die Entschädigungsfrage zwischen dem Pächter und dem Exproprianten bleibt dabei unberührt.

Von der Erledigung der civilrechtlichen Präjudicialfrage hängt aber wesentlich die Ermittelung der Entschädigung des Pächters bei der Erpropriation ab. Will er die Pacht aufgeben, so muss ihm der Expropriant die Entschädigung für den entgangenen Total-Fruchtgewinn auf den ganzen Rest der Pachtperiode, im entgegengesetzten Fall nur für den Gewinnausfall an dem expropriirten Stück vergüten. In keinem Fall darf der Eigenthümer des verpachteten Grundstücks bei einer Theilexpropriation den Pächter mit einer blossen Herabsetzung der Pacht abfinden und ausser der Eigenthumsentschädigung die vom Exproprianten auf das entzogene Nutzungsrecht bewilligte Specialentschädigung für sich behalten. Er muss vielmehr die letztere an den Pächter herauszahlen. A. L. R. I. 21. §. 420. Striethorst, Archiv für R. F. B. 40. S. 7.

f. Hypothekarien. Die Hypothekarien endlich haben gegenüber den Realinteressenten die Eigenthümlichkeit, dass ihr Interesse durch die Eintragung der Hypotheken mit bestimmten Summen der Regel nach zum Voraus taxirt ist. Nur dann, wenn Arreste, Cautionen und ähnliche Verbindlichkeiten zu unbestimmten Beträgen im Hypothekenbuch vermerkt sind, muss deren Geldwerth ermittelt werden. Diese Ausmittelung vollzieht sich indess allein zwischen dem Eigenthümer auf der einen und den Hypothekengläubigern auf der anderen Seite.

Den Exproprianten geht sie nichts an, weil dieser im Widerstreit des Eigenthümers mit seinen Adhärenten durch die Deposition der ausgeurtelten Entschädigung für das expropriirte Grundstück selbst von seiner Verbindlichkeit befreit wird.

Man könnte deshalb fragen, ob die Zuziehung der Hypothekengläubiger bei dem Expropriationsverfahren überhaupt nothwendig ist? Diese unterscheiden sich wesentlich darin von den Realgläubigern, dass die letzteren ihr eigenes Sonderinteresse, die Hypothekarien der Regel nach aber nur das Kollektivinteresse des Eigenthümers verfolgen und dass sie wie im Civilprocess der Litisdenunciant und der ihm assistirende Litisdenunciat, wesentlich Eine Person mit dem Eigenthümer vorstellen. Gleichwohl wird man der Zuziehung der Hypothekarien nicht entrathen können. Einmal kann es ihnen nicht versagt werden, dem Eigenthümer Opposition zu machen und sich als eigene Partei bei dem Entschädigungsverfahren zu konstituiren, wenn sie eine ihren Interessen nachtheilige Collusion zwischen dem Exproprianten und dem Eigenthümer, damit eine Werthverkürzung zum Nachtheil ihrer Hypotheken, befürchten. Ausserdem sind sie unzweifelhaft berechtigt, ihr besonderes Interesse wahrzunehmen, wenn sie mit den Realgläubigern in Streit gerathen, mit denen sie nach der Priorität der beiderseitigen Eintragungen rangiren.

Nur das ist bei der Auseinandersetzung mit den Hypothekengläubigern festzuhalten, dcss ihre Forderungen unter allen Umständen durch die Expropriation fällig werden. Diese duldet nicht, dass betagte Forderungen auf dem abgetretenen Grundstück stehen bleiben können, weil sie dieses aus dem bürgerlichen Verkehr herauszieht. Clauseln, wie die häufig in den Hypothekenverschreibungen vorkommenden, dass die Kündigung für eine bestimmte Reihe von Jahren — nach dem Preussischen Ablösungsgesetz vom 2. März 1850, §. 92, höchstens dreissig — ausgeschlossen bleiben sollen, verlieren durch eine Zwangsabtretung ihren Werth, wenn diese innerhalb der Ausschlussfrist eintritt. Es darf auch nicht einmal unter dem Vorgeben eine besondere Entschädigung von den Hypothekarien, etwa wie sonst üblich nach Analogie der Vorschriften in den §§. 658—660. I. 11. A. L. R. zur Höhe einer halbjährlichen Zinse liquidirt werden, dass das Kapital nicht auf der Stelle gleich sicher oder zu gleich hohem Zinsfuss untergebracht werden könne. Eine derartige Vergütung lässt sich dann nur rechtfertigen, wenn der Gläubiger durch ein civilrechtlich zu vertretendes Versehen des Schuldners in seinen Rechten beeinträchtigt wird. Dieser Fall tritt hier nicht ein, da dem Kapital durch höhere Gewalt eine vielleicht vortheilhafte Unterbringung entzogen wird. Alsdann hört vermöge der Expropriation sowohl Privateigenthum als Hypothek an dem belasteten Grundstück auf. Beide, das erstere als den realen Vollwerth, die letztere als einen idealen, zeitweilig davon entnommenen Ausbruch darstellend, finden ihre gemeinsame Realisation in der für das Gesammtrecht bewilligten Entschädigung — §. 7 N. 4 des Preussichen Entwurfs. Die Eigenthums-Entschädigung schliesst daher auch die Hypotheken-Entschädigung in sich, wenn nicht etwa die Ziffer der Hypotheken den realen Werth übersteigt und diese bei Gelegenheit der Expropriation als ungedeckt sich erweisen.

Wenn nun in dieser Weise die Geldentschädigungen für das abgetretene Eigenthum, Real- und Hypothekengläubiger ermittelt sind, so ist damit der Kreis der Entschädigungs-Berechtigten geschlossen. Einem Nichtexpropriaten ist der Expropriant zu keiner andern Entschädigung verpflichtet, als wenn seine Anlage eine Vermögensbeschädigung für jenen herbeiführt. In diesem Falle wird der Expropriat nach den bisher in Preussen geltenden Gesetzen dem dritten unbetheiligten Eigenthümer innerhalb der legalen dreijährigen Verjährungsfrist §. 54 I. 6. A. L. R.; Deklaration vom 31. März 1838 — für einen durch seine Anlage hervorgerufenen Schaden gerecht werden und diejenigen Anstalten auf seine Kosten vorkehren müssen, die zur Verhütung der Wiederkehr ähnlicher Uebelstände nothwendig sind. Nur in einem Punkte ist die Preussische Gesetzgebung aus Rücksichten der Billigkeit weiter gegangen. Eine Vertretungspflicht des Exproprianten kann immer nur auf die Zeit der Ausführung des öffentlichen Werks bezogen werden. Der §. 14 des Preussischen Eisenbahngesetzes vom 3. November 1838 und dem sich anschliessend der §. 13 des Entwurfs zum Expropriationsgesetz ordnen jedoch an, dass wenn nach der Zeit der Ausführung sich die Nothwendigkeit schützender Anlagen für benachbarte Grundstücke ergiebt, diese zwar vom Unternehmer des Werks gemacht, die Kosten aber dafür von den bei deren Herstellung interessirenden Grundbesitzern eingezogen werden sollen. Dieser Last muss sich der Expropriant aus technischen Gründen unterziehen, weil die Schutzanlagen im Zusammenhang, wenigstens im Anschluss an sein Werk hergestellt werden müssen, eine dritte unberufene Person ohne Benachtheiligung der Arbeit selbst aber nichts daran vornehmen darf.

Die Zahlung der Entschädigungen selbst an die Berechtigten soll gegen Gestattung der Besitzergreifung von der expropriirten Sache erfolgen. Bleibt sie zu dieser Zeit aus, so billigt der Preussische Entwurf §. 32, sich auf die gesetzlichen Vorschriften vom Kauf berufend — A. L. R. I. 11. §. 221 — in Uebereinstimmung mit einer gemeinrechtlichen Entscheidung des Oberappellationsgerichts zu Lübeck vom 19. November 1850, Seuffert Archiv B. 4 S. 195, dem Expropriaten die Verzinsung der Entschädigung mit fünf Prozent vom Tage des Eigenthums-Ueberganges auf den Exproprianten zu. Mit Häberlin — Zwangsenteignung §. 20, Arch. f. civ. Pr. B. 39. S. 216 — halten wir diese Entschädigung für unzureichend. Eine blosse civilrechtliche Mora liegt unseres Dafürhaltens nicht vor. Wir nehmen an, dass das Expropriations-Verfahren durch Schuld des Exproprianten unbeendigt geblieben ist. Deshalb würden wir in diesem Falle dem Expropriaten, wie überall darin, den Ersatz des entstandenen Schadens und entgangenen Gewinns um so mehr zubilligen, als nicht geleugnet werden kann, dass durch diese Hintanhaltung der Zahlung für den schon ohnehin beschädigten Expropriaten die empfindlichsten Wirthschaftsverluste entstehen.

Sechstes Kapitel.

Die Verwendung der Entschädigung und die Wiederaneignung (Reappropriation).

I. Verwendung der Entschädigung. a. Theilweise Freigebung der Entschädigungen an den Eigenthümer.

Wenn für das expropriirte Grundstück eine Entschädigung in gleichartigen und gleichwerthen Gegenständen (Kapitel IV.) nicht gewährt werden kann, so scheint uns doch die Billigkeit zu erfordern, dass die Sache nicht dadurch abgemacht wird, dass man sich mit der Ausmittelung einer

Geldentschädigung begnügt und diese nun dem Eigenthümer und Denen in geforderten Summen zuweist, die von ihm ihre Rechte ableiten. Wir halten dafür, dass die Erhaltung des Eigenthümers im Besitz das erste Augenmerk des Staats sein muss. Ist es aber unabweislich, zum Besten der Gesammtheit das Recht des Eigenthümers zu brechen, so liegt es im Beruf des Staats, das Eigenthum annähernd so viel als möglich wieder herzustellen.

Von diesen Grundsätzen ausgehend, können wir nur dafür halten, dass sämmtliche Geldentschädigungen für das abgetretene Eigenthum und die davon abgeleiteten Rechte zunächst dem expropriirten Eigenthümer zur Disposition gestellt werden sollen, um zu versuchen, ob er nicht im Stande ist, die geschmälerten Rechte auf eine andere Weise zu restauriren.

Dieser Gedanke steht den neuern Expropriationsgesetzgebungen deshalb fern, weil sie alle abgetretenen Rechte unbedingt mit Geld ablösen wollen; weil sie ferner so viele Entschädigungen als Sonderberechtigte nach ihren Grundsätzen anerkennen und mit dem Augenblicke, dass diese besonderen Entschädigungen gezahlt werden, das Expropriationsgeschäft ein Ende erreicht hat. Es kann daher die Bestimmung des Französischen Expropriationsgesetzes vom 1. Mai 1841 Art. 19, wonach dem Eigenthümer die Entschädigung von der Administration bis zum Betrage von Fünfhundert Franken ausgezahlt werden darf, für eine gegentheilige Anschauung nicht geltend gemacht werden, weil diese Zahlung nur geschieht, „sauf les droits des tiers“, der Eigenthümer folglich ein provisorischer Zahlungsempfänger ist.

Unser Standpunkt ist ein wesentlich verschiedener. Thatsächlich existiren allerdings so viele Entschädigungsberechtigte, als es Sonderberechtigungen giebt. Rechtlich ist die Summe dieser anscheinenden Sonderberechtigungen nichts weiter, als das in bestimmte äusserlich wahrnehmbare Faktoren aufgelöste Eigenthum. Die Ausmittlung der Singularentschädigungen ist also nur der Moment, in dem der Gesammtwerth der im Eigenthum enthaltenen und zeitweilig davon abgetrennten Rechte sich offenbart. Es muss desshalb die Gelegenheit wahrgenommen werden, um das Eigenthum in seinen Naturalbestandtheilen zu rekonstruiren. Man erreicht dadurch in nationalökonomischer Beziehung den wichtigen doppelten Vortheil, dass nach Möglichkeit die bisherigen Einzelberechtigten nicht verkürzt, der Eigenthümer aber, ihr oberstes Haupt, in seinem Besitz erhalten wird.

Die ältere Preussische Expropriationsgesetzgebung hat sich diesen Grundsätzen nicht verschlossen. Sie giebt einen ersten Fingerzeig für die nach ihren ökonomischen Ansichten nothwendige Behandlung der Sache insoweit, als sie die Geldentschädigungen an den Eigenthümer des expropriirten Grundstücks in gewissen, nicht bedeutenden Beträgen ohne Rücksicht auf die etwanige Belastung des Grundstücks zahlen lässt, weil sie glaubt, dass die Zahlung solcher Summen an ihn den Rechten der Realinteressenten unnachtheilig sei. So ordnet das durch das Gesetz vom 25. April 1836 — Ges. S. S. 179 — hierbei generalisirte Kurmärkische Chausseebau-Edikt vom 18. April 1792 §. XVIII N. 15e an, dass jedem Eigenthümer eines freien und nicht kontribuablen Grundstücks die Entschädigung für den abgetretenen Grund und Boden ohne Rücksicht auf etwanige Realberechtigten bis zur Höhe von Zweihundert Thalern ausgezahlt werden soll. Die Königl. Kabinetsordre vom 8. August 1832 (e) — Ges. S. S. 202 — setzt dieses freie Entschädigungsquantum für städtische und bäuerliche Eigenthümer auf zehn Thaler fest. Die Zahlung höherer Entschädigungssummen an die expropriirten Eigenthümer ist an so viele Bedingungen geknüpft, dass wohl in den seltensten Fällen davon Gebrauch gemacht sein möchte. Auch das neueste Preussische Ablösungsgesetz vom 2. März 1850 — §. 110c — stellt unbedingt dem Eigenthümer nur eine den Betrag von zwanzig Thalern nicht übersteigende Abfindungssumme zur freien Verfügung.

Für unseren Zweck, dem Eigenthümer nach besten Kräften zu helfen, scheint es schon erspriesslich, wenn dies Princip in gewisser Weise generalisirt wird. Ohne in ökonomische Berechnungen zu weit uns einzulassen, glauben wir den Satz aufstellen zu können, dass das Interesse der Realberechtigten nicht gefährdet ist, wenn dem Eigenthümer ein Zehntel des Werths des Gesammtguts zur freien Verfügung überlassen wird. Man kann wohl einen solchen allgemeinen Satz mit der Bemerkung nicht zurückweisen, dass die Ausmittelung dieses freien Zehntels eine Taxe des Grundstücks voraussetzt. Für diese sind entweder schon hinlängliche ältere Materialien zur Hand, oder sie muss summarisch aufgenommen werden, um den Betrag der Entschädigungen überhaupt zu finden.

b. Volle Freigebung bei Nichtmeldung von Realinteressenten.

Wir gehen noch einen Schritt weiter. Wenn die Adhärenten des Eigenthümers zur Erklärung darüber aufgefordert sind, ob sie die auf ihre Berechtigungen mitvertheilten Entschädigungen in Empfang nehmen wollen, und sie dann sich nicht gemeldet haben, so kann man wohl nicht behaupten, dass ihnen ein Unrecht geschieht, wenn nun die ganze Entschädigung an den Eigenthümer des expropriirten Grundstücks gezahlt wird. Allen Richtern in Preussen ist hinreichend bekannt, welche Weitläufigkeiten damit verbunden waren, eine deponirte Grundentschädigung im Betrage von nur eilf Thalern nach Massgabe der Königlichen Kabinetsordre vom 8. August 1832 zur Auszahlung zu bringen, wenn das zum Chausseebau oft mit wenigen Quadratruthen expropriirte bäuerliche Grundstück zufällig mit Hypotheken belastet war. Es erscheint daher mit dem Preussischen Entwurf — §. 33 N. 4 — gerechtfertigt, die Real- und Hypothekengläubiger aufzufordern, ihre Ansprüche auf Auszahlung der deponirten Entschädigungsgelder geltend zu machen, unter dem Präjudiz, dass bei ihrem Schweigen innerhalb einer gewissen Frist ihre Einwilligung in die Auszahlung an den Eigenthümer vorgenommen würde.

Dies heilsame System der Legalpräklusion ist bei anderen Fällen von gutem praktischen Erfolg gewesen. Es erscheint um so mehr an der Zeit, es zu verallgemeinern, als damit nur den Interessenten bedeutende Verluste an Arbeitszeit und Kosten, sehr oft bei einem verhältnissmässig unbedeutenden Gegenstand, erspart werden und das Gesetz in solcher Weise den eigentlichen Willen der Betheiligten der Regel nach ergänzt.

c. Verwendung der Entschädigung auf Antrag des Eigenthümers.

Unerachtet des Rechts des Eigenthümers zur Erhebung einer bestimmten Quote des Gesammtwerths seines Grundstücks und zur Entgegennahme der Entschädigung für die deshalb sich nicht meldenden Realinteressenten möchten ihm doch in Beziehung auf die Gesammtentschädigung jedoch nur für den zur Ablösung privatrechtlicher Titel bestimmten Theil, noch weitere Befugnisse beizulegen sein.

Die Preussische Agrargesetze

Gesetz vom 29. Juni 1835 §. 4 G. S. S. 137; Ablös. Ges. vom 2. März 1850 §. 110 G. S. S. 110.

gestatten, dass dem Grundbesitzer auf seinen Antrag die ganze Entschädigung zur Verwendung ausgehändigt wird, wenn die Kapitalabfindungen zu den Einrichtungskosten, zu

Culturkosten oder zu Verbesserungen des Restguts verbraucht werden sollen. In diesen Fällen haben Realberechtigte und Hypothekengläubiger des Grundbesitzers kein Widerspruchsrecht gegen die Ausantwortung der Abfindungskapitalien an ihn. Die noch aufgestellte Kathegorie „zur Abstossung prioritätischer Kapitalien" scheint uns nicht zweckmässig, weil die Hypothekengläubiger bei partieller Befriedigung für ihre Kapitalien sich veranlasst finden können, den Rest zu kündigen und dadurch bei erheblich belasteten Grundstücken der Ruin des Besitzers herbeigeführt würde.

Diese Anordnung, dass die Abfindungskapitalien zunächst den Gutsbesitzern zu ihrer anderweitigen wirthschaftlichen Einrichtung oder zu Meliorationen in die Hand gegeben sind, hat sich in der Praxis vortrefflich bewährt. Ihr hauptsächlich ist der gesteigerte Ertrag des Ackerbaues, jetzt auch das Plus in der Grundsteuer bei deren neuer Veranlagung, zu verdanken. Hätte man hier ein ähnliches System, wie das der Sonderinteressen und der unbedingten Zahlung der Einzelentschädigungen an Singularinteressenten eingeführt, so wäre der Grundbesitzer doppelt durch eine kulturfreundliche Massregel benachtheiligt. Es wären ihm die öden Flächen zurückgelassen und der Strom des befruchtenden Kapitals von seinen Fluren abgelenkt.

Diese nämlichen Principien lassen sich auch bei Expropriationen im Allgemeinen zur Anwendung bringen. Es ist dabei zu erwägen, dass sie auch bei Totalexpropriationen nicht ausgeschlossen sind, so lange die Möglichkeit vorhanden bleibt, statt der expropriirten Fläche ein gleich preiswürdiges Surrogat anzuschaffen. Der Grundbesitzer wird erhalten; die Realinteressenten nicht geschädigt; der Expropriant zahlt nicht mehr als Das, wozu er rechtlich verpflichtet ist.

Die Verpflichtung des Exproprianten wird zunächst durch diese Verwendungsmethode nicht erhöht. Er muss unter allen Umständen Entschädigung für entstandenen Nachtheil und entgangenen Gewinn gewähren. Die Vertheilung der Gesammtabfindung unter die Expropriations-Interessenten ist ein Prozess, der sich nur unter diesen vollzieht, sowie in bloss civilrechtlichen Verhältnissen die Rolle des Adjudikators mit der Kaufgelder-Belegung beendigt ist und die

Kaufgelder-Vertheilung nur den Schuldner, die Real- und Hypothekengläubiger angeht.

Die Realinteressenten werden dadurch nicht beschädigt. Sie haben nur einen begründeten Anspruch auf Schutz und Erhaltung in ihren Rechten. Durch die bezeichneten Massregeln wird nur bezweckt, dass der Eigenthümer Dasjenige selbst beschafft, was der Staat nicht hat geben können: die Wiederherstellung der aufgehobenen oder geschmälerten Sicherheit. Die richtige Würdigung der Interessen aller Theilnehmer erfordert es, sie nicht aus dem Standpunkt der Sonderinteressen im feindlichen Gegensatze zu dem des Eigenthümers, sondern aus dem Standpunkt des gemeinsamen Interesses im friedlichen Verein mit dem des Eigenthümers zu betrachten. Für diesen aber ist es bei bedeutendern Expropriationen nicht selten eine Lebensfrage, wie er durch zweckmässige Verwendung der Abfindungskapitalien nicht nur im Rest seines Besitzes sich halten, sondern auch diesen durch den Zufluss der Kapitalien von Aussen her in Stelle minder nutzbarer Naturalobjekte bedeutend verbessern kann.

Die hier bezeichnete Art der Verwendung der Entschädigungskapitalien wird dadurch völlig gefahrlos, dass schon in der bisherigen Agrargesetzgebung — §. 5 des Gesetzes vom 29. Juni 1835 — genaue Vorschriften gegeben sind, die jeder Verschleuderung derselben vorbeugen und die sich als völlig ausreichend erwiesen haben. Die ausgemittelten Entschädigungsgelder werden zum Depositum eingezahlt oder bleiben — was freilich bei anderen Expropiationen nicht nachzulassen — vorläufig in den Händen der Entschädigungspflichtigen. Die Auseinandersetzungsbehörden ermitteln den Bedarf des Gutsbesitzers an Abfindungskapitalien, von denen eine lohnende und nachhaltige Verwendung in sein Grundstück zu erwarten ist. Diese können ihm aber nicht früher gezahlt werden, als bis er die Vollendung der Cultur nachgewiesen hat, wenngleich aus Gründen der Billigkeit ihm Theilzahlungen je nach dem Fortschritt des Werks nicht zu versagen sein möchten. Es beruht nun in dem Ermessen dieser Behörden, dem Eigenthümer eine zweckmässige Frist zur Ausführung der neuen Arbeiten zu setzen und, wenn er sie ungenutzt verstreichen lässt, die Auszahlung der Entschädigungen an die Coëxpropriaten anzuordnen. Dadurch offenbart sich gewiss eine nützliche Thätigkeit des Staats zur Vermittelung und Ausgleichung anscheinend sich widerstrebender Interessen.

II. Wiederaneignung.

Hiemit erschöpft sich jedoch noch nicht die Summe der Rechte, welche dem bisherigen Eigenthümer in Beziehung auf das expropriirte Grundstück zusteht. Immer ausgehend von dem Grundsatz, dass die Expropriation ein Kauf sei, gestehen ihm verschiedene Gesetzgebungen ein Wiederkaufrecht zu, wenn das Unternehmen aufgegeben; ein Vorkaufrecht, wenn die expropriirte Sache oder ein Theil derselben zu dem beabsichtigten und ausgeführten Werk nicht mehr gebraucht wird. So die französische Gesetzgebung, die im Artikel 61 des Gesetzes vom 3. Mai 1841 von einem „rachat" sogar von einem „contrat de rachat" spricht. Nicht weniger die ältere Preussische Gesetzgebung, welche beide Arten der Wiederaneignung, den „Wiederkauf" und den „Vorkauf" kennt,

Eisenbahngesetz vom 3. November 1858 §§. 16—19;.jetzt auch: Berggesetz vom 24. Juni 1865 §. 141; G. S. S. 734

und den letzteren obwohl nur in einem für den rechtsrheinischen Theil der Monarchie bestimmten Specialgesetze, — Ablösungsgesetz vom 2. März 1850 §. 4, Motive bei Lette und v. Rönne Commentar zur Landeskulturgesetzgebung B. II. S. 243 ff. — auf alle Expropriations-Unternehmungen ausdehnt.

Der Entwurf des Preussischen Expropriationsgesetzes lässt zwar (§. 36) das Erpropriationsrecht erlöschen, wenn der Unternehmer binnen zwei Jahren nach Feststellung des Plans davon keinen Gebrauch macht. In den Motiven (J. Minist. Blatt 1864 S. 372) wird weiter erklärt, dass der bisherige Eigenthümer kein Wiederkaufrecht geltend machen könne, weil er das volle Aequivalent für das expropriirte Grundstück erhalten habe und durch dessen Ausübung weitläufige Prozesse über Deteriorationen in Aussicht ständen. Die Ansdehnung des im §. 4 des Ablösungsgesetzes vom 2. März 1850 für die sieben Provinzen des Staats gewährten Vorkaufsrechts auf den übrigen Theil desselben (die Rheinprovinz) empfehle sich aber nicht.

Vom Standpunkt des Entwurfs aus ist dies nur eine Consequenz aus der Grundanschauung über die Natur der Expropriation, als eines Kaufs. Es sind deshalb auch im §. 57 die angeführten Bestimmungen aus dem Eisenbahngesetz vom 3. November 1838 §§. 16—19 als aufgehoben bezeichnet. Ist nämlich die Expropriation nichts weiter als ein privatrechtliches Kaufgeschäft, so trägt sie zugleich den Charakter eines Definitivums an sich. Hat der Exproprіant die verkaufte Sache, der Expropriat sein Kaufgeld erhalten, so hat Keiner von beiden mehr Anspruch an den Andern. Jeder civilrechtliche Nexus ist damit swischen ihnen für immer gelöst.

Wir vermögen uns dieser Ansicht nicht anzuschliessen und zwar, wie wir mehrfach dargestellt haben, weil wir von dem Grundsatz ausgehen, dass die Expropriation für einen den Regeln des gemeinen Civilrechts unterstellten Kauf nicht zu erachten sei. Aus diesem Grunde kommen wir ebenfalls zu dem Schlusse, dass Wiederkauf oder Vorkauf nicht stattfinde, da es überhaupt an einem verkauften Gegenstande mangelt.

Dagegen erachten wir dafür, dass dem Eigenthümer ein anderes Recht nicht zu versagen sei, das wir im Gegensatz zur Expropriation — der Zwangsaneignung des Staats — generell als das Recht der Reappropriation oder Wiederaneignung bezeichnen möchten, weil Umstände sich ereignen können, in welchen es angemessen erscheint, beide Theile nachmals dieselbe Procedur im umgekehrten Sinne durchmachen zu lassen.

Jede Expropriation ist auf Seiten des Expropriaten als eine passive Ueberlassung seiner Sache sub modo aufzufassen. Der Expropriat soll sie in Besitz nehmen, um einen bestimmten öffentlichen Zweck damit erfüllen zu können. Ein solcher Modus steht der Bedingung darin gleich — Modus adscriptus pro conditione observatur — „C.“ 1 C. d. his quae sub modo, VI, 45 —, dass es dem Staat an jedem Rechtstitel mangelt, die Sache des Privatmannes an sich zu nehmen, wenn er sich nicht gleichzeitig anheischig macht, sie zu dem bestimmten Gebrauch zu verwenden. Er hat also kein Recht sie zu behalten, wenn er

Entweder sie bestimmungswidrig,

Oder gar nicht zu der festgesetzten Bestimmung verwendet;

Oder, wenn nach gemachtem bestimmungsmässigen Gebrauch ein Theil der Sache erübrigt wird.

In allen drei Fällen ist der Expropriat berechtigt, seine Sache dem Exproprianten mit der condictio ob caussam datorum wieder abzufordern, selbstverständlich unter Erstattung der etwa schon empfangenen Gegenleistung — der Entschädigung, — Fr. 5 pr, 7 §. 1; 8 D. d. condict causs. data, XII, 4; C. 8. Cod. d. condict. ob. css. dat. IV, 6.

Der Expropriant ist auch nicht berechtigt, die Sache an einen Dritten zu dessen beliebigem Gebrauch zu veräussern. Fr. 71. D. pr. d. condit XXXV., 1;

Der Expropriat kann daher nicht in die Lage kommen, mit diesem dritten Erwerber in Konkurrenz zu treten.

Das Französische Recht hat diese Consequenzen des Expropriationsrechts an einer Stelle (Art. 60 des Expropr.-Ges. vom 3. Mai 1841) zur Geltung gebracht, indem es bestimmt:

„Si les terrains acquis pour des travaux d'utilité publique ne reçoivent pas cette destination, les anciens propriétaires et leurs ayant-droit peuvent en demander la remise.

Le prix des trrrains rétrocédés est fixé à l'amiable et s'il n'y a pas accord, par le jury, dans les formes ci-dessus préscrites. La fixation par le jury ne peut, en aucun cas excéder la somme moyennant laquelle les terrains ont été acquis."

An dieser Stelle fasst also das Französische Recht den Rückgang des ganzen Geschäfts gerade so auf, wie dessen Eingehung. Der „cession des terrains" — Art. 4 — steht „la remise," das rétrocéder" gegenüber. Die Entschädigung wird zurückgegeben. Im Streitfall entscheidet die Jury über die Summe der Rückentschädigung, ebenso wie über die Entschädigung (Art. 39).

Hiemit lässt sich freilich nicht recht vereinigen, dass der folgende Artikel 61 die Wiederaneignung durch den ehemaligen Eigenthümer, wie erwähnt, als „rachat" umfasst.

Im Ganzen stimmt das Schweizer Expropriationsgesetz vom 1. Mai 1850 mit den hier vorgetragenen Ansichten überein. Es verfügt Art. 47 Al. 1:

„Sollte ein abgetretenes Recht zu einem andern Zwecke als zu demjenigen, für welchen es abgetreten ist, verwendet werden wollen (Fall 1).

Oder wäre es binnen zwei Jahren nach erfolgter Abtretung zu dem Abtretungszweck nicht benutzt worden (§. 36 des Preussischen Entwurfs), ohne dass sich hierfür hinreichende Gründe anführen lassen (worüber nicht der Verwaltungschef, sondern das Bundesgericht entscheidet, i. f. huj. art.)

Oder wird das öffentliche Werk, für welches die Abtretung geschehen ist, gar nicht ausgeführt. (Fälle 2 und 3.)

so kann der frühere Inhaber des abgetretenen Rechtes dasselbe gegen Rückerstattung der dafür erhaltenen Entschädigungssumme wieder zurückfordern.

Das Alinea 2 dieses Artikels regulirt darauf mit wenigen ausreichenden Sätzen, wie es in einem solchen Falle mit den Verbesserungen und Verschlechterungen zu halten sei. Der Schluss des Artikels geht, immer daran festhaltend, dass der Eigenthümer an seinem unverletzlichen Eigenthum beschädigt ist, und die Sicherung der Ausführung des Unternehmens festhaltend, noch weiter, als wir hier dargestellt haben. Er räumt dem ehemaligen Eigenthümer auch ein Einstandsrecht in die beabsichtigte Veräusserung durch den Unternehmer an einen Dritten für einen Minderpreis ein, der hinter der bezahlten Entschädigungssumme zurückbleibt.

Zweites Buch.

Expropriations-Prozess.

Erstes Kapitel.

Allgemeine Grundsätze in historischer Entwickelung.

Unter Expropriations-Prozess verstehen wir die Gesammtheit derjenigen Verhandlungen, welche nothwendig sind, damit die Expropriation zu Stande kommt. Das öffentliche Unternehmen muss als ein Ganzes aufgefasst werden, von dem ins Leben tretenden Gedanken an, eine solche öffentliche Arbeit ins Werk setzen zu wollen bis zur Verwendung der Entschädigungen, als dem Schlussstein desselben. Als verschiedene Stadien des Unternehmens kommen in Betracht: I. Allgemeine Grundsätze.

Die Vorbereitungen, um das Unternehmen einzuleiten; die gesetzliche Ermächtigung zur Ausführung des Unternehmens;

die administrative Feststellung des Plans;

die Ausmittelung und Festsetzung der Entschädigung;

die Ueberweisung des Expropriationsgegenstandes an den Unternehmer;

dies Verwendungsverfahren und die Verwaltungsmassregeln zum Schluss der Expropriation.

Das gesammte Expropriationsverfahren theilt sich aber nach der Art der Procedur in zwei Prozessformen:

Den ordinären Expropriationsprozess, wenn die Massregel unter Einhaltung aller dieser getrennten Stadien durchgeführt wird; und den summarischen Expropriationsprozess, wenn die Dringlichkeit der Umstände eine Abweichung von der Regel nothwendig macht und deshalb einzelne Stadien des Expropriationsverfahrens entweder ganz ausfallen, oder gleichzeitig neben einander zur Verhandlung kommen.

An den summarischen Expropriationsprozess schliesst sich das Expropriationsverfahren in Nothstandfällen. In diesen fällt die vorgängige caussae cognitio ganz weg, es kann sich nur um die Entschädigung handeln. Die Formen müssen hier die kürzesten sein. Man kann es füglich ein „summariissimum" nennen.

II. Historische Entwickelung. 1. Römisches Recht.

Geschichtlich lassen sich die ersten Spuren einer wirklichen Expropriation erst in der Römischen Kaiserzeit nachweisen. Dies ist leicht erklärlich. Expropriation ist erst das Bedürfniss eines verfeinerten Zeitalters. Für sie mangelt es an jeden Raum, wo das Privateigenthum schroff und starr dem Privateigenthum im Bewusstsein des Volkes gegenüber steht. Hin und wieder macht sich im Einzelnen das Gefühl rege, dass für den gemeinsamen Verkehr der Menschen unter einander auch über die Feldmark der Gemeine hinaus etwas geschehen müsse; hin und wieder wird es dem Einzelnen in seinem Eigenthum zu eng, weil ihm gewisse Bedingungen zu einer bequemen, oft nur zu einer nothdürftigen Existenz fehlen. Nach beiden Seiten hin hat die Römische Republik in ihrer unvergleichlichen Staatsthätigkeit helfend eingegriffen. Dem Verkehr schuf sie Strassen, die noch heute in ihren Resten die Bewunderung der späteren Nachwelt erregen. Den in einem Ackerbaustaat vorwiegenden Bedürfniss nach Wasser und Weide trug sie gleichfalls ausgiebige Rechnung. In beiden Fällen dürfte sie aber nicht zu dem altrömischen Rechtsbegriffen völlig fremden Institut der Expropriation greifen. Das Terrain zu den Staatsstrassen entnahm sie aus den vorbehaltenen Abschnitten des von ihr occupirten fremden Bodens. Den anderen Privatbedürfnissen ihrer Bürger half sie bei der rechtlichen Begrenzung der Servituten auf Römischen Privatbesitz dadurch ab, dass sie servitutähnliche Einrichtungen an öffentlichen Grundstücken gestattete und diesen einen starken Schutz durch eine Reihe von Interdikten mittels der obrigkeitlichen Strafgewalt verlieh. Fr. 1. §§. 15, 43—45 d. aq. quot. D. XLIII, 20; Fr. 7. D. d. div. temp. praescr. XLIV. 3.

Erst in der Kaiserzeit stellte sich als Bedürfniss der Expropriationen heraus. Aus politischen Gründen betrafen diese die Hauptstadt Rom. Sie boten ein bequemes Mittel, um dem mit verkäuflichen und vererblichen Brodmarken (tesseris frumentariis — l. 10. Cod. Theodos. d. annon civ. XIV, 17, —) gesättigten faulen Pöbel der Weltstadt ein unentgeldliches tägliches Schauspiel ausser den Spielen im Cirkus zu geben, tausende von Bauhandwerkern fortwährend zu beschäftigen und den simplen Provincialen, der nach Rom eilte, mit Vorstellungen von der Macht und Herrlichkeit des dem Untergang zueilenden Reichs zu erfüllen. Die ganze Politik dieses Regierungssystems spiegelt sich in den Titeln „de operibus publicis" des Theodosianischen — XV, 1 — und des Justinianischen Codex — VIII, 12 — wieder.

Es hatte sich damals ein wahres Baufieber der städtischen Behörden bemächtigt, welche sich durch Aufführung neuer Werke bei den Kaisern beliebt machen wollten. Vergebens waren die wiederholten Ermahnungen der Kaiser, nicht immer neue Werke anzufangen, bevor die alten vollendet wären. l. 29. Cod. Theod. h.

Da nahmen sie selbst die Sache in die Hand, jedoch im grossartigsten Maassstabe, indem sie den Umbau der ganzen Stadt selbst einleiteten. l. 11. Cod. Theod. h. t.

Wir finden nun hier den Wechsel von massenhaftem Niederreissen und massenhaftem Wiederaufbau nach einem bestimmten Plan derartig im Detail geordnet, dass sogar die Façaden der Häuser zur Erzielung eines dekorativen Effekts reglementirt werden.

> „Atque ideo diruenda sunt omnia, quae per diversas urbes, vel in foro, vel in quocunque publico loco contra ornatum et commodum ac *decoram faciem* civitatis exstrusta noscuntur" l. 22. Cod. Theod. l. 6. Cod. Just. h.

Kaum bedarf es der Erwähnung, in welchem Maasse ein solches, hauptsächlich auf theatralische Schaustellung der Stadt berechnetes Gebahren mit der richtigen Erkenntniss der Nothwendigkeit des Umbaues einer grossen Stadt aus dringenden socialen Gründen im graden Gegensatse steht, wie sie in der bekannten Stelle aus Colsus — fr. 86. d. V. S. L, 16 — einen beredten Ausdruck gefunden hat:

> „Quid aliud sunt iura praediorum, quam praedia qualiter se habentia, ut *bonitas, salubritas, amplitudo?*"

Verschaffung der ersten Bedingungen einer menschenwürdigen Existenz (bonitas,) Beseitigung der durch ungesunde Wohnungen unnatürlich gesteigerten Sterblichkeit (salubritas), frische Luft und freie Plätze (amplitudo), müssen die Grundzüge jedes dem Gemeinwohl wahrhaft dienenden Umbauplans sein. Und wie ausgebildet gerade der Sinn für öffentliche Gesundheitspflege bei den älteren Römern, einem nicht sehr humanen, aber eminent praktischen Volke, war, davon legen andere Stellen in den Digesten ein sprechendes Zeugniss ab. So sagt Ulpian zum Interdictum de cloucis: (XLIII, 23. D.)

„Fr. 1. §. 2: Curavit autem Praetor per haec interdicta ut cloacae et purgentur, et reficiantur, quorum utrumque et ad salubritatem civitatum, et ad tutelam pertinet; nam et coelum pestilens et ruinas minantur immunditiae cloacarum, item si non reficiantur.

§. 3. Hoc autem interdictum propositum est de cloacis privatis; publicae autem cloacae publicam curam merentur.“

(Dieselbe brennende Frage, die schon Tarquinius Priscus in der Cloaca Maxuma für Rom gelöst hat und welche die Stadt London durch die ihrige bei Crossness-Point mit einem Kostenaufwand von vier Millionen Pfund Sterling zu lösen bemüht ist.)

§. 7. Quia autem cloacarum refectio et purgatio ad publicam utilitatem spectare videtur, id circo placuit — — —

„die ganze Stadt ist dabei interessirt“, wie v. Savigny übersetzt — Besitz §. 46 Note 2, S. 607; — oder wie wir es erweitern möchten: „das ganze Land“. „civitates §. 2“ das „l'intérêt général“ im Art. 4 des Französischen Senatus Consults vom 25. Dezember 1852.

Jene Prachtbauten der Neurömer aber verschlangen bedeutende Summen, welche die des Bürgersinnes und darum auch des Bürgerwohlstandes entbehrende Stadt längst nicht mehr aufbringen konnte. Der Umbau von Rom musste daher am Schlusse des vierten Jahrhunderts n. Chr. (393) aus der kaiserlichen Privatchatulle bestritten werden. Um Ordnung in die Sache zu bringen, erliessen die Kaiser Theodosius, Arkadius und Honorius ein Reskript an den Stadtpräfekten Aurelanus — l. 30. Cod. Theodos, l. 9. Cod. Jest.

h. t. —, das, so kurz wie es ist, ein vollständiges Expropriations-Reglement enthält.

Vor einem Gesetz oder Intervention der Gerichte konnte damals nach dem Grundsatz selbstverständlich nicht die Rede sein: „Quod principi piacuit, legis habet vigorem.“ Das Verfahren ist ein rein administratives. Der Stadtpräfekt lässt die Gebäude, die seinem Verschönerungsplane im Wege stehen, taxiren und abbrechen: dann hat er Platz für seine Neubauten (publica fabrica). Damit er aber in seinem Verschönerungseifer nicht zu weit gehe und darüber, den wichtigsten Punkt vergessend, nicht zu bedeutende Summen auf den kaiserlichen Privatschatzmeister — den Comes sacrarum largitionum Eusebius, l. 11. Cod. Just. h. t. — ziehe, werden die städtischen Expropriationen in zwei Finanzklassen getheilt. Bis zum Werth von fünfzig Pfund Silber genügt der Beschluss des Stadtpräfekten (arrêté du préfet); über diesen Werth hinaus muss für jeden Specialfall kaiserliche Genehmigung (Imperialis auctoritas; Autorisation par Décréts des Empereurs) vorher eingeholt werden.

Alle diese Bedürfnisse, welche in dem sinkenden Römischen Reiche, eine wenn auch beschränkte Anwendung des Expropriationsrechts zu Wege gebracht haben, manifestirten sich weder im Deutschen Reich, noch hätten sie hier befriedigt werden können, weil wie ein neuerer Schriftsteller bemerkt hat, das heilige römische Reich sich dadurch auszeichnete, dass es keine dieser drei Eigenschaften besass. Bei einer Civilliste der Käufer, die zuletzt auf jährlich vierzehn tausend Gulden aus dem Judenleibzoll gesunken war, lassen sich auch nicht Burgen bauen und Reichspfalzen verschönern. Die Zwangsabtretung ist in Deutschland erst durch die Partikulargesetzgebung des sechzehnten und siebenzehnten Jahrhunderts für einen speciellen Zweck in Gang gebracht, als die deutschen Stämme, vom Meer ausgeschlossen und dadurch von der Möglichkeit entfernt, in einem andern Welttheil Gold und Silber zu suchen, sich gezwungen sehen, den heimischen Boden zu durchwühlen, um die darin verborgenen Naturschätze zu heben. Die diesfälligen einzelnen Bestimmungen aus den Territerial-Gesetzgebungen sind von Hüberlein — Zwangsenteignung §. 4. Archiv f. civ. Prax. B. 39. S. 12 ff. — mit grossem Fleiss zusammengestellt. Als allgemeine Regel kann man aus diesen Partikulargesetzen ableiten: 2. Deutsches Recht.

„Eine Behörde, — das Bergamt — verfügt in administrativem Wege über die Expropriation zu Zwecken des Bergbaues; über die Entschädigung des Grundeigenthümers erkennen Bergrichter und Berggeschworene;“ nach dem neuen Preussischen Berggesetz am 24. Juni 1865 — §. 145. G. S. S. 735 — schliesslich die ordentlichen Gerichte.

Schon hierin offenbart sich eine Theilung des Expropriationsverfahrens. Die Nothwendigkeit der Expropriation selbst unterliegt der administrativen; die Feststellung der Entschädigung der richterlichen Entscheidung unter Betheiligung einer Klasse specifisch geschulter Richter: der Berggeschworenen.

3. Neueres Recht. Verschiedene Systeme: das Insular-System.

Vollständig ausgebildete Systeme des ganzen Expropriationsprozesses finden wir erst in der Neuzeit. Sie lassen sich in zwei Gruppen theilen, die wir nach der geographischen Terminologie als das Insular- und das Continental-System des Expropriationsprozesses bezeichnen möchten. Auch in ihnen, als einem wichtigen Kapitel der gesammten Volksentwickelung, ist der Charakter der allgemeinen Gesetzgebung ausgeprägt. Zum ersteren rechnen wir England; mit den alten Neuengland-Staaten, zum zweiten: die Schweiz, Frankreich und Preussen. Wir werden versuchen, die Eigenthümlichkeiten dieser Systeme hier kurz hervorzuheben, weil die Details erst bei einem Vergleich der Expropriationsgesetzgebungen in den einzelnen Stadien des Prozesses von Interesse sind.

Das Insular-System: England.

Die Grundsätze der Englischen Gesetzgebung für das Expropriationsverfahren, von den Staaten der Union aus dem Mutterlande herübergenommen und dort nach der republikanischen Staatsform gemodelt, liefern den deutlichsten Beweis von der unverwüstlichen Kraft des alten Angelsächsischen Rechts, das durch Normännische Institutionen nur hat überwuchert und verdeckt, niemals aber ausgerottet werden können. Das Eigenthum des Einzelnen ist zunächst seinem Schutze anvertraut. Wo dieser nicht ausreicht, tritt die Gesammtbürgschaft der Gemeine ein. Der Eigenthümer vertheidigt daher selbst sein Eigenthum mit dem Schwert; früher sogar im Prozesse durch gerichtlichen Zweikampf. (Rüttimann Engl. Civilprozess §. 322 S. 166, gesetzlich erst im Jahre 1819 durch Lord Eldon's Akte gesetzlich aufgehoben, Pauli, Geschichte von England I. S. 210. Das Eigenthum kann ihm nicht anders als durch gerichtlichen Prozess abgewonnen werden: Wer es ihm anders abnehmen wollte, wird mit „ejectment“ belangt, Rüttimann §. 72. S. 42. Der Staat als solcher ist ebenso wenig berechtigt, in das Eigenthum seiner Bürger einzugreifen; er mischt sich auch in keiner Weise in ihre Rechtshändel ein. Will eine Privatperson das Eigenthum einer andern Person an sich ziehen oder belasten, so kann dies nur auf einem doppelten Wege geschehen: durch Gesetz und durch Prozess. Ein Gesetz für den speciellen Fall ist nothwendig, weil dadurch die Gesammtbürgschaft aufgehoben werden soll und eine civilrechtliche „desaisine“ (Entwährung) eintritt. Ein Prozess, weil Niemand ohne Urtel und Recht seines Eigenthums beraubt werden kann. Der Specialgerichtshof für diesen Prozess ist das Parliament, als das Gericht der Gesammtheit, und weil es sich um eine Geldbill handelt, zunächst das Unterhaus. Es wird hier das Expropriationsgesuch in den Formen eines förmlichen Prozesses verhandelt; das Pro und Contra wird von den Advokaten beider Theile plaidirt; es werden vor den Ausschüssen die Beweismittel, namentlich Zeugen, vernommen. Den Schluss des Verfahrens bildet das Gesetz, das den Urtelspruch für diesen Fall darstetlt, wenn nämlich beifällig für den Provokanten erkannt wird. Da es eine blosse Privatbill ist, so verursacht ein solches Verfahren bedeutende Kosten, die den Extrahenten zur Last fallen. Das ganze Verfahren nimmt nur in soweit die Gestalt einer Popularklage an, als es auch jedem Drittintervenienten erlaubt ist, der ein noch so allgemeines Interesse zur Sache hat, sich auf seine Kosten dabei zu betheiligen. Der Staat hat dabei keine Parteirolle, sondern nimmt nur ungefähr diejenige Stellung ein, welche in Preussen der Staatsanwalt nach der Verordnung vom 28. Juni 1844 in eigentlichen Ehescheidungsprozessen zugewiesen ist, in denen es unter Eheleuten sich nur um Trennung der Ehe handelt. (§§. 1, 6, 7, G. S. 1844 S. 184—85.) Die Parteianträge werden dem Handelsamt communicirt und es kann seiner Seits Anträge stellen. Es bleibt jedoch dem Gericht überlassen zu befinden, inwiefern es darauf eingehen will.

Dies sind in Kurzem die Sätze, in welchen sich nach einem berühmten Sachkenner (May das Engl. Parlament Anh. I. Von den Privatbills) das Englische Verfahren in Expropriationssachen bewegt. Es ist, wie wir gesehen, in voller Uebereinstimmung mit dem ganzen Geist der altehrwürdigen

Englischen Verfassung, die an sich einen praktischen Commentar zu dem Satze des Gajus (fr. 122 d. reg. jur) bildet: „Libertas omnibus rebus favorabilior est.“ Ein Expropriationsrecht des Staats im anderen Sinne wird nicht gewährt. Mit dem Expropriations-Specialgesetz in der Hand bleibt es den Unternehmern der zum öffentlichen Gebrauch bestimmten Anlagen überlassen, dem Gesetz die schuldige Nachachtung zu verschaffen, Friedensrichter und die Jury hiezu anzurufen.

Die Versuche, der Krone ein selbstständiges Eingreifen in den Betrieb der Eisenbahnen zu sichern, sind an den Widerstand des Parlaments gegen jede dauernde Einführung neuer, mit polizeilicher Machtvollkommenheit ausgerüsteter Aemter gescheitert. Das im Jahre 1844 ins Leben gerufene besondere Eisenbahnamt ist schon im Jahre 1851 wieder aufgehoben und mit dem Handelsamt vereinigt. Dieses aber hat nichts weiter, als eine sehr mässige technische Controlle über die Ausführung der allgemeinen Sicherheitsgesetze in Beziehung auf den Dienst der Eisenbahnen.

Gneist, Englisches Verfassungsrecht, Abschn. 5. II. 2, Thl. I. S. 451.

Der neueste Versuch in der Bentink'schen Resolution (Unterhaus-Sitzung vom 6. März 1865), dem Handelsamt ein Jus edicendi durch die Ermächtigung zu verschaffen, „Verordnungen zur Regelung auf den Bahnen Behufs der Sicherheit und Bequemlichkeit des Publikums zu entwerfen und zu veröffentlichen“, ist ohne Abstimmung verneint, nachdem der Präsident des Handelsamts Milner Gibson erklärt hatte, dass über diesen Gegenstand eine Königliche Kommission niedergesetzt sei, deren Bericht abzuwarten sei und nachdem ein anderes Mitglied, Thomson, selbst Präsident der Nordostbahn, den Einwand vorgebracht, dass durch diesen Vorschlag nur eine getheilte Verantwortlichkeit für Unglücksfälle herbeigeführt würde.

Eine andere der Regierung dort speciell, wie in Preussen generell durch das Eisenbahngesetz vom 3. November 1838 §. 42, in den Eisenbahngesetzen eingeräumte Befugniss: die Bahnen im Wege des Kaufs nach Verlauf gewisser Jahre an sich zu bringen, dürfte, obwohl deren Ausübung vielfach in der Englischen Presse diskutirt ist, dem Schatzkanzler schwerlich eine praktische Beschäftigung verschaffen. Einmal sind entgegengesetzte Strömungen durch Eisenbahn-Direktoren und Aktionäre im Unterhause zahlreich vertreten. Dann wird man auch selbst auf Seiten derjenigen, die für die Centralisation der Eisenbahnen gestimmt sind, sich längere Zeit besinnen, bevor man die dazu erforderlichen sehr beträchtlichen Geldmittel im Wege der Anleihe beschafft. Damit würde der Geldmarkt in bedenkliches Schwanken gerathen, die alten Papiere diskreditirt, der Industrie Kapitalien von grossem Betrag entzogen, und eben so sehr die jetzt angebahnten Ersparungen im Staatshaushalt, als die verfügbaren Mittel für unvorhergesehene Fälle beeinträchtigt werden. Hiezu kommt, dass die öffentliche Meinung in England, im Grossen und Ganzen genommen, noch immer an der Anschauung festhält, dass die Krone keine lukrative Unternehmungen betreiben und diese den Privaten überlassen solle: eine Meinung die in der Englischen Geschichte aus der Regierungsperiode der Stuarts ihre Berechtigung schöpft.

Wir gelangen hiernach zu dem Schlusse, dass es ein Expropriationsrecht in unserem Sinne für England nicht existirt und dass dasjenige, was man dort ein Expropriationsverfahren nennen möchte, nichts weiter als ein Prozess unter Privaten in Form eines Gesetzes ist. Wie interessant daher auch das Studium der Englischen Gesetze in diesem Punkt sein mag, so haben wir doch von dessen Verfolgung hier absehen müssen, weil es für unsere Verhältnisse und die dadurch begründeten Rechtsanschauungen von keinem unmittelbaren praktischen Nutzen ist.

Continental-System. a. die Schweiz.

Die jüngsten aller Expropriations-Gesetzgebungen, das Schweizer Bundesgesetz vom 1. Mai 1850, bildet nun die Brücke, die uns zu kontinentalen Anschauungen herüberführt. Die Expropriation selbst ist der Gegenstand, mit dem sich die Bundesgesetzgebung zu beschäftigen hat, „im Interesse der Eidgenossenschaft“ oder, was bedenklicher erscheint, „eines grossen Theiles derselben“ — Art. 21 der Bundesverfassung vom 12. September 1848 —, der also auch die Minderheit sein kann. Sie muss für jeden einzelnen Fall durch ein specielles, in der Bundesversammlung beschlossenes Gesetz — Art. 1 und 8 des Bundesgesetzes vom 1. Mai 1850 — angeordnet werden.

Die administrative Leitung des Unternehmers gebührt dem Bundesrath — Art. 8, 22 und 25 des Expropriations-Gesetzes —, die gerichtliche beim Entschädigungsverfahren dem Bundesgericht. — Art. 28—40; — Ges. vom 18. Heumonat 1857. — Teritorialbehörden fungiren nur als gesetzlich Beauftragte des Bundesraths, bezw. des Bundesgerichts. Die

Gemeineräthe — Art. 10 ff. —, insofern als sie die Expropriationspläne von Bauunternehmer entgegen zu nehmen haben, diese bei ihnen zur öffentlichen Kenntnissnahme ausliegen und Einsprüche dagegen bei ihnen „zu Händen des Bundesraths" anzubringen sind. Bei ihnen müssen gleichfalls die zur Entscheidung des Bundesgerichts gelangenden Entschädigungs-Ansprüche angemeldet werden, Art. 12 N. 2. Die Contenal-Regierungen insofern, als diesen — Art. 43 — die Vermittelung der Auszahlung der Entschädigungssummen an die Betheiligten aufgetragen ist. Die Ausführung der öffentlichen Arbeiten selbst erfolgt durch die Bauunternehmer, also durch blosse Privatpersonen — Art. 2. 10 —, denen auch die Zahlung der Entschädigungssummen zur Last fällt. Art. 14.

Es erhellt hieraus, soweit ein Fremder diese Verhältnisse beurtheilen kann, der diesem Bundesstaat seit seinem ersten Auftreten mit Interesse gefolgt ist, dass die Bundesgesetzgebung mit grossem Takt die Klippen vermieden hat, auf welche allgemein gesetzliche Massregeln von socialen Charakter nicht selten gerathen, und dass sie möglichst bemüht gewesen ist, die volkswirthschaftliche Grundlage aufrecht zu erhalten. Sie nimmt zwar die Ausführung der Unternehmungen nicht unmittelbar in die Hand, sondern überlässt sie den Bauunternehmern. Sie bewahrt aber derselben den Charakter einer Volksmassregel, indem sie die Expropriation nur auf Grund eines Specialgesetzes für statthaft erklärt. Sie bietet ferner dem Fortgang des Unternehmens wieder eine hülfreiche Hand, indem sie dessen administrative Leitung dem Bundesrath, die Entscheidung der dabei vorkommenden Streitigkeiten über Vermögensrechte dem Bundesgericht überträgt. Das Unternehmen bleibt dadurch Nationalsache von der definitiven Einleitung an bis zur Vollendung. Wir können daher nur annehmen, wenngleich wir mit einzelnen Dispositionen nicht einverstanden sind, dass der Bundesstaat im Ganzen auf diesem schwierigen socialen Gebiet seine Aufgabe mit Geschick gelöst hat und es ist nach unserer Meinung kein geringer Vorzug dieser Gesetzgebung, dass sie inmitten vielfach sich kreuzender Partikular- und Lokal-Interessen die einheitliche und letztinstanzliche Entscheidung über die Zwecke der Gesammtheit stets in der Hand behalten hat. Vornehmlich aber ist es die begriffliche und praktische Scheidung der Funktionen des

Bundesraths von denen des Bundesgerichts, die auch den ferner Stehenden klar zur Anschauung gebracht wird. Hier tritt die scharfe Trennung zwischen Verwaltung und Justiz hervor, die im Englischen Parlament noch vielfach zusammenfallen und es dem Dritten häufig als eine „rudis indigestaque moles" erscheinen lassen, bis er sich davon überzeugt, dass diese Vereinigung beider Funktionen in einer Hand das Produkt einer historischen Agglomeration ist.

In der Schweizer Bundesgesetzgebung haben Bundesrath und Bundesgericht, wie wir gesehen, coordinirte Funktionen auf bestimmt bezeichneten Gebieten. In dem einheitlichen Frankreich offenbart sich die für derartige Verhältnisse nicht häufige Erscheinung, dass die Verwaltung der Justiz bei Expropriationen in gewissem Sinne subordinirt ist und nur als deren Gehülfin und Vorarbeiterin auftritt. Diese Unterordnung ist jedoch nur eine äusserliche. Zunächst stellt das allein gültige Expropriationsgesetz vom 3. Mai 1841 — die bei deutschen Schriftstellern noch immer citirten Gesetze vom 8. März 1810 und 7. Juli 1833 sind aufgehoben, Art. 77 des Gesetzes — den Grundsatz an die Spitze: b. Frankreich.

„L' expropriation pour cause d'utilité publique s'opère par autorité de justice"

— Art. 1 — und will damit andeuten, dass vorwiegend die Expropriation ein Akt der Gerechtigkeitspflege sei, administratives Eingreifen aber so viel als möglich ferngehalten werden solle. Sofort scheidet es aber zwischen den „Grands travaux" und den „travaux de moindre importance", die es specificirt: überweist die ersteren der Regelung durch ein Specialgesetz, die letzteren der Königlichen Ordonnanz. Art. 3. Nunmehr nimmt die Administration die Sache in die Hand. Die Pläne über die öffentlichen Werke werden unter ortsüblicher Bekanntmachung auf der Mairie hinterlegt. Eine installirte Kommission nimmt die Bemerkungen der Exproprianden entgegen; der Präfekt entscheidet durch ein „arrêté motivé", welche Besitzungen abgetreten werden sollen und zu welcher Zeit die Besitzergreifung durch die Administration stattfindet, vorbehaltlich des Rekurses an die höhere Verwaltungsstelle. Art. 12. Beruhigen sich die Eigenthümer bei diesem Beschlusse nicht, so geht die Angelegenheit auf das Gericht über, das auf Expropriation erkennt und gleichzeitig beim Mangel gütlicher Einigung über die Entschädigung einen Richter (magistrat directeur) kommittirt, um mit Zuziehung der Interessenten den Entschädigungspunkt durch eine Jury entscheiden zu lassen (Titel III-IV.). Die ausgeurtheilten Entschädigungssummen müssen vor der Besitzergreifung bezahlt oder deponirt werden. Art. 53.

Dies Gesetz regelt noch heute das specielle Expropriationsverfahren. Ausser den schon erwähnten Senatus-Consulten vom 25. Dezember 1852 und 31. Dezember 1861 hat es nur wenige Ergänzungen ausschliesslich administrativer Natur in Beziehung auf die Expropriationen in Paris durch die Dekrete des Prinz-Präsidenten vom 16. März 1852 und des Kaisers Napoléon III. vom 27. Dezember 1858 erhalten. Neu ist im letzteren bloss die Bestimmung (No. 2), dass wenn es sich um den Um- oder Neubau einer ganzen Strasse handelt, dieser nur durch ein „décrét rendu en Conseil d'Etat“ (section des travaux publics; Décr. Impér. du 5. Oct. 1864 art. 1—2, Constitut. p. 71 —) erfolgen kann, ähnlich wie bei wichtigeren Expropriationen im späteren Römischen Kaiserreich die Imperialis auctoritas — l. g. Cod. Just. de opp. publ. VIII. 12. i. e. decretum Imperatoris in Consistorio — nothwendig war.

Die guten Seiten dieses Expropriationsgesetzes vom 3. Mai 1841 sind unverkennbar die wenigstens theilweise Begründung der Expropriation durch ein Specialgesetz und die Anwendung der Jury zur definitiven Feststellung der Entschädigungen. Es kann auch nicht in Abrede gestellt werden, dass der administrative Mechanismus mit der bewunderungswürdigen Geschicklichkeit regulirt ist, die den Franzosen eignet, so dass ein Rad genau in das andere eingreift. Nicht minder zeigt sich auch hier in der Art der Publikationen das richtige Verständniss der Franzosen für die kleinsten lokalen Bedürfnisse und Eigenthümlichkeiten (art. 6 al. 2). Wir werden aber bei der Prüfung der Specialbestimmungen Gelegenheit haben, darzustellen, dass das Gesetz in mehreren Partieen nicht aus Einem Guss gearbeitet ist und das Vorsprechen am Eingang: „l'expropriation s'opère par autorité de justice“ noch jetzt seine vollständige Erfüllung erwartet.

c. Preussen. In einer eigenthümlichen Lage befindet sich endlich die Preussische Gesetzgebung. Sie geniesst nicht der Vortheile, welche eine einheitliche, gewohnheitrechtliche oder codificirte Gesetzgebung den alten Staaten von Europäischer Bedeutsamkeit, wie England und Frankreich, gewährt. Sie muss gleichzeitig auf drei völlig verschiedene Rechtsysteme Rücksicht nehmen, ganz abgesehen von den unendlichen Schwierigkeiten, welche durch die zahlreichen Provinzial-Rechte und Lokalstatute bei den wichtigsten Materien hervorgebracht werden. Das eine dieser Rechtssysteme, das gemeinrechtliche, nur gültig für einen verhältnissmässig kleinen Theil des Staats: Neuvorpommern, den Ostrhein und Hohenzollern, zählt hier ausnahmsweise nicht mit, weil nach unserer Darstellung es in der Lehre von der Expropriation eine tabula rasa ist. Das in der Rheinprovinz geltende Französische Recht ist für uns ein Provinzialrecht, ohnehin ein von der ursprünglichen Veranlagung abgelenktes Provinzialrecht, das nur den unschätzbaren Vorzug hat, dass unter ihm keine Lokalrechte existiren. Gerade in der Lehre von dem Expropriationsrecht und dem Expropriationsprozesse repräsentirt es einen mit dem grössten Theil des Preussischen Staats in Widerspruch stehenden Rechtszustand in dem Kaiserlich Französischen Expropriationsgesetz vom 8. März 1810, so dass es ein Bedürfniss erschien, diesen durch das Preussische Supplementargesetz vom 25. Mai 1857 Ges. S. 1857 S. 473 — einigermassen aufzufrischen und dem im Hauptkörper des Staats gültigen Recht anzufügen. In diesem findet aber das materielle Expropriationsrecht, wie wir wahrgenommen im Landrecht wenige, das Expropriationsverfahren in der Prozessordnung keine anwendbare Vorschriften, weil diese am Schlusse des verflossenen Jahrhunderts publicirten Gesetzbücher ein Expropriationsbedürfniss, bei uns ein Kind der industriellen Neuzeit, noch nicht kennen. Die Gesetzgebung nimmt in Preussen einen ähnlichen Verlauf, wie in Oesterreich, in Preussen durch Gesetze, in Oesterreich durch Ministerialverordnungen, publicirt im Reichsgesetzblatt geordnet. Eine Oesterreichische Ministerialverordnung vom 8. December 1855 N. 213 R. G. B. regulirt die „Grundeinlösung" bei Staatseisenbahnbauten. Die Ministerialverordnung vom 27. April 1859 — No. 71 R. G. B. — dehnt jenes Expropriationsverfahren auf alle Grundeinlösungen aus. In Preussen schreitet man auf dem Wege der Gesetzgebung in gleicher Weise vom Speciellen zum Generellen vor. Das Eisenbahngesetz vom 3. November 1858 — G. S. S. 505 — regulirt das Expropriationsverfahren in Betreff der Eisenbahnen. Der Fortschritt des Lebens, die reichhaltige Menge praktisch nützlicher Erfahrungen, die seitdem in einer grossen Anzahl von Entscheidungen des Obertribunals zu Berlin ihre praktische Verwerthung gefunden hat; das Bedürfniss endlich die allgemeine Norm des Artikels 9 der Preussischen Verfassung vom 31. Januar 1850 in einem Specialgesetz zu verwirklichen; — alle diese Umstände zusammen genommen, haben die gegenwärtige Staatsregierung veranlasst, mit dem Entwurf eines allgemeinen Expropriationsgesetzes hervorzutreten, der von ausführlichen, den Regierungs-Standpunkt näher entwickelnden Motiven begleitet ist. (Justizministerialblatt 1864 S. 337 ff.)

Nach jenem Gesetz, dem sich das Preussische Hohenzollernsche Eisenbahngesetz vom 1. Juni 1865 und für einen speciellen Zweck das Berggesetz vom 24. Juni 1865 §. 142 — G. S. S. 734 — anschliessen, sowie nach diesem Gesetzentwurf hat freilich der materialökonomische Standpunkt der Regierung sich geändert. Im Eisenbahngesetz vom 3. November 1838 §. 1 ff. treten nur „Gesellschaften“ als die ökonomischen Träger der öffentlichen Werke auf. Seit seinem Erlass hat der Staat nicht nur zahlreiche Zinsgarantien zu Lasten des Budgets übernommen, sondern er hat auch grosse Werke von bedeutendem Umfange, wie die Ostbahn, selbst aus seinen Mitteln und auf seinen Credit gebaut. Nicht mehr „die Gesellschaft“ sondern „der Unternehmer“ — §. 2 des Entwurfs, §. 1 des Hohenzollernschen Eisenbahngesetzes, G. S. S. 317 — tritt daher an die Spitze der öffentlichen Arbeit. Was aber die Substanz des Expropriationsverfahrens anbelangt, so ist dasselbe jetzt, wie zuvor, als ein wesentlich administratives bezeichnet. Königliche Verordnung — §. 3 des Eisenbahngesetzes; §. 2 des Entwurfs — giebt dem Unternehmen eine rechtliche Existenz. — Feststellung des Bauplans, Besitzeinweisung, Regulirung und Zahlung der Entschädigungen erfolgen in der Regel durch administrative, von den Bezirksregierungen ausgehende Akte — §§. 11—14 des Eisenbahngesetzes vom 3. November 1838, Tit. III. des Entwurfs. Die Einwirkung der Gerichte ist auf die Feststellung der Entschädigungen im Streitfall beschränkt — §. 11. 15. E. B. G.; §§. 26—27, 42 des Entwurfs; §. 4 des Hohenzoll. E. B. S.; §. 146 des Berggesetzes; G. S. S. 735.

Wir werden einzelne dieser Bestimmungen in den Kreis unserer Betrachtung ziehen, sobald sich bei der Prüfung der Stadien des Expropriationsverfahrens Veranlassung dazu darbietet. Gegenwärtig gehen wir zu den Arten des Expropriationsverfahrens und den dabei vorkommenden besonderen Operationen über.

Erster Abschnitt.

Gewöhnliches Expropriationsverfahren.

Achtes Kapitel.

Expropriationsgesetze und Verordnungen.

Jede Expropriation erfordert als erste Grundlage, dass das Bedürfniss des Staats dazu gehörig festgestellt und dies in den gesetzlichen Formen ausgesprochen werde.

Ueber die Art der Feststellung der Nothwendigkeit einer Expropriation in gewöhnlichen Fällen, von denen wir an dieser Stelle allein handeln, können sich verschiedene Ansichten kundgeben. Wir sind der Meinung dass eine solche Expropriation nur durch ein Gesetz ausgesprochen werden solle. In allen Verfassungen gehört die Gewährleistung der Unverletzlichkeit des Eigenthums zu den Grundrechten Muss daher eine Verletzung dieses Eigenthums im Interesse der Gesammtheit unvermeidlich geschehen, so kann nach allgemeiner Regel dies nur unter denselben Formen vor sich gehen, unter welchen die Unverletzlichkeit des Eigenthums durch den Staat garantirt ist, einfach schon aus dem Grunde' weil Gesetze so lange ihre Kraft behalten, bis sie vom Gesetzgeber ausdrücklich aufgehoben werden. Einleit. zum A. L. R. §. 59. Für das Eigenthum macht sich überdies noch vom Standpunkt des materiellen öffentlichen Rechts geltend, dass ihm durch die Gesammtbürgschaft des Staats eine besondere Sicherheit gewährt ist. Specialgesetz.

Soll dem damit geschützten einzelnen Eigenthümer die Gewährleistung der Gesammtheit entzogen werden, so kann dies füglich nur durch eine legale Willensäusserung derselben konstatirt werden, die dies Individualeigenthum aus der allgemeinen Bürgschaft ausscheiden lässt und dem Staat ermöglicht, es für seine besonderen anders nicht zu erfüllenden Zwecke zu occupiren.

a. die Schweiz. Mit dieser Anschauung stimmt die Schweizer Bundesverfassung vom 12. September 1848 überein, indem sie die Anwendung des Expropriationsrechts für die dazu qualificirten einzelnen Fälle „dem Bunde" — Art. 21 — vindicirt, also ein von dem National- und dem Ständerath in jedem einzelnen Falle beschlossenes Gesetz verlangt. Art. 73. Das zur Ausführung dieser allgemeinen Bestimmung erlassene specielle Expropriationsgesetz vom 1. Mai 1850 kann daher nur von der Grundlage des Gesetzes ausgehen, das von Fall zu Fall die Expropriation anordnet.

b. Frankreich. Was Frankreich anbelangt, so bemerken wir vorweg, dass das Expropriationsgesetz vom 3. Mai 1841 unter Aufrechterhaltung seiner wesentlichen sonstigen Bestimmungen durch Artikel 4, des Senatuskonsults vom 15. Dezember 1852 und Artikel 3, des Senatuskonsults vom 31. Dezember 1861, (Constitution, S. C. p. 25, 280, Paris, Imprim. du Corps législ. 1865) dahin abgeändert ist, dass gegenwärtig alle Unternehmungen zum öffentlichen Nutzen nur durch Dekrete des Kaisers angeordnet oder autorisirt werden, vorbehaltlich einer Regelung durch Gesetz der dafür auf Kosten des Staatsschatzes zu eröffnenden Credite. Wir müssen aber bei dem integralen Verfahren nach dem Expropriationsgesetz vom 3. Mai 1841 stehen bleiben, weil unseres Dafürhaltens nur die Einleitung durch ein Gesetz sich mit der Feststellung der Entschädigung durch die Jury, als dem legalen Ausdruck des Volkswillens, nach allgemeiner, speciell Englischer Anschauung harmonisch vereinigen lässt.

Das mehrerwähnte Expropriationsgesetz vom 3. Mai 1841 scheidet nun nach der Art der zu unternehmenden öffentlichen Arbeiten. Alle grossen öffentlichen Arbeiten (tous grands travaux publics) können nur durch Gesetz, also durch Zusammenwirken aller Faktoren der Gesetzgebung; alle andern öffentlichen Arbeiten von geringer Wichtigkeit (tous autres travaux de moindre importance) durch Königliche Ordonnanz — jetzt ein Kaiserliches Dekret — in's Leben gerufen worden. Art. 3. Als Beispiele der ersteren Gattung sind aufgeführt:

> Routes royales, canaux, chemins de fer, canalisation de rivières, bassins et docks;

als Beispiele der zweiten Gattung:

> Routes départementales, canaux et chemins de

fer d'embranchement de moins de vingt mille mètres de longueur, ponts.

Diese Scheidung scheint uns weder vom allgemeinen Gesichtspunkt des Rechts, noch von dem der blossen praktischen Zweckmässigkeit gerechtfertigt. Der Eigenthümer einer noch so kleinen Stelle ist berechtigt, zu fordern, dass der Gesetzgeber ihm dieselbe Aufmerksamkeit widme, wie der Besitzer eines bedeutenden Landguts. Wie soll man ferner jetzt noch behaupten können, dass eine Brücke *unter allen Umständen* zu den „travaux de moindre importance“ gehöre? Man denke nur daran, dass eine Brücke ähnlich der Weichselbrücke bei Dirschau mit einem Kostenaufwand von 4 Millionen Thalern (15 Mill. Francs) oder ein Werk, wie die Britaniabrücke aufgeführt werden sollen. So wie die Bestimmung selbst dasteht, ist sie ein Compromiss zwischen zwei unvereinbaren Grundsätzen: den durch Gesetze (lois) regierten Verfassungsstaat und der Königlichen Machtvollkommenheit des absolut regierten Staates, der sich in der „ordonnance royale“ manifestirt. Es lässt sich nicht einmal die Grundregel daraus ziehen, dass das Gesetz zur Expropriation nothwendig sei, wenn das Land, und eine Königliche Ordonnanz, wenn nur im Departement dabei interessirt ist, wie die an die Spitze gestellten Beispiele: routes royales (Land- und Heerstrassen) und routes départementales (Strassen des Regierungsbezirks) anzudeuten scheinen, weil die im ersten Absatze aufgeführten „bassins et docks“ nur lokal sind; die im zweiten Absatz erwähnten: de moins de vingt mille mètres de longueur,“ auch über die Grenzen eines Departements hinaus sich erstrecken können. Consequenter vom Standpunkt der Französischen Gesetzgeber von 1841, die selbst zu sehr Repräsentanten eines hoch gegriffenen Census waren, würde es unseres Bedünkens gewesen sein, wenn die Grenze zwischen Gesetz und Ordonnanz durch eine bestimmte, nicht unbedeutende Summe Geldes, wie eine Million Francs, genau bezeichnet wäre. Eine derartige Scheidung der Competenz hätte wenigstens das Verdienst für sich, dass man davon ausginge, der ganze Apparat der Gesetzgebung solle nicht um irgend einer relativ unbedeutenden Summe halber in Bewegung gesetzt werden, wenn man nämlich einmal sich dazu entschliesst, den Geldinteressen allein socialen Werth beizulegen.

Für Preussen ist bisher in der Praxis die Ansicht mass- c. Preussen.

gebend gewesen, dass eine Königliche Verordnung ausschliesslich hinreiche, um das Recht zur Expropriation formell zu begründen und das Unternehmen selbst einzuleiten. Wir halten diese Meinung für richtig, so lange der Staat ohne Mitwirkung einer Volksvertretung regiert wurde; glauben aber und werden uns bemühen, dies aus der landrechtlichen Gesetzgebung selbst nachzuweisen, dass hierin eine Aenderung eingetreten ist, seitdem der Staat durch die Verfassung vom 31. Januar 1850 in die Reihe der konstitutionell beherrschten eingetreten ist.

1. Verbandrechtliche Zeit.

Schon in der Zeit, die der Emanation des Allgemeinen Landrechts (1794) voraufgegangen ist, existirte in Preussen keine andere gesetzgebende Macht, als die des Königs. Das letzte Lebenszeichen der einst so bedeutsamen Provinzialstände, wurde, soviel wir uns aus der Geschichte erinnern, von den Ständen der Provinz Pommern im siebenjährigen Kriege gegeben, als diese auf Kosten der Provinz mehrere Milizregimenter ausrüsteten, die den Truppen Königs Friedrichs des Grossen zur Vertreibung der eingedrungenen Schweden eine vielleicht nicht ganz unwirksame Hülfe geleistet haben. Namentlich aber wurde das Recht des Königs, als des Quells der Gesetze, in Expropriationssachen für ein so unumschränktes erachtet, dass für die vorlandrechtliche Epoche von Gerichten jede auch nur mündliche Aeusserung des Königs zur Expropriation als hinreichend angenommen ist, sobald die Königliche Willensmeinung klar festgestellt war. Ein interessanter Fall dieser Art ist noch im Jahre 1854 Gegenstand einer richterlichen Entscheidung geworden. Der Vorstand der St. Georgenkirche zu Berlin wollte in einem angestrengten Prozesse gegen den Militärfiskus dasjenige Terrain vindiciren, das früher ein zur Kirche gehöriger Begräbnissplatz gewesen war und worauf jetzt die Kaserne des Kaiser Alexander-Grenadier-Regiments (nach dem Jahre 1750 eine Kaserne „vor Dero Artillerie") erbaut ist. Die Intendantur des Gardekorps erhob den Competenzkonflikt, darauf sich stützend, dass der erwähnte Kirchhof nach mehreren Königlichen Willensäusserungen aus den Jahren 1750, 1763, 1767, zu Militär-Verwaltungszwecken expropriirt sei. Dieser Competenz-Conflikt ist von dem Gerichtshof für Competenz-Conflikte zu Berlin durch Urtel vom 8. April 1854 — Justizministerialblatt 1854 S. 270 — für begründet erachtet und das weitere gerichtliche Verfahren demgemäss eingestellt. In den Motiven dieser Entscheidung bemerkt der Gerichtshof wörtlich (S. 272 a. a. O.)

„Für die Art und Weise, wie der Allerhöchste Wille zur Kenntniss der Betheiligten zu bringen, giebt es keine bestimmten Formen, gab es wenigstens keine feststehenden Formen zur Zeit, als der in Rede stehende Kirchhof für einen Kasernenbau in Anspruch genommen wurde und wenn Se. Majestät der regierende König einen mündlichen Befehl gaben, den der damit Beauftragte ausführte, so ist offenbar das einzig mögliche Kriterium einer gültig geschehenen Expropriation als vorhanden zu betrachten."

Für die Zeit nach Publikation des Allgemeinen Landrechts ergiebt sich aus den §§. 10—11 der Einleitung, dass ein jedes Gesetz, mit dem eine „Verordnung" allgemeinen Inhalts gleichgestellt ist — §. 7 —, nur dann seine rechtliche Verbindlichkeit erhält, wenn es gehörig publicirt ist und diese Publikationsart, seitdem vielfach, zuletzt durch das Gesetz vom 3. April 1846 — G.-S. S. 151 — modificirt, wird dann mittelst öffentlichen Anschlags und extraktweiser Bekanntmachung in den Intelligenzblättern der Provinz angeordnet.

Anlangend nun die rechtliche Einleitung der Expropriation, so ist im Kurmärkischen Chausseebau-Edikt vom 18. April 1792 (Einleitung) der König als diejenige Auktorität bezeichnet, von der das Expropriationsrecht ausgeht. Er allein bestimmt also in jedem einzelnen Falle, dass dies Expropriationsrecht zur Anwendung gebracht werden soll.

Das Allgemeine Landrecht baut auf diesen Grundsatz weiter, indem es wörtlich disponirt: 2. Allgemeines Landrecht und neuere Gesetze.

„Ob der Fall der Nothwendigkeit des Verkaufs zum gemeinen Wohl vorhanden sei, bleibt der Beurtheilung und Entscheidung des Oberhaupts des Staats vorbehalten" — I. 11. §. 10.

Diese Bestimmung ist wieder nur die Anwendung der allgemeinen Doktrin von den Majestätsrechten, wie sie im inneren Staatsrecht von Preussen aufgestellt ist. Hier wird nämlich dargestellt, — A. L. R. II. 13. §§. 6. 7. —, dass das Recht, Gesetze und allgemeine Polizeiverordnungen zu geben, dieselbe wieder aufzuheben und Erklärungen darüber mit gesetzlicher Kraft zu ertheilen, ein Majestätsrecht ist.

Ebenso gebührt es nur dem Oberhaupt des Staats, Privilegien, als Ausnahmen von dergleichen Gesetzen, zu ertheilen.

Von der gleichen Rechtsanschauung geht daher ferner das Eisenbahngesetz vom 3. November 1838 aus, indem es die Verleihung des Expropriationsrechts an diejenigen Privatgesellschaften, welchen die Ausbeutung der wichtigen industriellen Unternehmungen überlassen wurde, als einen Akt der landesherrlichen Gesetzgebung erscheinen lässt. §. 8 ff. G.-S. 1838. S. 507. Der Entwurf des neuen Preussischen Expropriationsgesetzes — Just. Minist. Blatt 1864 S. 337 nimmt diese Bestimmungen auf, indem er „die Entziehung oder dauernde Beschränkung des unbeweglichen Eigenthums“ nur auf Grund Königlicher Verordnung erfolgen lässt. §. 2.

Uns scheint es, dass seitdem der Preussische Staat in die Reihe der verfassungsmässigen eingetreten ist, auch eine Mitwirkung der Landesvertretung bei Aufstellung der Expropriationsgesetze gegeben und diese Ansicht aus den Principien des allgemeinen Landrechts selbst herzuleiten ist. Häberlin bemerkt bereits in seiner Abhandlung von der Zwangsenteignung — §. 17, Archiv für civ. Proz. B. 39. S. 210 —, „dass es „selbstredend“ zwar von der Verfassung der einzelnen Staaten abhänge, ob zu einem solchen Gesetze landständische Einwilligung erforderlich ist, oder nicht, dass jedoch selbst in den konstitutionellen Staaten, in welchen die Stände nur bei gewissen Arten von Gesetzen, namentlich aber bei denjenigen, durch welche die Eigenthumsverhältnisse der Unterthanen betroffen werden, ein Mitwirkungsrecht haben, sich dasselbe entschieden auch auf Gesetze über die Ausführung öffentlicher Unternehmungen erstreckt, für welche das Expropriationsrecht in Anspruch genommen werden muss, „weil es sich dabei eben um einen nur durch ein Gesetz zu sanktionirenden ausnahmsweisen Angriff auf das Privateigenthum handelt.“

Diese von einem hochgeachteten Rechtslehrer vorgetragene Ansicht erhält ihre weitere Entwickelung und Begründung aus der Preussischen Gesetzgebung. Es macht dabei keinen Unterschied, ob man das Expropriationsgesetz als ein Gesetz im Allgemeinen oder vom Standpunkt eines Sonderrechts für einzelne Fälle in Erwägung zieht, weil auch Sondergesetze (Privilegien) nach der Definition des Preussischen Landrechts — A. L. R. II. 13. §. 7 — ein Theil der allgemeinen Gesetzgebung sind.

Nun stellt das Preussische Landrecht — I. 8. §. 29 ff. — eine Reihe von Grundsätzen auf, die auf Expropriationen im Allgemeinen sich beziehen. Der Staat kann das Privateigenthum „seiner Bürger" nur alsdann einschränken, wenn dadurch ein erheblicher Schade von Andern oder dem Staate selbst abgewendet, beides aber ohne allen Nachtheil des Eigenthümers geschehen kann §. 29. Ferner alsdann, wenn der abzuwendende Schaden oder der zu verschaffende Vortheil des Staats selbst oder anderer Bürger desselben den aus der Einschränkung für den Eigenthümer entstehenden Schaden beträchtlich überwiegt §. 30. Doch muss in letzterem Falle der Staat zugleich dafür sorgen, dass der einzuschränkende Eigenthümer für den dadurch erleidenden Verlust vollständig schadlos gehalten werde. §. 31. (Entstandener Schaden und entgehender Gewinn, Kapitel V). Hieran reiht sich wörtlich folgende Bestimmung:

> „In allen Fällen aber können Einschränkungen des Eigenthums, welche nicht aus besonderen wohl erworbenen Rechten eines Andern entspringen, nur durch Gesetze begründet werden" §. 32.

Man kann, wenn man diese Satzungen im Zusammenhange liest, wohl nicht zu dem Schlusse gelangen, dass nur Einschränkungen des Eigenthums „durch Gesetze" begründet werden sollen, nicht aber „Entziehungen". Umgekehrt folgt daraus, dass wenn schon zu der blossen Eigenthums-Einschränkung, als dem Geringern, ein Gesetz nothwendig ist, es gewiss zu der Eigenthums-Entziehung, als dem Grösseren, erfordert wird.

Die hier entwickelte Ansicht, dass Expropriationen durch ein Gesetz einzuleiten seien, wird durch §. 153 des Berggesetzes vom 24. Juni 1865 — G.-S. S. 737 — wesentlich unterstützt, in welchem von Expropriationen zu Chausséen, Eisenbahnen, Canälen und anderen öffentlichen Verkehrsmitteln die Rede ist, zu deren Anlegung dem Unternehmer „durch Gesetz" (neueres Recht) oder „besondere landesherrliche Verordnung" (älteres Recht) das Expropriationsrecht beigelegt wurde.

Ist aber damit die Basis gewonnen, dass die Expropriation nur auf Grund eines Specialgesetzes erfolgen kann, so würde daraus für Preussen weiter herzuleiten sein, dass nach dem gegenwärtigen Stande unseres öffentlichen Rechts dieselbe bloss durch ein in den beiden Häusern des Landtags

3. Die Verfassung

durchberathenes, von des Königs Majestät sanktionirtes Gesetz für den einzelnen Fall in's Leben treten kann. Denn nach den Grundsätzen des ältern Preussischen Rechts — A. L. R. II. 13. §. 1 — „vereinigen sich“ alle Rechte und Pflichten des Staats gegen seine Bürger und Schutzverwandten in dem Oberhaupt des Staats. Diese „Vereinigung“ findet selbst ihre staatsrechtliche Begränzung in dem Art. 62 der Verfassung vom 31. Januar 1850, worin angeordnet wird:

> „Die gesetzgebende Gewalt wird gemeinschaftlich durch den König und durch zwei Kammern ausgeübt. Die Uebereinstimmung des Königs und beider Kammern ist zu jedem Gesetz erforderlich.“

Damit sind die legalen Faktoren klar bezeichnet, mittels welcher nach dem heutigen Preussischen Staatsrecht ein Gesetz ordnungsmässig zu Stande kommt. Bei dieser Mitwirkung der Landesvertretung im Erlass der Gesetze ist die Kronprärogative durch den Fundamentalsatz des Englischen für alle monarchisch regierten Staaten geltenden Verfassungsrechts gewahrt.

„Rex est caput, principium et finis Parliamenti“.

Es kann auch unseres Dafürhaltens nicht füglich angeführt werden, dass für die Expropriationsgesetzgebung, wie zur Zeit des Landrechts in einzelnen Bestimmungen, die rechtliche Begründung des Unternehmens allein durch Königlichen Erlass („Beurtheilung und Entscheidung des Staatsoberhaupts“) auf Grund des Artikels 109 der Verfassung in Anspruch zu nehmen sei. Nach diesem Artikel sollen alle Bestimmungen der bestehenden Gesetzbücher, einzelnen Gesetze und Verordnungen, welche der gegenwärtigen Verfassung nicht zuwiderlaufen, in Kraft bleiben, bis sie durch ein Gesetz geändert werden.

Eine derartige Bestimmung mag an sich bei dem Uebergang aus dem absolut in den verfassungsmässig beherrschten Staat nothwendig erschienen sein, wenn nicht eine allgemeine Rechtsunsicherheit eintreten sollte. Sie ist aber so wenig geeignet, die hier entwickelte Rechtsansicht aufzuheben, dass sie im Gegentheil zu deren Bekräftigung als tauglich sich erweist. Denn wenn schon das Landrecht verfügt, dass Expropriationen durch Gesetz erfolgen sollen, so ordnet die Verfassung an, durch welche Organe jetzt die Gesetze zu Stande kommen. Jene landrechtliche Disposition wird also in der Verfassung aufrecht erhalten, weil sie dieser in keiner Weise zuwiderläuft. Nicht minder werden durch dieselbe alle speciellen Expropriationsgesetze in ihrer Substanz und ihrem dispositiven Theil so lange in Kraft erhalten, bis sie durch ein neueres Gesetz aufgehoben worden. Die Frage: „Wer das Gesetz zu erlassen habe?" kann durch ein Chausséebau-, Eisenbahn- oder ähnliches Specialgesetz nicht entschieden werden. Die Antwort darauf findet sich ausserhalb derselben in der Landesverfassung, als dem organischen Staatsgrundgesetz, das alle allgemeinen Fragen des innern Staatsrechts regelt. Bei dieser Darstellung haben wir stets vor Augen, dass es sich nur um Expropriationen in gewöhnlichem Gange des Verfahrens handelt. Sie bezieht sich nicht auf alle Expropriationen, die im summarischen Verfahren vor sich gehen, namentlich nicht auf den grössten Theil der Expropriationen zu Militärzwecken. Diese folgen anderen Regeln, die wir an der geeigneten Stelle (Kapitel XII) zu erörtern haben.

4. Praktisches Bedürfniss.

Es bleibt nun darzustellen übrig, inwiefern dieser hier dargestellte Rechtsstandpunkt mit dem praktischen Bedürfniss etwa in Conflikt geräth, weil man nicht übersehen darf, dass hier Fragen des öffentlichen Rechts von hoher Bedeutung zur Diskussion kommen und dass keine Rechtsregel auf diesem Gebiet die allgemeine Zustimmung im Volk erlangen wird, die mit seinen Lebensgewohnheiten und seiner Art des Geschäftsbetriebes im Widerspruch steht.

Hier stehen die materiellen, vorab die Geldinteressen in vorderster Reihe. Alle öffentlichen Unternehmungen, welche mittels des gewöhnlichen Expropriationsverfahrens hergestellt werden sollen, bedürfen an sich keiner Beschleunigung, unterliegen vielmehr der reiflichsten und umsichtigsten Erwägung, damit nicht durch Fehler in der ersten Anlage, die häufig nur im Verlauf der Ausführung sich offenbaren, die Interessenten in der Folge auf das Erheblichste benachtheiligt werden. Zu einer solchen sorgfältigen Erwägung eignen sich unseres Dafürhaltens besser gesetzgebende Versammlungen, als rein administrative Organe. Es versteht sich von selbst, dass beiden ein sorgfältig vorbereitetes technisches Material herangebracht werden muss. Die vorgängige „enquête administrative" — Art. 3 des Französischen Expropriationsgesetzes vom 3. Mai 1841 — ist in einem, sowie in dem andern Falle unerlässlich. Der bedeutende Unterschied zwischen beiden Arten der Eröffnung des

Unternehmens thun sich aber nach zwei Seiten hin kund. Hängt die Einleitung und Ausführung eines solchen in letzter Instanz von einem Fachminister, speciell dem Minister für öffentliche Arbeiten, ab, so empfängt er seine Eindrücke darüber, ob das beabsichtigte Unternehmen zweckmässig und räthlich sei, oder nicht, schliesslich aus geschriebenen Berichten und Akten. Werden aber diese öffentlichen Unternehmungen in einer gesetzgebenden Versammlung vor ihm diskutirt, so hat er in mündlicher Rede und Gegenrede die gesetzlichen Vertreter des Volks aus allen Gegenden des Staats persönlich vor sich und ist im Stande, aus dieser mündlichen Besprechung sich am Einfachsten und Leichtesten zu informiren. Dies ist an sich ein nicht zu unterschätzender Vortheil in einer Zeit, in welcher man dahin allgemein strebt, das mündliche Wort in sein unverjährbares Recht wiedereinzusetzen; in welcher das Wort „Keine Akten mehr!" in dem Entwurf der neuen Preussischen Civilprozessordnung — Motive S. 2 — auch bei allen altländischen Richtern das willigste Ohr findet und in der es bei dem Ueberfluthen aller Geschäfte zur positiven Unmöglichkeit wird, den alten schriftlichen Geschäftsgang beizubehalten. Ein Corrigens für den Mangel, der von Hause aus in der schriftlichen Behandlung der Geschäfte liegt, kann in der Presse nicht gefunden werden, weil beide Organe des Ausdrucks einer Meinung nicht ineinandergreifen und nicht selten in der Presse Anschauungen vertreten werden, die vom Standpunkt der lokalen Interessen nicht unrichtig, vom Standpunkt des allgemeinen Interesses aber gewiss nicht zu billigen sind.

Hiezu kommt, dass die Verhandlung öffentlicher Unternehmungen, im Wege der Legislation auch noch von einer anderen Seite her vorzuziehen ist, wenn man nämlich die Verantwortlichkeit für die Zweckmässigkeit des Werks in Betracht zieht. Ein Minister, der mit dem grössten Eifer bemüht ist, sich gründlich zu informiren, kann doch nichts weiter thun, als dass er den Ansichten der unter ihm stehenden Behörden und Beamten sich zuneigt, die er persönlich für die Bestunterrichteten hält. Ihn trifft also die ganze Last der Verantwortlichkeit für einen etwanigen ungünstigen Ausgang des Unternehmens und auf ihn häufen sich tausendfältige Rekriminationen angeblich Benachtheiligter, lediglich aus dem Grunde, weil er der Schlussstein der administrativen Hierarchie für dieses Ressort ist. Ganz anders steht die Sache, wenn das Unternehmen die Stadien der legislativen Berathungen durchlaufen und im Wege des förmlichen Gesetzes endgültig festgestellt ist. Hier trifft den Minister gar keine Verantwortlichkeit, wenn das Unternehmen keinen erwünschten Erfolg hat. Sein Wille und seine Ansichten sind hier nicht die allein massgebenden gewesen. Es hat sich ein anderer Wille, der der Volksvertretung, in mitentscheidender Weise geltend gemacht und diesem ist reichlich Gelegenheit geboten, das Unternehmen vom Gesichtspunkt der Gemeinnützigkeit aus und der eigenen Erfahrung eingehend zu prüfen, sowie demgemäss es zu billigen oder zurückzuweisen. Die Verantwortlichkeit für die Oppertunität des Unternehmens geht demnach von der Regierung auf die Volksvertretung über. Wollte Jemand nun noch so unbillig sein, die Staatsregierung für ein Unternehmen verantwortlich zu machen, das nicht Sie allein beschlossen, sondern mitbeschlossen und in der Hauptsache ausgeführt hat, so kann sich der zur Ungebür angegriffene Minister mit dem unwiderlegbaren Satze schützen:

„Volenti non fit injuria!“

Endlich ist die moralische Verbindlichkeit nicht ausser Acht zu lassen, welche die Volksvertretung durch die Billigung, häufig auch durch die Anregung eines solchen Unternehmens auf sich nimmt. Wer billigt, muss bezahlen. Hat die Volksvertretung ein öffentliches Werk gutgeheissen, so übernimmt sie auch dadurch die Verpflichtung, mit den Staatsmitteln dafür einzutreten, wenn sich in der Folge ausweist, dass ohne deren Beihülfe das Unternehmen nicht zu Ende geführt werden kann. Es mag dies ein Motiv für sie sein, sich auf das Genaueste zu bedenken, ob sie zu dem Anfang des Unternehmens ihre verfassungsmässige Mitwirkung und Entschliessung hergeben will. Hat sie es einmal gebilligt, so ist ihr Wort verpfändet und ihre Ehre erfordert es dann, die Mittel zu bewilligen, um es auszulösen.

5. Landes- und Provinzialgesetze.

Bei dieser Sachlage sind unseres Erachtens die Vorzüge der legislativen Behandlung eines öffentlichen Unternehmens nicht gering zu veranschlagen, welche die mündliche Rede vor geschriebenen Akten, die Bestätigung einer in diesem Grade nicht billigen Ministerverantwortlichkeit, nicht minder die Verpflichtung der Staatsfinanzen für die definitive Ausführung überhaupt darbieten. Ist es denn aber — wird man fragen — mit diesem Aufwand an Mühe und Zeit nicht zu theuer erkauft, den ganzen legislativen Apparat in Bewegung zu setzen, wenn es sich um ein verhältnissmässig nicht bedeutendes Unternehmen oder um die Beseitigung von Hindernissen untergeordneter Natur handelt? Man denke nur einfach an den Fall, dass eine Stadtgemeine eine Gasbeleuchtung oder eine Wasserleitung einrichten will, und nun die Privateigenthümer das erforderliche Terrain nicht hergeben wollen, wodurch die Röhren geleitet werden sollen. Dies Bedenken erkennen wir in dem Maasse als vollständig gerechtfertigt an, als wir ebenfalls der Meinung sind, dass die Vertretung des ganzen Staats nur in solchen Angelegenheiten berathen und beschliessen sollte, wo wirklich Reichsangelegenheiten in Frage stehen. Ein Landesgesetz kann als der richtige Ausdruck des Volkswillens auch nur dann erachtet werden, wenn die Vertreter des ganzen Volks befähigt und im Stande sind, das Materiale für ihre Thätigkeit gehörig zu durchforschen, zu prüfen und zu erkennen. Ausschliesslich an diesen Kriterien können wir die Nothwendigkeit eines Gesetzes bemessen, das für den ganzen Staat Gültigkeit haben solle. Der von uns aufgestellten Regel, dass jede Expropriation im ordentlichen Verfahren durch ein Gesetz eingeleitet werden solle, geschieht dadurch kein Abbruch.

Es tritt bei dieser Gelegenheit bloss eine Erscheinung zu Tage, die sich auch bei vielen anderen manifestirt: die Nothwendigkeit einer organischen Fortbildung unserer provinzialständischen Institutionen; mit anderen Worten: die Nothwendigkeit von Provinzialgesetzen, berathen und beschlossen von Provinzialständen, die mit legislativen Attributen innerhalb ihrer Provinzen versehen sind und deren beschlossene Gesetzvorschläge von des Königs Majestät oder im Allerhöchsten Auftrage von den Statthaltern der Provinzen bestätigt worden.

Die rechtliche Präexistenz der Provinzialverfassungen ist, wie wir glauben, die nothwendige Grundlage für die Landesverfassung in Preussen. Sie ist vor Kurzem zutreffend in den fünf Worten zusammengefasst:

„Ehe Preussen war, war Brandenburg!“

Um das Kurfürstenthum Brandenburg hat sich eine Reihe von Staaten gruppirt, wie seit den Zeiten der Capetinger um die alte Isle de France der einheitliche Staat Frankreich. Mit dem Kurfürstenthum sind diese Staaten durch die mehr als vierhundertjährigen unablässigen Bemühungen seines Herrscherhauses zu einem unzertrennlichen Ganzen verwachsen. Sie haben meist sämmtlich eine vollständige Gesetzgebung, eine vollständige eigene Verwaltung und eigene Landesmittel gehabt. Durch ihre Vereinigung mit Kurbrandenburg und zusammengefasst unter dem Scepter von Preussen können sie rechtlich nicht anders gestellt sein, als sie es vor der Vereinigung waren. Wir gestehen zu, dass frühere Zeiten einer gedeihlichen Entwickelung der Provinzialstände nicht günstig gewesen sind, als sie eine aussergewöhnliche einheitliche Anstrengung in grossen Kriegen bedingten. Wir messen aber nicht minder eine grosse Schuld am Verfall der altständischen Provinzialverfassung den Ständen selbst bei, weil sie sich der ihnen obliegenden Pflichten nicht erinnerten und es bequemer fanden, anstatt selbst zu thun, was ihres Amts, der Krone Preussen die ganze Last der Arbeit aufzubürden.

Dass der Preussische Staat ohne Provinzialstände nicht bestehen kann, ist für jeden Vorurtheilsfreien sonnenklar, der seine Augen nicht vor dem Licht der Geschichte verschliessen will, wie weit auch immer die Ansichten über die beste Art ihrer Zusammensetzung auseinandergehen mögen. Eine Reichsvertretung wird so lange vereinsamt dastehen, als nicht die Provinzialvertretungen auf dauerhafter Grundlage innerhalb ihres Wirkungskreises hergestellt sind. Dass diese aber ein nothwendiges Moment in dem Preussischen Staatsleben sind, darüber dürfte heutzutage wohl kein Zweifel unter allen Einsichtigen obwalten.

Ist also die Landesvertretung berufen, zur Gesetzgebung für den ganzen Staat, beschliessend, nicht bloss berathend, mitzuwirken, so ist unseres Dafürhaltens in gleicher Weise den Provinzialständen innerhalb der einzelnen Provinzen für alle nicht darüber hinausgehenden Angelegenheiten ein Gleiches zu gewähren. In diesen sind sie wohl ohne Zweifel am Besten zu Hause.

Es sind nun bei uns Anfänge gemacht, um Provinzialvertretungen nun ins Leben zu rufen. Durch das allgemeine Gesetz vom 5. Juni 1823 — G.-S. 129 — sind Provinziallandtage eingesetzt, denen (III. N. 1—4) die Gesetzentwürfe, welche die Provinzen allein angehen, zur Berathung zugewiesen werden. Es sollen ihnen auch, „so lange keine allgemeinen ständischen Versammlungen stattfinden“, die Entwürfe allgemeiner Gesetze zur Berathung vorgelegt werden, welche Abänderungen in Personen-Eigenthumsrechten und in den Steuern zum Gegenstande haben. Ihnen bleibt es überlassen, „Bitten und Beschwerden" (gravamina; griefs et doléances, wie sie auch das ältere Französische öffentliche Recht der Provinces d'États kannte) einzureichen, worauf sie beschieden werden sollen, und über die Communal-Angelegenheiten der Provinzen Beschlüsse zn fassen, jedoch vorbehaltlich der Königlichen Genehmigung und Aufsicht. Dies Fundamentalgesetz der heutigen Provinzialstände hat einzelne spätere Fortbildungen erhalten, wie in den Verordnungen vom 17. August 1825 über die Communal-Landtage in der Mark und Pommern. Die ganze Rechtsbildung, bei der es beabsichtigt war, aus den Provinziallandtagen schliesslich den Gesammtlandtag zu bilden, ist nicht weiter erheblich fortgeschritten, seitdem der vereinigte Ausschuss nach der Verordnung vom 21. Juni 1842 — Ges. S. S. 215 — und das Institut des vereinigten Landtags nach dem Patent vom 3. Februar 1847 — G. S. S. 33 — keinen Fortgang gehabt, veränderte Anschauungen vielmehr in der Verfassung vom 31. Januar 1850 ihren gesetzlichen Ausdruck gefunden haben.

Das in kurzen Worten geschilderte Bild eines Preussischen Provinzial-Landtags ist in seinen allgemeinen Umrissen das nämliche, das wir im sechzehnten und siebenzehnten Jahrhundert nicht bloss in Deutschland, sondern auch theilweise in Frankreich sehen. Ein Recht der Beschlussfassung in den eigenen Provinzial-Angelegenheiten steht den Provinzialständen nicht zu; sie haben nur ein Votum consultativum. Eine Initiative zu Provinzialgesetzen ist ihnen nicht eingeräumt; ihre Anträge sind „Bitten und Beschwerden". Folgerecht findet auch keine Königliche Sanktion von Provinzialgesetzen statt, worüber sie mit ihren Gutachten gehört sind: die Landtagsabschiede sind „Bescheide" auf jene Bitten und Beschwerden. Eigene Steuern, die zu ihrer Verfügung behufs Förderung gemeinnütziger Werke in der Provinz stehen, können sie nicht erheben, noch weniger Geld auf ihren Kredit borgen. Die „Landesmelirations-Fonds" in den einzelnen Provinzen sind aus Staatsmitteln dotirt — Denkschrift des Minist. f. landwirthsch. Angel.; Zeitschrift des Rev. Coll. f. L. C. Gesetzgebung, B. 13 S. 71 —. Die Provinzial-Chausseebau-Fonds kommen durch „Ausschriften" nach Bedürfniss zusammen. Ein eigenes, selbstständig von ihnen administrirtes Provinzialvermögen existirt nicht, da auch die Provinzial-Hülfskassen der speciellen Aufsicht der Oberpräsidenten untergeben sind.

Wenn aber in irgend einer Materie, so macht sich gerade in dem so wichtigen Kapitel der Expropriationen der Wunsch nach einer Umwandelung der Provinzialstände aus bloss berathenden in gesetzgebende Körper für die Provinz rege. Wie segensreich die Stände einer Provinz wirken können, wenn ihnen eine auf ihren natürlichen Wirkungskreis beschränkte legislative Gewalt eingeräumt ist, davon hat Tocqueville in seinem vortrefflichen Werke: „L'ancien régime et la révolution" ein lehrreiches Beispiel geliefert. Dieser mit Recht geschätzte, in der Geschichte seines Vaterlandes, wie Wenige gründlich bewanderte Forscher bespricht ausführlich und anerkennend (appendice, p. 337 sv.) die aus eigenen Steuermitteln bestritten Leistungen der Provinzialstände des Languedoc, einer „province administrée sous le gouvernement du Roi par les gens des trois états" in dem vorrevolutionären Frankreich, besonders in den Zweigen grossartiger Canal- und Wegebauten, Sumpfaustrocknungen und Hafenbauten. Ja, die eigene Verwaltung dieser Provinz stand in so hohem Flor, dass sie im Stande war, auf ihren Credit mehr als 73 Millionen Livres zu leihen, um damit dem Staat zu Hülfe zu kommen (p. 348).

Eine solche Erweiterung des gegenwärtig engeren Wirkungskreises der Provinzialstände würde einem wohl gerechtfertigten Ehrgeiz, für die heimische Provinz Gutes und Nützliches zu wirken, ein grosses Feld der Wirksamkeit eröffnen; in den Provinzen früher nützliche Anlagen entstehen lassen, als dies bei der Rücksichtnahme auf die gesammten verfügbaren Staatsmittel möglich ist; endlich den Staatsfinanzen eine freiere und unbehemmte Aktion sichern, weil bedeutende Ausgaben dann vom Staatsbudget auf die Provinzialbudgets übertragen werden könnten. In dieser Weise ermöglicht es sich auch, alle Baugelder oder Bauhülfsgelder à fonds perdu von Eisenbahnen innerhalb einer Provinz allein, sowie Zinsgarantieen für solche vom Staatsbudget abzusetzen, weil dann die Provinzen das Recht und die Mittel haben, gemeinnützige Anlagen für eigene Rechnung und mit Zuhülfenahme ihres Credits ausführen zu lassen. Die unerlässliche Aufrechterhaltung der Reichseinheit wird durch eine solche Provinzialgesetzgebung nicht beeinträchtigt, weil jedes von den Provinzialständen durchberathene Provinzialgesetz der Landesvertretung zur Prüfung vorzulegen sein würde, ob darin nichts enthalten ist, was dem Gesammtwohl widerspricht und selbstverständlich keine Bill, nachdem sie den Provinziallandtag passirt, anders Gesetzkraft erlangen kann, als wenn sie die Königliche Sanktion erhalten hat. Wir wünschen daher die Wiedereinsetzung unserer allen historischen Provinziallandtage in ihre Ehren und Würden, unbeschadet der verfassungsmässigen Reehte der die Volks-Rechtseinheit repräsentirenden Reichsvertretung. Hiernach fassen wir unsere Betrachtungen dahin zusammen, dass Expropriationen durch Landesgesetze, so weit mehr als eine Provinz, durch Provinzialgesetze, insoweit nur eine Provinz oder Theile einer solchen bei dem öffentlichen Werk interessiren, im gewöhnlichen Verfahren einzuleiten sein möchten.

Neuntes Kapitel.

Die administrative Leitung.

Schon vor dem Beginn der gesetzlichen Feststellung des öffentlichen Werks macht sich die Nothwendigkeit einer administrativen Regulirung fühlbar. Sie ergreift das Unternehmen selbst, sobald seine Ausführung legal festgesetzt ist, und leitet es in den verschiedenen Stadien der Durchführung.

a. die leitende Behörde.

Es fragt sich daher vor allen Dingen, in die Hände welcher Behörde am zweckmässigsten die administrative Leitung des Unternehmens zu legen sei? Die von uns vielfach hier angezogenen Gesetzgebungen weisen diese Leitung verschiedenen Behörden zu, stimmen aber im Princip darin überein, dass dieselbe eine möglichst centrale sein müsse. Die centralste Leitung hat unzweifelhaft die Schweizer Gesetzgebung. Sie überweist — Art. 8, 12, 22, 15 des Bundesgesetzes vom 1. Mai 1850 — die administrative Direktion des öffentlichen Unternehmens dem Bundesrath, als der höchsten Centralstelle, davon ausgehend, dass die Ausführung dieser Werke eine Nationalangelegenheit ist. Es entsteht hiedurch der unleugbare Vortheil, dass die Entscheidungen des Bundesraths auf diesem Felde endgültige sind. Ein Rekurs gegen dieselben ist unmöglich. Die Französische Gesetzgebung vertraut die administrative Leitung des Unternehmens dem Präfekten an — Tit. II. des Expropriationsgesetzes vom 3. Mai 1841. Der neue Entwurf des Preussischen Expropriationsgesetzes Tit. III. A. vom Administrativ-Verfahren zur Planfeststellung, §§. 14—20, an das Eisenbahngesetz vom 3. November 1838 §. 11 ff. sich anschliessend, befasst mit dem Verwaltungsverfahren die Bezirksregierungen. Jene also beauftragt damit nach dem Französischen Princip der Individuakten einen einzelnen höher gestellten Beamten, dieser nach dem deutschen Grundsatz der Collegialverwaltung eine aus mehreren höhern Beamten mit Stimmrecht zusammengesetzte Behörde: beide eine Mittelstelle, nicht etwa eine untere Stelle der Beamtenhierarchie. Dies hat zur Folge, dass die Entscheidungen dieser Stellen den Rekurs an die administrativen höchsten Centralstellen in der Regel an die betreffenden Ministerien unterworfen, die von ihnen getroffenen Verfügungen und Entscheidungen also keine endgültigen sind.

Für Preussen möchte in Erwägung kommen, ob nicht die Expropriations-Angelegenheiten an sich wichtig und umfangreich genug sind, dass ihre Bearbeitung einer besondern Behörde anzuvertrauen wäre. Aus den Regierungen, die nach dem Wortlaut der Einsetzungs-Verordnung vom 26. December 1808 — Einleitung, G. S. 1806—1810 S. 464 — „den Vereinigungspunkt der gesammten inneren Staatsverwaltung in Beziehung auf die Polizei-, Finanz- und Landeshoheit-Angelegenheiten“ bilden sollten, haben sich allmählich einzelne Kathegorien von Geschäften abgelöst und sind besonderen Mittelstellen überwiesen, weil sie eine grosse Arbeitsmasse für sich allein bildeten und erheblich genug waren, um die Arbeitskraft einer eigenen Behörde in Anspruch zu nehmen. Dahin gehören vor allen Dingen die General-Kommissionen. Genau organisirt durch die Verordnung vom 20. Juni 1817 — G. S. S. 161 — sind diese Behörden in allen Provinzen des Staates mit Ausnahme der Rheinprovinz eingerichtet, wenn auch in einer ganzen Provinz (Preussen) und dem Theil einer solchen (der Neumark) deren Geschäfte auf besondere Regierungs-Abtheilungen übertragen sind, wogegen in einer anderen Provinz (Sachsen) bisher zwei General-Kommissionen fungirten. In der Rheinprovinz und im Fürstenthum Hohenzollern sind die bezüglichen Geschäfte von dort nicht bedeutendem Umfang den Regierungen selbst aufgetragen. Diese General-Kommissionen sind mit der Handhabung eines der wichtigsten Theile der Expropriations-Gesetzgebung, der Agrar-Gesetzgebung, betraut. Gutsherrlich-bäuerliche Regulirungen, Ablösungen von Reallasten, Gemeinheitstheilungen, gehören zu ihrer Kompetenz. In allen diesen Zweigen ihrer Thätigkeit finden sich ganz dieselben Operationen wieder, die wir bei den Expropriationen im Allgemeinen antreffen, von der technischen Einleituug des Unternehmens an bis zur Verwendung der Entschädigungen. Sie sind also vermöge ihres Berufs vorzüglich darin geübt, alle diese oft sehr verwickelten Geschäfte unter Anleitung guter Specialgesetze und technischer Instruktionen mit Leichtigkeit und Sicherheit zu vollziehen. Mit dieser besonderen Befähigung vereinigen sie den Vorzug, dass ihnen für alle Geschäfte ihres Ressorts die Wahrnehmung des landespolizeilichen und fiskalischen Interesses aufgetragen ist — §. 43 V. O. v. 20. Juni 1817, §. 11 V. O. vom 30. Juni 1834 —, dass sie ferner als Specialgerichtshöfe in ihrem Ressort fungiren, und dass ihnen in dem Revisions-Collegium für Landeskultursachen zu Berlin durch die Verordnung vom 22. November 1844 — G. S. 1845 S. 19 — ein Central-Appelhof für alle richterlichen Entscheidungen, eine letzte Rekursinstanz für alle rein technischen Streitigkeiten übergeordnet ist. Die lokale Bearbeitung der Sachen ist in die Hände einer bedeutenden Anzahl von Oekonomie-Kommissarien mit dem erforderlichen technischen Hülfspersonale an Feldmessern und Vermessungs-Revisoren gelegt. Ueberdies sind die General-Kommissionen befugt — Ablös. Ges. v. 2. März 1850 §. 108 —, über die Kräfte aller Staats- und Gemeinenbeamten zu verfügen, die sie zur Bearbeitung von Auseinandersetzungen für geeignet erachten.

Ausgestattet vom Gesetz mit so reichen Vollmachten, die sich über die wichtigsten Gebiete der Justiz, der Polizei und des Ackerbaues erstrecken, scheint es um so mehr sich zu empfehlen, dass diesen Specialhöfen die ganze grosse Domäne der Expropriation anvertraut wird. Bei allen Expropriationen muss der Gesichtspunkt festgehalten werden, dass sie L a n d e s m e l i o r a t i o n e n sein sollen und dass sie wahrhaft fruchtbar für den ganzen Staat nur dann wirken können, wenn bei jeder Lokalexpropriation dieser universelle

Standpunkt im Auge behalten wird. Dass dies geschieht, dafür bürgt die sorgsame Pflege, welche alle Zweige der Landeskultur bei dem jüngsten und doch so besonders wichtigen unserer socialen Ministerien, dem für landwirthschaftliche Angelegenheiten, naturgemäss finden. Eine bedeutende, neue technische Hülfe kann den General-Kommissionen überdies in den gegenwärtig bei den Oberpräsidenten stationirten Landesmeliorations-Bauinspectoren — Denkschrift des Mini. f. l. A. Zeitschrift des R. C. B. 13 S. 64 — zugeführt werden, so dass kein Zweig der Technik unvertreten bleibt, der bei Expropriationen in's Gewicht fällt. Die Zahl der laufenden Geschäfte aus dem Gebiet der Agrargesetzgebung hat sich überdies, namentlich in Folge des Regulirungs-Zusatzgesetzes vom 16. März 1857 — Ges. S. S. 235 — und des Gesetzes über die Schliessung der Rentenbanken vom 26. April 1858 — G. S. S. 273 — erheblich vermindert, wie die neueste Geschäftsübersicht aus dem Jahr 1863 — Zeitschrift des R. C. B. 16 S. 44—45 — nachweist. Es sind auch, soviel wir wissen, in neuerer Zeit den General-Kommissionen bedeutende, mit Expropriationen verbundene Geschäfte, wie Flussregulirungen, übertragen.

Sollte endlich bei der Wahl der Behörde nicht auch das Beispiel der Engländer, unzweifelhaft einer der praktischsten Nationen der Erde, zur Nachfolge einladen? Diese haben, wie wir aus den lehrreichen Mittheilungen von Gneist (Englisches Verfassungsrecht I. S. 480 ff.) entnehmen, durch Parliamentsakte vom Jahre 1851 eine vollständige General-Kommission (Copyhold, Enclosure and Tithe-Commission) für ganz England neu eingerichtet, während das Institut bei uns doch nun schon ein alteingebürgertes ist. Dieser Englischen General-Kommission ist die Leitung der Drainage-Operationen für den ganzen Umfang des Königreichs aufgetragen, da die Zehntablösungen in kürzerer Zeit grösstentheils aufgearbeitet waren. Welche Wichtigkeit diese eine Klasse von Meliorationsarbeiten hat, kann man daraus ersehen, dass unter ihr fünfzig Special-Inspectoren für Entwässerungen fungiren und dass bis zum August 1853 aus den vom Parliament bewilligten, zur Verfügung der General-Kommission stehenden Staatsfonds über vierzehn Millionen Thaler an gesicherten hypothecirten Vorschüssen nachgesucht sind.

b. Ladung der Interessenten.

Wenn wir hiernach zu dem Resultate gelangen, dass es für die Förderung der Expropriationen nur erwünscht sein kann, die Leitung des Unternehmens einem gleichmässig technisch, administrativ und richterlich qualificirten Specialhof zu übertragen, so liegt diesem zunächst die Sorge ob, die Interessenten auf die kürzeste Weise zu ermitteln und zu laden.

Diese Ein- und Vorladungen erfolgen in doppelter Art. Wenn es nur um Feststellung des Plans sich handelt, so ergeht zunächst nach der Französischen und Schweizer Gesetzgebung, sowie nach dem Entwurf des Preussischen Expropriationsgesetzes keine Vorladung. Es erfolgt bloss die öffentliche Auslegung und Bekanntmachung des Plans mit dem Anheimstellen, etwanige Einwendungen innerhalb einer vierzehntägigen — Franz. Ges. vom 3. Mai 1841, Art. 5, 9; Preussischer Entwurf §. 18 — bis dreissigtägigen Frist — Schweizer Bundesgesetz vom 1. Mai 1850, Art. 11—12 — dagegen anzubringen. Diese Fristen enthalten also eine Legalpräklusion. Wenn dagegen streitige Entschädigungsansprüche aus der Expropriation geltend gemacht werden sollen, so weichen diese drei Gesetzgebungen von einander ab. Nach dem Französischen Gesetz — Art. 21—23, 28 —, sowie nach dem Schweizer Bundesgesetz — Art. 32 — findet nur eine specielle Ladung der Interessenten statt, weil diese selbst bei Einleitung des Entschädigungs-Verfahrens ermittelt sein müssen. Der Preussische Entwurf — §. 22 — hat dagegen eine allgemeine öffentliche, und eine besondere Ladung der Entschädigungs-Berechtigten aufgestellt, weil er auch die Rechte aller bis dahin nicht angemeldeten Personen gewahrt wissen will.

Um sogleich hier die Ein- und Vorladungen sowohl für den Fall der Einsprache gegen den Plan, als auch zur Liquidation der Entschädigungen zusammen zu fassen, so glauben wir unsere Meinung dahin aussprechen zu können, dass unter allen Umständen eine öffentliche Generalvorladung genügen möchte und es specieller Vorladungen der einzelnen Betheiligten nicht bedarf. Der Plan selbst und die Entschädigungs-Anerbietungen der Administration werden nach dem Französischen Gesetz — Art. 6 — in umständlichster Weise zur öffentlichen Kenntniss gebracht: im Gemeinehause; durch Trommelschlag oder Trompetenschall; ja auch die Katholische Kirche mit der Liberalität, mit welcher sie stets der Volkssitte entgegenkommen, weigert nicht das Hauptportal ihrer Gotteshäuser, um daran die öffentlichen

Bekanntmachungen anheften zu lassen. Man darf bestimmt annehmen, dass der Französische Landmann, wenn er Sonntags zur Messe kommt, Das liest, was er an der Eingangsthür angeschlagen findet. Ortsübliche Bekanntmachungen und öffentliche Aufrufe im Amtsblatt möchten aber auch für Preussen um so mehr genügen, als man der Regel nach hier erwarten kann, dass namentlich der Landmann das Amtsblatt liest, wofür er bezahlen muss, und als auch in sehr wichtigen anderen Vermögensangelegenheiten, wie vorzüglich in Konkursen — Preussische Konkursordnung vom 8. Mai 1855, §. 168 — allgemeine Aufforderungen an bekannte Gläubiger zur Wahrnehmung ihrer Rechte durch Anschlag und öffentliche Blätter auch ohne Nachweis der Zustellung von Specialladungen für ausreichend erachtet sind.

d. Legitimation zum Verfahren.

Hinsichts der Legitimation zum Verfahren stimmt das Französische Recht — Art. 25 — mit dem Preussischen Entwurf — §. 29, 33 — darin überein, dass alle Personen, welche aus irgend einem Grunde unfähig sind, ihre Rechte selbst wahrzunehmen, durch ihre gesetzlichen Vertreter vor den Expropriations-Behörden und Gerichten erscheinen sollen. Die Schweizer Bundesgesetzgebung überlässt diesen Punkt den Cantonalgesetzgebungen. Nur Rücksichts der Zuziehung der Ehefrauen weicht dies Französische Gesetz von dem Preussischen Entwurf ab. Das erstere, Art. 25, lässt Frauen, die in Dotalehe leben, unter Beistand ihrer Ehemänner im Expropriationsverfahren zu. Nach dem Preussischen Landrecht würde, sowohl im Fall einer Dotal- als einer gütergemeinschaftlichen Ehe, anzunehmen sein, dass die Ehefrau für ihre eingebrachten Grundstücke zugezogen werden muss, wenn man von der Ansicht ausgeht, dass die Expropriation eine Veräusserung in sich schliesst. A. L. R. II. 1 §§. 232, 378. Sie würde dann sogar bei der Gütergemeinschaft für die beigebrachten und die zur Errungenschaft gehörigen Grundstücke als Mitinteressentin zu erachten sein. An der ausführlich entwickelten Ansicht (Kapitel I.) festhaltend, dass die Expropriation unter den Begriff weder des freiwilligen, noch des nothwendigen Verkaufs nicht zu subsumiren ist, und deshalb den von diesem Gesichtspunkt aus gegebenen Motiven des Obertribunals zu Berlin in der Entscheidung vom 18. Mai 1863 — Striethorst Archiv f. R. F. B. 49 S. 207 — nicht beipflichtend, würden wir an sich davon ausgehen, dass es sich um eine Verwaltungs-Massregel für das Ehevermögen handelt und deshalb die Zuziehung des Ehemannes allein für ausreichend halten. Erklärt man sich hiemit nicht einverstanden, so bietet schon der §. 22 der Preussischen Verordnung vom 30. Juni 1834 einen genügenden Anlass, um die Dotal —, sowie die gütergemeinschaftlichen Ehefrauen von dem Expropriationsverfahren fernzuhalten, da sie auch in allen zum Ressort der Generalkommissionen gehörigen Angelegenheiten durch ihre Ehemänner vertreten werden. Wir möchten noch einen Schritt weiter gehen und allen Frauen ohne Ausnahme, gleichviel, ob verheirathet oder nicht, und unter welchem ehelichen Güterrecht, die Verpflichtung auferlegen, in Expropriationssachen von Männern, den verheiratheten von ihren Ehegatten, sich vertreten zu lassen. Angeborenes Zartgefühl für Sitte und Anstand machen es nach Deutscher Volksanschauung einer gebildeten Frau zur Pflicht, sich von öffentlichen Angelegenheiten fernzuhalten, in denen Streit und Hader herrscht. Die Gegenwart auch nur Einer ungebildeten Frau im Kreise von Männern reicht oft hin, um an sich schwierige Verhandlungen völlig illosorisch zu machen und jede Hoffnung auf eine gütliche Beilegung der Streitpunkte zu beseitigen.

e. Vollmachten.

Unter dieser durch die Umstände gebotenen Ausnahme würde man den Interessenten an sich nicht versagen können, ihre Rechte einzeln und in Person wahrzunehmen. Obwohl nun auch für die zum Geschäftsbereich der Generalkommissionen in Preussen gehörigen Angelegenheiten als Regel festgestellt ist — §. 71. V. O. vom 21. Juni 1817 —, dass die Interessenten in Person ihre Rechte wahrnehmen sollen, so hat sich doch gegenwärtig bereits die Praxis dahin ausgebildet, dass in schwierigen, namentlich in Streitsachen, die Interessenten entweder Rechtsanwalte zuz Wahrnehmung ihrer Gerechtsame bevollmächtigen, oder doch wenigstens von solchen in den Terminen sich assistiren lassen. Wir halten dies für einen entschiedenen Fortschritt und wünschen, dass diese Praxis auch in Expropriationssachen möglichst Platz greifen möge. Die Advokaten kennen das Recht und sind daher im Stande, ihre Clienten zu belehren, wenn sie Ungebührliches verlangen und ihre Anträge auf ein billiges Maas zu beschränken. In solchen Angelegenheiten, bei denen Verwaltungsmassregeln und Justiz in einander greifen, ist es auch für die Instruktionsrichter leichter, einen Vergleich zu vermitteln, wenn auf Seiten der Interessenten Rechtsanwalte zugezogen sind, weil der wahrscheinliche Ausgang des Prozesses und die Anwendung der betreffenden Gesetze mit diesen sich leichter erwägen und berathen lässt, als mit einer rechtsunkundigen Partei, welche die Tragweite ihrer Ansprüche nicht zu übersehen vermag.

Einen bedeutenden Aufenthalt in der Förderung der Arbeiten ruft jedoch die Menge der Interessenten hervor, besonders wenn man erwägt, dass bei der Schlussregulirung der Entschädigungen, die Indemnisation selbst für ein einzelnes Grundstück sich oft in eine nicht unbeträchtliche Anzahl von Individualentschädigungen auflösen kann. Es konkurriren überdies öffentliche und Privat-Rechtstitel der verschiedensten Art, wie wir bereits (Kap. V) gesehen haben. Wir würden es für zweckmässig erachten, dass der Kreislandrath vom Gesetz als der geborene Vertreter aller öffentlichen Interessen konstituirt wird, weil in seiner Hand die Beaufsichtigung aller dieser Institute zunächst sich vereinigt und er von ihrem Interesse bei einer Expropriation praktisch am Besten unterrichtet ist. Wir möchten daher ihn allein als den Official-Mandatar aller Interessen aus öffentlichem Rechtstitel gesetzlich zu deren Vertretung ermächtigen und die sonstigen Verwalter dieser Institute nicht weiter zuziehen.

So wie aber in der Person des Kreislandraths alle öffentlichen Interessen sich concentriren, so scheint es auch nothwendig, alle andern privatrechtlichen Interessen möglichst zusammenzufassen. Der Preussische Entwurf (§. 21.) bietet hierzu schon einen guten Anhalt, indem er die Anmeldung der Entschädigungen nach Gemeine-Bezirken gestattet. Es ist dies insofern ein fruchtbringender Gedanke, als die Gemeine der natürliche Vereinigungspunkt aller homogenen Interessen in derselben Feldmark ist, mögen im Uebrigen die individuellen Privatinteressen innerhalb derselben anscheinend oft ziemlich weit auseinandergehen. Dazu kommt, dass namentlich bei Vermögens-Interessen, bei denen viele Personen konkurriren, die Preussische Gesetzgebung, — unseres Dafürhaltens mit vollem Recht — kein Bedenken getragen hat, die Interessenten zu nöthigen, Bevollmächtigte zu wählen, um sich nicht mit persönlichen Streitigkeiten aufzuhalten und die schnelle Erledigung der Sache selbst nach Kräften zu fördern. Nach der Konkurs-Ordnung vom 8. Mai 1855. §. 365 müssen mehrere Gläubiger eines Schuldners, die im Wege der Exekution wegen ihrer besonderen Forderungen dieselbe Sache in Anspruch nehmen, zum Prozesse darüber einen Communmandatar bestellen. Können sie über einen solchen sich nicht einigen, so ernennt ihn das Gericht. Auch in der Preussischen Agrargesetzgebung — V. O. vom 20. Juni §. 75 — ist vorgeschrieben, dass höchstens fünf Personen als Bevollmächtigte bei Auseinandersetzungen bestellt werden müssen, wenn mehr als diese Zahl bei dem Geschäft betheiligt ist und es sich um die Wahrnehmung des gemeinschaftlichen Interesses aller Mitglieder von Gemeinen oder Korporationen oder einzelner Klassen derselben handelt. Wir würden nicht Anstand nehmen, diese Bestimmungen bei Expropriationen zu generalisiren und demnach als zweckmässig erachten, dass der nächste Tag nach dem letzten Tage, an welchem der specielle Expropriationsplan für die Gemeine ausgelegt ist, auch der Termin zur Wahl von gemeinschaftlichen Bevollmächtigten für alle Expropriations-Interessenten aus privatrechtlichem Titel innerhalb derselben Feldmark im Gemeinenhause sein soll. Ueber die Zahl der Bevollmächtigten, die zu einem solchen Geschäft nothwendig sind, mögen die Ansichten auseinandergehen. Wir würden es als genügend erachten, dass drei Bevollmächtigte zur Repräsentation der verschiedenen Klassen der Interessenten gewählt würden, die indess mit der Vollmacht „sammt oder sonders“ auszurüsten wären, um eine gültige Verhandlung auch nur mit einem der erscheinenden Bevollmächtigten zu ermöglichen. Wenn eine Feldmark einem Besitzer allein gehört und dieser durch Realrechte nicht beschränkt ist, so versteht es sich von selbst, dass er allein die Commune repräsentirt. Die Wahl der Bevollmächtigten lässt sich füglich den Ortsvorständen übertragen, zumal wenn diesen durch gedrucktem Formulare die Arbeit erleichtert wird.

f. Technische Vorarbeiten.

Bevor nun die Ausführung eines öffentlichen Unternehmens vom Staat autorisirt wird, ohne Unterschied, ob diese Ermächtigung in Form eines Gesetzes oder eines Königlichen Erlasses vor sich gehen soll, ist es nothwendig, sich wenigstens im Allgemeinen zu vergewissern, auf welche Weise am Zweckmässigsten dieselbe erfolgt. Dies geschieht durch technische Vorarbeiten, mittels welcher die Trace, welche das Unternehmen einhalten soll und die hauptsächlichsten Stationspunkte übersichtlich festgestellt werden. Es ist dies um so nothwendiger, als es einmal darauf ankommt, die

Terrainschwierigkeiten zu übersehen, auf welche das Unternehmen bei Einhaltung einer gewissen Route stossen würde; ferner, als Vergleichungen zwischen zwei verschiedenen Linien angestellt werden müssen, welche das Unternehmen möglicher Weise für sich in Anspruch nehmen darf. Besonders kann bei den Voranschlägen über die Rentabilität des Unternehmens, nicht umgangen werden, zu erwägen, ob der kürzeste Weg auch der mindest kostspielige ist, oder ob unerachtet des Umweges Zwischenpunkte ihrer commerziellen Wichtigkeit halber nicht dennoch in die Linie hineingezogen werden müssen. Diese technischen Vorarbeiten, verbunden mit dem Kostenüberschlage fallen aber nicht immer mit der „enquête administrative" zusammen, die nach Art. 3 des Französischen Expropriationsgesetzes vom 3. Mai 1841 vor der Autorisation des Unternehmens durch Gesetz oder Ordonnanz (bezw. Dekret) unerlässlich ist, vielmehr nur dann, wenn der Staat selbst baut. Wenn aber der Staat seine Rechte einem Privatunternehmer übertragen will, so ist es Dessen Sache, sich auf seine Kosten die erforderliche technische Information zu beschaffen, auf Grund deren er die Concession nachsuchen will und es muss nun ausser dieser die staatliche Enquête vor sich gehen, um den Gesetzentwurf über die Expropriation die technische Grundlage zu geben und die Richtigkeit der in den Privatvorarbeiten aufgestellten diesfälligen Angaben und Berechnungen zu prüfen.

Es fragt sich nun, bei welcher Behörde die Ermächtigung zur Anstellung derartiger Vorarbeiten nachzusuchen ist. Nach Französischem Recht würde dies das Ministère des travaux publics sein, weil nur von ihm der künftige Entwurf eines Kaiserlichen Dekrets vorbereitet werden kann, der das Unternehmen ins Leben ruft. Auch nach dem Preussischen Eisenbahngesetz vom 3. November 1838 §. 1 würde die allgemeine Genehmigung dazu von dem Handelsministerium in seiner Eigenschaft als Ministerium der öffentlichen Arbeiten ausgehen, dem es überlassen bleibt, die Oberpräsidenten der betreffenden Provinz und durch diese die Bezirksregierungen mit specieller Anweisung zu versehen. Das Schweizer Bundesgesetz vom 1. Mai 1850 — Art. 8 — legt endlich die Ertheilung der Autorisation zu solchen Vorarbeiten in die Hand des Bundesraths, als der höchsten exekutiven Nationalbehörde.

Hievon abweichend legt der Preussische Entwurf des allgemeinen Expropriationsgesetzes §. 2. die Ermächtigung zu den Vorarbeiten den Bezirksregierungen direkt bei.

Wir sind der Ansicht, dass es als zweckmässig sich empfehlen würde, die Autorisation, soweit sie den Kreis einer Provinz in Preussen nicht überschreitet, den Oberpräsidenten persönlich, und soweit das Unternehmen sich über mehrere Provinzen erstrecken soll, einem Ministerium aufzutragen. Es ist dies nur eine Consequenz unserer früher (Kapitel VIII.) entwickelten Meinung, wonach die Expropriation in den weiteren Stadien ihre Förderung mittels eines allgemeinen oder Provinzialgesetzes finden möchte. Unter allen Umständen ist es vom praktischen Standpunkt wünschenswerth, dass die administrative Vorbereitung des Unternehmens, soviel als möglich in Einer Hand concentrirt bliebe, schon um dem Unternehmer der Nothwendigkeit zu überheben, mit mehreren Mittelstellen sich in Verbindung zu setzen, die ihrerseits sich besonders über seine Persönlichkeit und seine Garantieen informiren müssen.

Ob gerade das Handelsministerium als die leitende Centralstelle für alle derartigen Unternehmungen nach der jetzigen Lage am passlichsten zu erachten wäre, muss weiterer Erwägung vorbehalten bleiben. Die Verhältnisse haben seit Emanation des Eisenbahngesetzes vom 3. November 1838 in Preussen eine völlig veränderte Gestalt angenommen. Damals traten nur Erwerbsgesellschaften in die Schranken, deren letztes Ziel der eigene Nutzen war. Der Staat wollte als Unternehmer nicht selbst auftreten, weil es bedenklich erschien, die Finanzen mit Ausgaben zu belasten, die voraussichtlich mit den Einnahmen des laufenden Budgets nicht bestritten werden konnten. Damit wäre die Kapitalkraft des Staats durch Anleihen bedeutend in Anspruch genommen und ein grosser Theil des Landesvermögens engagirt, der für unvorhergesehene von Aussen herantretende Ausgaben freigehalten werden muss. Der Staat übernahm daher durch das Eisenbahngesetz nur die Verpflichtung, die Privatgesellschaften im öffentlichen Interesse zu leiten und zu überwachen, wobei die Rücksicht auf einen Gewinn für den Staat, sei es durch unentgeltliche Beförderung der Briefe und Postsachen, unter Umständen auch von Postreisenden — §. 36 —, sei es durch die seitdem im Gesetz vom 30. Mai 1853 erfolgte Auflegung einer Eisenbahn-Abgabe — §. 38 —

nicht minder durch den vorbehaltenen Ankauf der fertigen Bahnen bei erwiesener Rentabilität — §. 42 — nicht ausgeschlossen blieb. Diese vorwiegend der Finanzpolitik entnommenen Gründe sind aber jetzt nicht mehr die maassgebenden in den entscheidenden Krisen. Der Staat ist, wie bei der Ostbahn, selbst als Unternehmer von Eisenbahnen aufgetreten, hiedurch aber das Prinzip der Ueberlassung solcher Anlagen ausschliesslich an Privatpersonen aufgegeben. Neben diesen Erwerbsgesellschaften ist ausserdem eine gleichberechtigte Kathegorie von Expropriations-Unternehmungen hervorgetreten, die in einer nicht zu fernen Zukunft wenigstens eine gleiche Bedeutsamkeit für sich in Anspruch nimmt. Es sind dies alle solche Anlagen, die gar nicht beabsichtigen, für die Unternehmer direkt einen Geldnutzen einzubringen, wie Wiederbewaldung zum allgemeinen Nachtheil abgeholzter Gebirge, Regulirung von öffentlichen Flüssen, oder die doch nur accidentell-lucrativ sind, wie allgemeine Neubauten von Städten, Anlage von Gas- und Wasserleitungen, von öffentlichen Parks, öffentlichen Bädern, Cloacirung grösserer Städte: kurz Anlagen, die zunächst auf Erhöhung des allgemeinen Wohlbefindens gerichtet sind. Diese zweite Kathegorie öffentlicher Unternehmungen balancirt unseres Erachtens vollkommen die erste: ja, wir halten dafür, dass überhaupt die dabei in Betracht kommenden Rücksichten, die überwiegenden sind. Es tritt bereits gegenwärtig die Rücksicht auf den Erwerb zurück, der überdies indirekt, wenn auch nicht in so augenfälliger Weise dadurch erheblich vermehrt wird. Die gesteigerte Erwerbsfähigkeit des ganzen Volks beansprucht wohl nicht mit Unrecht den Vorrang vor dem augenblicklichen Individual-Erwerb.

Wir kommen hiernach auch hier zu dem Resultate, dass alle diese mit Expropriationen verbundenen Unternehmungen, mögen sie einen Namen haben, welchen sie wollen, nach ihrer letzten Tendenz Landesmeliorationen sein sollen und dass deshalb ihre einheitliche administrative Unterordnung unter das Ministerium für landwirthschaftliche Angelegenheiten, als die höchste Landeskultur-Stelle, zu wünschen wäre.

In Frankreich hat sich diese Unterordnung schon dadurch vollzogen, dass dort nur Ein Ministerium „de l'Agriculture, du Commerce et des Travaux publics existirt (S-C. du 31. Dec. 1861, nomenclature Constit. p. 289. d. 1865)"

Dies ist, wie wir glauben, eine ganz praktische Combination. Der Landbau und die andern Gewerbe erzeugen Produkte; die öffentlichen Werke befördern ihren Transport; der Handel verkauft sie.

Bei der ersten Einleitung einer solchen öffentlichen Unternehmung erscheint es uns übrigens angezeigt, die Privatunternehmer für vorbereitende Anstalten eine angemessene Realkaution wegen des dem betheiligten Grundbesitzern entstehenden Schadens und entstehenden Gewinnes (Kapitel IV) bestellen zu lassen. Aus diesen kann dann den Letzteren ohne alle Weiterungen im eintretenden Fall Ersatz für ihre Verluste gewährt werden. Eine diesfällige Bestimmung rechtfertigt sich schon im Princip dadurch, dass eine solche Caution der cautio usufructuria wesentlich gleichsteht, die auch auf Restitution der zum Niessbrauch eingeräumten beweglichen oder unbeweglichen Sache in unbeschädigtem Zustand nach dessen Beendigung gerichtet ist — §§. 1, 3. fr. 1 D. usufr. quemadm. cav. VII, 9.

Mag man hiebei auch die persönliche Sicherheit des Unternehmers in Betracht ziehen und nach derselben die Caution niedriger oder höher bemessen, so kommt doch in Betracht, dass bei Vermessungen zur Ermittelung der geeigneten Linien für Eisenbahn- und Canal-Unternehmungen Beschädigungen von Getreidefeldern und Waldungen, um das Gesichtsfeld frei zu machen, sich schwerlich ganz vermeiden lassen. Aus gleichen Gründen stellte der §. 13 des Preussischen Eisenbahngesetzes vom 3. November 1838 es in das Ermessen der Betheiligten für die vorübergehende Benutzung von Grundstücken Caution zu fordern, in welchem Falle die Bezirksregierung die Sache „interimistisch“ reguliren sollte. Es empfiehlt sich als billig, diesen in das Hohenzollern'sche Eisenbahngesetz — §. 6 — und in das Berggesetz vom 24. Juni 1865 — §. 137 — aufgenommenen Grundsatz zu generalisiren und auf alle vorbereitenden öffentlichen Arbeiten auszudehnen.

g. Technische Vorbereitung des speciellen Expropriationsgesetzes.

Beim Eintreten in das Unternehmen selbst nun beschränkt sich das Französische Expropriationsgesetz vom 3. Mai 1841 Art. 3 darauf, dem Gesetzentwurf oder der Ordnung eine „enquête administrative“ voraufgehen zu lassen. Diese Enqueten sollen durch ein „réglement d'administration publique“ näher bestimmt werden. Der Preussische Entwurf des Expropriationsgesetzes — §. 14 — lässt der Verwaltung freie

Hand, ob die Königliche Verordnung, womit die Ausführung des Unternehmens einzuleiten wäre, eine specielle Bezeichnung der zu expropriirenden Grundstücke „nach Anhörung des Eigenthümers“ enthalten soll, oder nicht. Wir halten einen Mittelweg für wünschenswerth, indem wir daran anknüpfen, dass nach unserer Ansicht es angemessen erscheint, in gewöhnlichen Fällen Expropriationen auf ein Specialgesetz zu gründen. Es lässt sich nicht verkennen, dass wenn als Beilage zu dem Gesetzentwurf ein detaillirter Expropriationsplan beigegeben werden soll, dies grossen Zeitaufwand und Mühe kostet. Das Interesse des Publikums erkaltet oft für ein ganz preiswürdiges Unternehmen, wenn die Vorbereitungen sich auch ohne Schuld der damit beschäftigten in der Länge ziehen. Die Kapitalien wenden sich anderen Unternehmungen zu, die rascher zu Werk gehen. Auf der anderen Seite ist es doch zu wünschen, dass man mit einiger Genauigkeit den Umfang des Unternehmens übersehen kann, schon um einen Kostenüberschlag danach zu machen und wenigstens die Nützlichkeit selbst näher zu prüfen. Wir würden daher ein ähnliches Verfahren für wohl angebracht erachten, wie es in Auseinandersetzungssachen bei den Brouillonkarten längst mit Vortheil angewendet wird. Diese Karten weisen zunächst nur — §§. 114, 128 V. O. vom 20. Juni 1817 — die geometrische Aufnahme der Feldmark und die Bonitirungsabschnitte nach. Die Gestaltung der einzelnen Besitzungen nach der Separation wird aber vorläufig nur mit Blei angelegt, weil die Separations-Interessenten über die Karte und das Vermessungs-Register mit ihren Erinnerungen gehört und diese, wenn solche begründet, berichtigt werden muss. §. 129 dah. Definitiv kann aber eine Reinkarte erst dann ausgeführt und die einzelnen Besitzungen unter Markirung der Grenzen in Farben ausgezogen werden, wenn der neue Umfang der Besitzungen durch Anerkenntniss oder rechtkräftige Entscheidung über die erhobenen Monita festgestellt ist.

Ein ähnliches Verfahren lässt sich auch bei Expropriationen mit Erfolg anwenden. Es kommt wesentlich darauf an, provisorisch zu ermitteln, welche Feldmarken durch das Unternehmen betroffen werden, welche Terrainschwierigkeiten dabei zu überwinden sind, und welche Längen- und Breiten-Abschnitte zu dessen Ausführung erforderlich scheinen. Dadurch wird ein genügender Anhalt für den Umfang des Unternehmens gewonnen. Die Subrepartition auf die einzelnen Eigenthümer innerhalb der Feldmark gewinnt erst dann Interesse, wenn mit der Ausführung des Unternehmens selbst im Detail vorgeschritten und nun sowohl die Einwendungen gegen den Ausführungsplan selbst als auch die Entschädigungsfrage einer eingehenden Erörterung unterzogen wird. Die Aufnahme eines solchen Generalplans bietet jetzt in Preussen weniger Schwierigkeiten als früher dar, nicht nur, weil schon bei den Vorarbeiten ein möglichst genaues Croquis des für das Unternehmen beanspruchten Terrains gegeben werden muss, sondern auch hauptsächlich deshalb, weil bei der neuen Grundsteuer-Regulirung innerhalb des ganzen Staats die alten Karten von den Feldmarken durchgängig geprüft und rektificirt, da aber, wo sie fehlten, neue sehr brauchbare Karten angelegt sind. Die Generalkarte des Unternehmens wird sich daher an die vorhandenen bereits revidirten Flurkarten zum grössten Theil anschliessen und sich auf eine Copirkarte mit allgemeiner Eintragung der Trace für das beabsichtigte Werk unter Berücksichtigung der vorgekommenen Veränderungen beschränken können.

h. Der Parzellenplan und dessen Feststellung.

Nach der legalen Feststellung des Unternehmens ist alsdann mit der technischen Ausarbeitung des Specialplans und dessen endgültiger Bestimmung vorzuschreiten.

Die von uns benutzten Gesetzgebungen: die Französische und Schweizer, sowie der Preussische Entwurf sind nun darin einverstanden, dass der Detailplan gemeindeweise aufgenommen und der Gemeinerath (Vorstand) dasjenige Organ ist, wodurch die weiteren Verhandlungen, die zur endlichen Feststellung des Plans führen, mit den Interessenten eingeleitet werden.

Französ. Exprop.-Ges. vom 3. Mai 1841 Art. 4 ff. Schweizer Bundesgesetz vom 1. Mai 1851 Art. 10. Preuss. Entwurf §. 15.

Bei dem Gemeinenrath wird also nur ein Coupon aus dem ganzen Specialplan ausgelegt, soweit er nämlich die einzelnen Gemeinen betrifft.

Hinsichts des weitern Verfahrens gehen die beiden Gesetze und der Preussische Entwurf auseinander.

Das einfachste Verfahren ist das des Schweizer Gesetzes, weil der Bundesrath, als die höchste Central-Verwaltungs-Behörde, über die Abtretungspflicht sogleich in der alleinigen und höchsten Instanz entscheidet. Art. 25. Die Exproprianden müssen binnen dreissig Tagen präklusivischer Frist ihre

Einsprache gegen den zur Ausführung bestimmten Plan bei dem Gemeinenrath zu Händen des Bundesraths schriftlich erklären. Art. 12. N. 1. Art. 13.

Diesen Bestimmungen kommt der Preussische Entwurf am nächsten. Die Bezirksregierung hat hier aber eine administrative Vorprüfung des ganzen Parzellarplans in Beziehung auf die öffentlichen Interessen vorzunehmen, namentlich in Beziehung auf die gesundheits-, feuer- und baupolizeilichen Vorschriften und auf die nothwendigen Anlagen in Folge des öffentlichen Unternehmens. Sie ist befugt, eine Abänderung des Plans nach den von ihr amtlich aufzustellenden Erinnerungen zu verlangen. §. 16. Erst wenn der Plan dies offizielle Vorstadium durchlaufen, wird er den betreffenden Gemeinevorständen zur Auslegung und Entgegennahme der Einwendungen der Privatinteressenten binnen vierzehntägiger Präklusivfrist mitgetheilt. Nach Ablauf derselben entscheidet die Regierung über den Plan und beraumt, wenn die Untersuchung der erhobenen Einreden dies nothwendig macht, mit Ladung der Interessenten einen Termin zur weiteren Verhandlung unter dem Präjudiz an, dass im Falle des Nichterscheinens mit der Prüfung der Einreden und Anträge vorgeschritten würde. Nach Abhaltung dieses Termins wird dann ebenfalls der Plan von ihr festgestellt. Entscheidet sie sich für die Abänderung des Plans, so muss das angeordnete Verfahren in Betreff der Bekanntmachung des Plans und Entgegennahme der Einreden wiederholt werden. Gegen die Entscheidung der Regierung ist innerhalb zehn Tagen der Rekurs an die kompetente Ministerial-Instanz statthaft. §§. 15—20.

Von den Dispositionen des Schweizer Bundesgesetzes und des Preussischen Entwurfs unterscheidet sich das Französische Expropriationsgesetz vom 3. Mai 1841 darin wesentlich, dass es:

Sogleich mit der öffentlichen Auslegung des Parzellarplans auf der Mairie der betreffenden Communen die von der Administration gebotenen Entschädigungssumme öffentlich bekannt machen lässt, — Art. 23, 6;

Ein besonderes Verfahren zur örtlichen Sichtung der erhobenen Einsprachen anordnet — Art. 8 ff; —

Durch das „arrêté motivé“ des Präfekten nicht bloss den Plan, sondern auch die Zeit der Abtretung bestimmen lässt, — Art. 11,

Im Fall einer nothwendigen Abänderung des Plans die Entscheidung nicht in die Hand des Präfekten, sondern der höchsten Administrativ-Instanz legt. — Art. 11.

Der Parzellarplan soll unter gehöriger sonstiger Bekanntmachung acht Tage auf der Mairie ausgelegt werden. In dieser Zeit nimmt der Maire auch die Einwendungen der Interessenten entgegen, die ihm schriftlich mitgetheilt oder bei ihm zu Protokoll erklärt werden. Er nimmt procès-verbal darüber auf und sendet ihn mit der amtlichen Beglaubigung der öffentlichen Bekanntmachung an den Unterpräfekten ein. Art. 5—7. Bei diesem versammelt sich eine Kommission, die weitere zehn Tage sitzt. Sie besteht unter dem Vorsitz des Unterpräfekten aus vier Mitgliedern des Generalraths des Departements oder des Raths des Arrondissements, die der Präfekt bezeichnet, dem Maire der betreffenden Communen und einem Ingenieur, der bei der Ausführung der Arbeiten mitwirken soll. Diese Kommission vernimmt die betheiligten Eigenthümer. Nach Ablauf ihrer Sitzungsperiode übersendet sie ihren procès-verbal dem Präfekten mit gutachtlichem Bericht, in welchem sie sich zugleich über die etwanigen Abänderungen des Plans ausspricht. Von diesen proponirten Planabänderungen bekommen die interessirten Eigenthümer vor Absendung des Berichts gleichfalls Nachricht, um hierüber ihre schriftlichen Bemerkungen in acht Tagen einzureichen. Der Präfekt setzt dann den Plan und die Ausführungszeit jedoch mit Ausnahme der von der Kommission vorgeschlagenen Abänderungen des Tracé fest, worüber die höhere Verwaltungs-Instanz entscheidet. Art. 8—11.

Wir sind nun der Ansicht, dass sowohl der Preussische Entwurf, als das Französische Expropriationsgesetz, Betreffs der Bestimmungen über die Feststellung des Parzellenplans dem Schweizer Bundesgesetz deshalb vorzuziehen sind, weil sie mehr in das Detail eingehen. Die generellen Dispositionen des Schweizer Gesetzes — Art. 12. N. 1; 25 — erscheinen uns nicht ausreichend, dass die Einsprachen gegen den Plan schriftlich erhoben werden sollen und der Bundesrath über die Abtretungspflicht entscheidet. Gern wollen wir uns bescheiden, dass die Praxis in der Schweiz, die wir hier nicht kennen, mit diesen Bestimmungen sich zurecht gefunden hat.

Im Allgemeinen lässt sich nun wohl nicht in Abrede ziehen, dass in der jetzt angeordneten Auflegung und Erörterung des Parzellarplans für Preussen ein nicht gering zu veranschlagender Fortschritt gegen das bisherige Verfahren gemacht ist. Eine Vorlegung der Karte an die Interessenten, Entgegennahme ihrer Erinnerungen und Entscheidung darüber war, wie wir bemerkt, speciell nur in Auseinandersetzungssachen bei den Generalkommissionen angeordnet. Das Eisenbahngesetz vom 3. November 1838 enthält keine speciellen Vorschriften hierüber. Die Pläne, welche die im Dienst von Privat-Eisenbahngesellschaften beschäftigten Feldmesser aufnahmen, waren nicht selten bloss provisorische, indem die definitive Feststellung des abzutretenden Terrains von dem Fortgang des Unternehmens abhängig gemacht wurde. Daraus ergab sich der Uebelstand, dass über den Abtretungspreis zwischen der Gesellschaft und dem Expropriaten keine gütliche Einigung definitiv getroffen werden konnte. Es wurden deshalb sogenannte Punktationen abgeschlossen, in denen der Eigenthümer das zur Eisenbahn nöthige Terrain mit einem nach Morgen und Quadratruthen r e l a t i v, nicht a b s o l u t, bestimmten Preise der Gesellschaft überliess. Diese Procedur bedingte dann weiter, dass die ganze Arbeit, wenn auch die Punktation materiell gültig und formgerecht geschlossen war, noch einmal gemacht werden musste, sobald nämlich die definitive Planlage festgestellt war, weil sich nun erst übersehen liess, wieviel der Eigenthümer, in bestimmten Maassen ausgedrückt, an Terrain abgab. Bis zu diesem Zeitpunkt musste dann auch die unerlässliche Berichtiguug des Hypothekenwesens beanstandet werden. Dies kann künftig nicht mehr vorkommen, weil jeder Eigenthümer im Stande ist, durch den Parzellarplan von vorne herein vergewissert zu werden, wie viel er von seinem Terrain, in bestimmten Landesmaassen ausgedrückt, abgeben soll.

Es sind aber unseres Dafürhaltens mehrere Bedenken, die bei den von uns angeführten Gesetzgebungen sich offenbaren.

Die Austheilung und Auflegung der Parzellarpläne nach Gemeinen hat an sich zwar das Gute, dass eine Zusammenfassung der verschiedenen Interessen der Expropriaten nach der kleinsten administrativen Einheit gegeben ist. Anderer Seits ist es dem Eigenthümer in einer Gemeine unmöglich, aus dem Parzellarplan sich klar zu machen, welche Nachtheile ihm durch die Ausführung der Parzellarpläne in der Nachbar- oder vielleicht in einer noch entfernteren Gemeine für seine Besitzung erwachsen. Wenn er sich hievon unterrichten will, so muss er nicht nur andere Parzellarpläne einsehen, sondern auch den Verhandlungen darüber beiwohnen. Dieser Nachtheil wird nur bei der Behandlung der Sache in England völlig vermieden, wo in den Comitésitzungen für die betreffenden Privatbills über den Generalplan des Unternehmens verhandelt wird (Kapitel VII), Parzellarpläne also entbehrlich sind.

Nicht minder giebt es zu Bedenken Anlass, dass in Verhandlungen und Entscheidungen über die Planfeststellung in Frankreich nach Departements, in Preussen nach Regierungsbezirken getheilt sind. Hieraus resultirt eine Zerstückelung des Plans, dessen Schlussbehandlung der gewählten administrativen Einheit in der Mittelinstanz sich anpassen muss. Sehr häufig erstrecken sich aber dergleichen öffentliche Unternehmungen, wie Eisenbahnen und Canäle, über die Grenzen eines Regierungsbezirks hinaus. Soll dieser die administrative Einheit bilden, so lässt sich eine materielle Verschiedenheit der Entscheidungen wohl nicht vermeiden, da die Auffassungen der Behörden häufig nicht identisch sind. Man kann nun wohl nicht einwenden, dass die Verschiedenheit dieser Auffassungen dadurch ausgeglichen wird, dass den vermeintlich Beeinträchtigten durch das Gesetz die Gelegenheit geboten ist, im Wege des Rekurses die vorgesetzte Ministerial-Instanz anzutreten, von der sich erwarten lässt, dass sie einheitliche Verwaltungsgrundsätze zur Geltung bringen wird. Dies ist nun schon insoweit nicht richtig, als sowohl nach dem Französischen Gesetz, als auch nach dem Preussischen Entwurf nicht Ein Ministerium letztinstanzlich über den Plan entscheidet, sondern der Rekurs nach Ministerial-Departements getheilt ist. Noch wünschenswerther aber ist es, dass ähnlich wie in der Schweiz durch die Competenz des Bundesraths formell, so auch materiell von den zunächst berufenen Verwaltungsbehörden die Sache sogleich zur Zufriedenheit der Interessenten entschieden und die Beschreitung einer höheren Instanz thunlichst vermieden wird, die wenigstens mit Zeitverlust verbunden ist. Wir kommen daher auf unseren Vorschlag zurück, dass die Leitung der Expropriationen für Preussen allgemein den General-kommissionen, die für eine ganze Provinz bestellt sind, mit Berufung an den Revisionshof zu Berlin, aufgetragen werden möge. In Agrarsachen hat die Gesetzgebung früher wenigstens kein Bedenken getragen, dem Rekurse an das Ministerium des Innern den an das Revisions-Collegium zu substituiren. §. 14 V. O. v. 22. November 1844.

Als vortrefflich geeignet für die endgültige Feststellung des Parzellarplans halten wir die in den Artikeln 8 ff. des Französischen Expropriationsgesetzes entwickelte Idee, dass eine unter dem Vorsitz des Unterpräfekten niedergesetzte Kommission die Einwendungen der Exproprianden gegen den Plan aufnimmt, sichtet und mit ihrem gutachtlichen Bericht an den Präfekten zur Feststellung des Ausführungsplans befördert.

Schon die Zusammensetzung dieser Kommission ist wohl dazu angethan, das Vertrauen der Administrirten zu erwecken, dass ihre Angelegenheiten nach allen Seiten hin reiflich erwogen werden. Vier Mitglieder des Generalraths, der Maire der Commune, in welcher die zu expropriirenden Liegenschaften sich befinden, und ein mit der Ausführung der Arbeiten betrauter Ingenieur, repräsentiren in ihrem Verein und unter dem Vorsitz des Unterpräfekten, in dessen Mittelstellung zwischen einem Kreislandrath und dem Regierungs-Präsidenten eine Summe lokaler Erfahrungen und technischer Kenntnisse, von welcher eine befriedigende Ausgleichung der oft wenigstens im Anfang schroff gegenüberstehenden Interessen des Unternehmers und der Exproprianden sich erwarten lässt. Wir halten es für eine empfehlenswerthe Einrichtung, dass diese Kommission während eines achttägigen Zeitraums die Eigenthümer mündlich abhört, auf Grund des Resultats mündlicher Verhandlung dann ihren procès verbal aufnimmt und diesen mit dem Ablauf des zehnten Tages an den Präfekten befördert. Der von ihr erstattete gutachtliche Bericht über die Planlage muss um so wirksamer sein, als er das Produkt einer unmittelbaren mündlichen Communikation mit den Interessenten ist. Die schriftlichen Anträge, welche der Maire vor dem Zusammentritte der Kommission von den Eigenthümern entgegennimmt — Art. 7 —, sowie die schriftlichen Bemerkungen, welche bei einer von der Kommission vorgeschlagenen Aenderung des Parzellarplans von den Eigenthümern eingereicht werden können — Art. 10 —, treten deshalb in den Hintergrund: die ersteren, weil sie nur die Bedeutung blosser Informativnoten für die Kommission besitzen; die letzteren, weil wenn die Kommission für die Aenderung des aufgelegten Parzellenplans sich ausspricht, das mündliche Verfahren vor ihr von Neuem eröffnet werden muss. Art. 11. In jedem Falle ruht der Schwerpunkt des ganzen Verfahrens im mündlichen Verhör der Eigenthümer vor der Kommission. Dies ist ein unschätzbarer Vortheil, weil die übel berufene Klasse der Winkelkonsulenten, welche Französische Gerichte glücklicher Weise für das Ressort der Justiz beseitigt haben, mit ihrem verderblichen Einfluss auf die kleineren Eigenthümer auch hier kein Feld für ihre Thätigkeit findet. Einen solchen „klugen Mann", wie ihn der Bauer in einigen Gegenden zu nennen pflegt, kann die Kommission einfach herausweisen, weil sie mit ihm gesetzlich nichts zu verhandeln hat.

Wir sind nun der Meinung, dass die in den bezeichneten Vorschriften enthaltene Grundidee mit Erfolg auch für Preussen sich anwenden lässt. Nach zwei Richtungen hin möchten wir weiter gehen. Einmal haben wir grössere Verwaltungssprengel in der Provinz, die auch über die Grenzen eines Französischen Departements und eines Preussischen Regierungsbezirks weit hinausgehen. Wir würden es vorziehen, die lokalen Grenzen des Vorerörterungsgebiets von vorne herein so weit als möglich zu stecken, und sich nicht etwa auf einen landräthlichen Kreis oder einen Regierungsbezirk zu beschränken, weil das Unternehmen häufig die Grenzen eines Regierungsbezirks überschreitet und wir in den General-Kommissionen Behörden besitzen, deren amtliche Wirksamkeit über eine ganze Provinz sich ausdehnt. Die Kommission selbst zur Vorprüfung des Parzellenplans möchten wir zusammensetzen: aus einem Mitglied der General-Kommission, als Vorsitzenden; drei von den Provinzialständen gewählten Mitgliedern für eine gewisse Periode, bezw. deren Stellvertretern in Behinderungsfällen, dem Ortsvorsteher der betreffenden Gemeine und dem Meliorationsbauinspector der Provinz. Das öffentliche Interesse bei der Kommission könnte durch den Kreislandrath für jeden betheiligten Kreis, das des Unternehmens durch den von ihm angestellten ersten Ingenieur wahrgenommen werden.

Eine in dieser Weise zusammengesetzte Kommission möchten wir aber nicht an einem bestimmten Controlort in der Mitte des Unternehmens setzen, vielmehr sie die ganze Strecke bereisen und ihre Verhandlungen an bestimmten Orten in gewissen Abschnitten aufnehmen lassen. Das Französische Gesetz muss freilich die Kommission sitzen lassen, weil ihre Oporationen parallel mit den Abschätzungen der Jury (Kapitel X) gehen, diese aber selbstverständlich nur an einem bestimmten Orte sitzt. Der Nutzen der Arbeiten an Ort und Stelle ist ein so augenfälliger, dass er kaum einer weiteren Darstellung bedarf. Es genügt zu bemerken, dass hauptsächlich nur auf diese Weise ein klares Bild von dem Zustande des Arbeitsfeldes und von der örtlichen Erreichbarkeit der von den Interessenten in Bezug auf den Plan zu stellenden Anträge gewonnen werden kann.

Der Gedanke der Vorzüglichkeit der Lokalkommissionen in administrativen Angelegenheiten vor blossen Erörterungen an einem bestimmten Amtssitz ohne Lokalanschauung ist gerade in Preussen ein sehr alter. Wir erinnern daran, dass die „Blankensee'schen Hufen-Katasterprotokolle“ aus dem Jahre 1719 herrührend, noch heute ein sehr anschauliches Bild der damaligen Landwirthschaft geben, wie sie zu jener Zeit Zwecks der ersten Einschätzung zur Grundsteuer inspicirt werden musste. Das Kurmärkische Chausseebau-Edikt vom 18. April 1792 ordnet ebenfalls zur Regulirung der Chausseezüge eine an Ort und Stelle fungirende „gemeinschaftliche Kommission von Landwirthschafts- und Bauverständigen“, deputirt von „Unserer Kurmärkischen Kriegs- und Domänen-Kammer und Unserer General-Chausseebau-Intendantur“ (dem alten Intendant général des ponts et chaussées König Ludwigs XIV.) an, §§. III, IV, VI—VIII, XV—XVII. Endlich verweist nicht allein die Preussische Prozessordnung — Tit. 42 §. 8 — alle Grenzregulirungssachen sofort zur Lokalkommission, sondern auch die Planerörterungen in den vor den Generalkommissionen anhängigen Auseinandersetzungen sollen an Ort und Stelle abgemacht werden. V. O. vom 20. Juni 1817, §. 140.

Wenn nun nach Massgabe der Ausdehnung des Unternehmens sogleich nach Auslegung der Parzellarpläne bestimmte Termine öffentlich bekannt gemacht werden, an welchen die Kommission die näher änzugebenden Terrainabschnitte bereisen und inspiciren, demnächst aber mündlich die Interessenten mit ihren Anträgen vernehmen soll, so lässt sich erwarten, dass im günstigsten Falle ein Einverständniss erzielt und mit der Setzung von Grenzzeichen vorgeschritten werden kann. Wenigstens ist die Hoffnung gerechtfertigt, dass durch diese fortgesetzte mündliche Verhandlung die Streitpunkte auf eine verhältnissmässig geringe Zahl reducirt werden. Kommt die Kommission bei der Lokaluntersuchung zu dem Resultate, dass der vorgelegte Parzellarplan abgeändert werden muss, so würde ihr obliegen, die Interessenten sogleich darüber vorläufig zu hören und wo möglich ein Einverständniss zu erzielen. Der Vorprüfung des Plans in Beziehung auf das öffentliche Interesse vor der speciellen Planerörterung (§. 16 des Preussischen Entwurfs) möchte es dann nicht bedürfen, weil das landespolizeiliche Interesse in der Person des Kreislandraths bei der Kommission vertreten wird und dieser die erforderliche Instruktion vor Abhaltung der Termine bei seiner vorgesetzten Dienstbehörde einholen kann, wenn nicht etwa ein Plan vorgelegt ist, dessen Unbrauchbarkeit primâ facie erhellt und auf Grund dessen eine Erörterung überhaupt nicht eingeleitet werden kann.

Nach Beendigung der Arbeiten der Lokalkommission dürften die aufgenommenen Protokolle der dirigirenden Auseinandersetzungsbehörde mit gutachtlichem Bericht über etwanige Planabänderungen einzureichen, vor dieser aber öffentliches und mündliches Verfahren zur Stellung der Schlussanträge zu eröffnen sein. Es bleibt der entscheidenden Behörde anheimgestellt, auf Vervollständigung der Lokalinstruktion zu interloquiren und die Sache zn diesem Zweck an die Lokalkommission zurückzuweisen, im entgegengesetzten Falle aber den Plan definitiv festzusetzen. Bei dieser Audienz werden sich bestimmte Parteigruppen nach den divergirenden Interessen bilden lassen. Vielleicht empfiehlt sich, nicht bloss zur Entwickelung des Rechtspunkts, sondern in Vertretung des Staats als Partei einen Staatsanwalt aus der Provinz in die Audienz einzuladen. Dadurch wird das erreicht, was das Englische Gesetz (Kapitel VII) im Grunde bezwecken wollte, wenn es dem Handelsamt von den Privatbills Nachricht giebt und diesem Gelegenheit bietet, einen Kommissär zu den Comité-Sitzungen abzuordnen. Die Ordnung dieses Verfahrens nach Art eines Civilprozesses erscheint um so wünschenswerther, als dadurch ein fester Anhalt für die Entscheidung der Streitpunkte gewonnen und diese förmlich kontroventirt werden können. Mündliches und öffentliches Verfahren ist nach der heutigen Lage der ganzen Prozessgebung um so unbedenklicher, als wir vor dem Jahre 1808 einen vollständigen, damals freilich gleich allen anderen Prozessen schriftlichen Administrativ-Prozess vor den Kriegs- und Domänen-Kammern, in höchster Instanz vor dem General-Direktorium, gehabt haben, wie noch jetzt einzelne Stellen in der Prozessordnung — Tit. 2 §. 101 N. 2 §. 134 — deutlich nachweisen.

Wenn nun an diesem Erkenntniss der Auseinandersetzungs-Behörde Behufs seiner etwanigen Verbesserung ein Rekurs an einen Centralgerichtshof für den ganzen Staat, wie das Revisions-Collegium zu Berlin, unter gleichen Formen gestattet wird, so möchte Alles geschehen sein, um den definitiven Ausführungsplan mit möglichster Wahrung der Rechte aller Interessenten, ebenso sehr erschöpfend, als schnell festzustellen.

Zehntes Kapitel.

Gerichtliche Festsetzung der Entschädigung.

Bis hieher geht die Zuständigkeit der Verwaltung. Wir wenden uns zu einer Reihe anderer Massregeln, die ausschliesslich zur Domäne der Justiz gehören, wie wir im Einzelnen weiter nachweisen werden.

a. Rechtliche Vorfragen.

Vor allen Dingen kommt die rechtliche Statthaftigkeit des Unternehmens in Frage. Wir haben die Erörterung derselben bis zu diesem Abschnitt aufgespart, um den Zusammenhang der gerichtlichen Operationen nicht zu unterbrechen. Es kann darüber Streit entstehen, ob ein neues Unternehmen zulässig ist, weil bei der Gestaltung eines altüren Unternehmens ähnlicher Art von der gesetzgebenden Gewalt das ausdrückliche Versprechen ertheilt ist, dass entweder gar nicht, oder doch wenigstens innerhalb eines gewissen Zeitraums ein Unternehmen gleicher oder ähnlicher Art nicht ausgeführt werden dürfe. Dieser Fall ist im §. 44 des Preussischen Eisenbahngesetzes vom 3. November 1838 behandelt, worin verfügt ist, dass innerhalb dreissig Jahren keine zweite Eisenbahn vom Staat concessionirt werden solle, welche neben derselben in gleicher Richtung auf dieselben Orte mit Berührung der nämlichen Hauptpunkte laufen würde. Anderweitige Verbesserungen der Communikationen zwischen denselben Orten sollen jedoch dadurch nicht ausgeschlossen sein. Hier entsteht die wichtige Frage: Ob einer solchen gesetzlichen Bestimmung unerachtet, die Concession einer neuen Eisenbahn innerhalb des dreissigjährigen Zeitraums gestattet sei und ob alsdann die alte Gesellschaft eine Entschädigung erhalten müsse? — Man nehme nur einfach an, dass eine Gesellschaft die Concession zu einer Eisenbahn auf der einen Seite eines Flusses vor längerer Zeit erhalten habe und sich jetzt für alle Orte vom gegenüberliegenden Ufer das unverkennbare Bedürfniss zeigt, ebenfalls eine solche zu besitzen. Hier kann man doch unmöglich auch nur vom Standpunkt der Nationalökonomie aus verlangen, dass auf Grund der angezogenen gesetzlichen Bestimmung alle grossen Orte auf der entgegengesetzten Seite dreissig Jahre lang seit Concessionirung der betreffenden Eisenbahn warten sollen, bis ihnen die Wohlthat eines gleichen Communikationsmittels zu Theil wird, bloss deshalb, weil die Parallelbahn genau dieselben Hauptstationsplätze berühren müsste, als die schon im Betriebe befindliche am gegenseitigen Ufer. Schwerlich würde auch den Bewohnern des andern Ufers mit den ihnen am Schlusse des Gesetzes bezeichneten Verbesserungen der Communikation in anderer Art geholfen sein. Soweit die freilich geringe menschliche Voraussicht in diesem Jahrhundert der wunderbarsten mechanischen Erfindungen hinreicht, wird wahrscheinlich eine Eisenbahn, mit Dampfkraft betrieben noch auf längere Zeit das beste und schnellste Beförderungsmittel sein. Communikationsmittel geringerer Art, wie Chausseen und Canäle, sind in keiner Art geeignet, die zweckmässigere Beförderung mit der Eisenbahn zu ersetzen, ebensowenig eine mit Pferden betriebene Eisenbahn. Es könnte sogar fraglich sein, ob diese oder selbst eine beim Fortschritt der Erfindungen eine mit Elektromagnetismus, anstatt mit Dampfkraft betriebene Eisenbahn auf Grund des §. 44 a. a. O. nicht ausgeschlossen wäre, weil nicht die bewegende Kraft, sondern der Betrieb des Werks auf Eisenschienen, die E i s e n b a h n, das entscheidende Moment bildet. Es bliebe bei wörtlicher Auslegung der Gesetzesstellen nur übrig, eine Kraft aufzufinden, die der metallenen Unterlage nicht bedarf, um Fahrzeuge in Bewegung zu setzen, wie man freilich bisher ohne Erfolg versucht hat, bloss chaussirte Wege mit Lokomotiven zu befahren. Danach glauben wir, vom Standpunkt des positiven Rechts aus, dass der §. 44 a. a. O. und ähnliche Bestimmungen nicht die grosse praktische Bedeutung haben, die man ihnen nicht selten beimisst. Wenn wir nur davon ausgingen, dass die angeführte Stelle ein Privilegium enthielte, so erscheint es doch unzweifelhaft, dass dies Privilegium im geordneten Wege auch vor Ablauf der dreissigjährigen Frist aufgehoben werden könnte. Im Allgemeinen versteht sich von selbst, dass es dem Staat freistehen würde, innerhalb der dreissig Jahre die bestehende ältere Eisenbahn im Wege des Vertrages anzukaufen. Wie aber, wenn die Eisenbahngesellschaft von einer gütlichen Beseitigung ihres Monopols, das sie faktisch ausübt, nichts wissen wollte? Selbst dann, behaupten wir, muss sie sich die Aufhebung ihres Privilegiums vor Ablauf der dreissig Jahre wider ihren Willen gefallen lassen. Fasst man das bezeichnete Privilegium als ein Kraft des Gesetzes ertheiltes Generalprivilegium für alle Eisenbahnunternehmungen älterer Entstehung auf, so ist es doch gewiss ein Gesetz, das in der rein landrechtlichen Periode kraft des Majestätsrechts ergangen ist. A. L. R. II. 13. §. 7. Ein solches Gesetz ist seiner Natur nach ein organisatorisches; kann daher im Wege der Reform schon nach allgemeinen Grundsätzen — v. Savigny System des Röm. Rechts §. 398 B. 8 S. 514 —, als auch nach dem des Landrechts selbst — §. 6 a. a. O. — durch ein anderes aufgehoben werden, einfach schon deshalb, weil die Gegenwart kein Recht hat, zu verlangen, dass ihr auch die Zukunft unbedingt unterworfen sein solle. Man könnte also nicht davon sprechen, dass die Eisenbahngesellschaften durch die erwähnte Clausel ein Recht erworben haben; höchstens dürfte man eine Rechtserwartung annehmen, deren Erfolg vom Willen des Gesetzgebers abhängt. Die Bestimmung macht überhaupt nur den Eindruck, dass sie ein Zeugniss von den damaligen Anschauungen der Staatsregierung auf dem Gebiet der Nationalökonomie obliegt, die bei dem Fortschritt der praktischen Erfahrungen den Wechsel unterworfen sind. Der Fall lässt sich vergleichen mit dem im §. 7 des Cultur-Edikts vom 14. September 1811 ergangenen Verbot an die ländlichen Grundbesitzer, bei erblicher Besetzung von ländlichen Stellen sich Natural-Arbeitsdienste über den Zeitraum von zwölf Jahren hinaus zu bedingen. Der Arbeiter wird dadurch während eines zwölfjährigen Zeitraums an die Scholle gefesselt, und ihm die freie Verwerthung seiner Arbeitskraft, seines eigentlichen Betriebskapitales, zeitweise untersagt. Unmöglich könnte man aber der Gesetzgebung die Befugnisse bestreiten, wenn sie auch diese Beschränkung der Freizügigkeit für kulturschädlich erachtet, anderweitig zu verfügen, dass derartige Kontrakte auf eine noch kürzere Frist beschränkt oder mit Ablauf des betreffenden Dienstjahrs für beendigt erklärt werden. Unter allen Umständen muss man aber annehmen, dass es den Absichten der Gesetzgebung fern liegt, nachdem sie alles Dasjenige beseitigt hat, was man in der Theorie unter dem Namen der Feudalrechte zusammenzufassen pflegte, dass sie gemeint wäre, jetzt eine neue Lehnsherrlichkeit des Kapitals einzusetzen, die in ihren Folgen noch bedeutend drückender wäre, als die alten, vielfach angefochtenen gutsherrlichen, jedoch auch mit nicht geringen Verpflichtungen verbundenen Rechte. Sollte eine dem §. 44 des Eisenbahngesetzes entsprechende Festsetzung auch wirklich in ein specielles Statut einer Eisenbahngesellschaft aufgenommen sein, so wird unseres Dafürhaltens die Lage der Sache keine andere, weil der Charakter der Beschränkung als einer gesetzlichen sich dadurch nicht verändert, dass sie in einen Kontrakt hineingeschrieben wird. Wir glauben in dieser Beziehung uns den Motiven des Plenarbeschlusses des Obertribunals zu Berlin vom 5. März 1860 — Entsch. B. 42 S. 1 — nicht anschliessen zu können, die umstandlich entwickeln, dass das in einem Kontrakt vorbedungene, überdies gesetzliche Verkaufsrecht des vormaligen Erbzinsherren an dem Erbzinsgut bestehen bleibt — §. 4 des Ablös. Ges. vom 2. März 1850 —, obwohl das gesetzliche Vorkaufsrecht selbst aufgehoben ist. §. 2 N. 6 das.

Die allein wesentliche Frage, die vom Standpunkt des Privilegiums uns angeregt werden kann, möchte nur die sein, ob die ältere Eisenbahngesellschaft für die Aufhebung ihres Monopols vor Ablauf der dreissig Jahre seit ihrer Gründung eine Entschädigung rechtlich beanspruchen kann. Nicht unwahrscheinlich ist es, dass eine solche Entschädigung auf Grund der §§. 70—71 der Einleitung zum A. L. R. gefordert werden möchte. Hienach sollen Privilegien, „auch“ solche, die durch lästigen Vertrag erworben worden, jedoch nur aus Rücksichten des gemeinen Wohls und gegen *hinlängliche*

Entschädigung des Privilegirten (nicht etwa gegen volle Entschädigung) der Aufhebung durch den Staat unterworfen sein. Die Entschädigung selbst aber wird durch Vertrag oder richterliche Entscheidung bestimmt. In diesen Dispositionen ist, wie uns scheint, eine Fülle der reichhaltigsten Controversen enthalten, theils rechtlicher, theils faktischer Natur, alle von wesentlichen Einfluss auf den Umfang der Entschädigung.

Der von uns selbst eingenommene Standpunkt zu dieser Frage ist ein anderer. Wir haben bereits früher (Kapitel VIII) uns bemüht, unsere Ansicht dahin zu motiviren, dass alle Unternehmungen zu öffentlichen Zwecken nicht aus einem Privilegium, sondern aus einem Gesetz, jetzt dem gemeinsamen Willensausdruck der drei zur Erschaffung eines solchen berufenen Faktoren, emaniren. Jedes Gesetz kann aber durch ein anderes aufgehoben werden. Ob ein Privatmann, dessen Vermögensrechte durch die neuere gesetzliche Bestimmung betroffen worden, eine Entschädigung dafür zuzubilligen sei, hängt allein vom Willen des Gesetzgebers ab. Auch schon von dem Gesichtspunkt des Privilegiums ausgehend, hat früher das Geheime Obertribunal zu Berlin — Präjudiz N. 863 vom 8. Mai 1840, Samml. I. S. 4 — zu den §§. 70, 75 der Einleitung des A. L. R. den Satz formulirt, dass die angezogenen Vorschriften keine Anwendung finden, wenn durch einen Akt der Gesetzgebung das Privateigenthum einzelner Mitglieder des Staats benachtheiligt wird, oder verloren geht, in dem betreffenden Gesetz aber dafür keine Entschädigung von Seiten des Staats zugesagt ist. Ob es aber billig sei, eine Entschädigung zuzugestehen, muss in jedem einzelnen Falle nach Lage der Umstände sorgfältig erwogen werden.

Wir haben diesen einzelnen Fall darum einer ausführlichen Darstellung unterzogen, weil wir daran zeigen wollen, dass rechtliche und thatsächliche Verhältnisse von grosser Wichtigkeit vorhanden sein können, welche auf dem ersten Blick nicht ungeeignet scheinen, ein noch so dringendes neues Unternehmen zu öffentlichen Zwecken in Frage zu stellen. Es lassen sich leicht noch mehrere andere Fälle aufstellen, in deren rechtliche Vorfragen der Existenz der neuen Unternehmung sich entgegenstellen oder sie doch wenigstens in nicht geringem Maasse alteriren. Sie werden in der Hauptsache darauf herauskommen, dass sie einen civilrechtlichen Untersagungsrecht (Jus in non faciendo), absolut oder relativ einigermassen ähnlich sehen.

Bei dieser materiellen Lage der Sache ist dann weiter zu erörtern, welcher Einfluss Fragen der angeregten Art auf den Fortgang des neuen Unternehmens äussern. Muss etwa dieses so lange eingestellt werden, bis der Grund oder Ungrund der Vorfragen rechtlich ermittelt ist? Oder kann das neue Unternehmen dessenungeachtet angefangen und fortgesetzt werden, während alte ihm entgegentretende Ansprüche noch ihrer rechtlichen Erledigung harren? Ist es statthaft, dass die Verwalter des ältern Werks bei irgend welcher Behörde ein Inhibitorium sich erwirken, kraft dessen dem neuen Unternehmen so lange Einhalt geboten wird, bis die Frage zu seiner Berechtigung endgütig entschieden ist? Man sieht, dies sind an sich nur Procedurfragen, aber es sind Lebensfragen für das neue Unternehmen. Erfährt dasselbe schon in seiner ersten Einleitung einen voraussichtlich langwierigen Aufenthalt, so ist es in seiner Entwickelung beeinträchtigt und das werkthätige Interesse des Publikums geht daran verloren.

Eine Erörterung hierüber finden wir nicht in den voraus konsultirten Expropriations-Gesetzgebungen, offenbar weil sie von der Ansicht ausgehen, dass eine Lösung ausserhalb der einzelnen Expropriationsgesetze in allgemeinen rechtlichen Grundsätzen gesucht und gefunden werden müsse. Es lässt sich aber das Bedürfniss nicht verkennen, die eigentliche Domäne der Expropriation dergestalt fest zu begrenzen, dass sie gegen jeden Angriff von Aussen her gesichert ist.

Wir stehen nun nicht an, die aufgeworfenen Fragen dahin zu beantworten, dass der Gang des neuen Unternehmens durch keinerlei aus einem älteren gleich- oder andersartigen Unternehmen hergeleitetete Ansprüche völlig behindert oder auch nur aufgehalten werden kann.

Aus den beiden Sätzen: „Jus publicum privatorum pactis mutari non potest“ — Fr. 38. D. de pactis II, 14 — und „dass im Falle einer Collision das mindere Recht dem stärkeren weichen muss,“ — Einl. A. L. R. §. 95 — ergiebt sich, dass das Recht des Staats, ein neues gemeinnütziges Unternehmen zu begründen, durch die Ausübung früher erworbener Rechte privatrechtlicher Natur, nicht gehemmt werden kann. Wenn man auch wirklich annehmen wollte, dass eine Eisenbahn- oder ähnliche Gesellschaft kraft eines

Gesetzes oder ihres Statuts ein Recht, nicht bloss eine Rechtserwartung erlangt haben sollte, dass der Staat in einem dreissigjährigen oder überhaupt längeren Zeitraum kein gleichartiges Unternehmen autorisiren werde und wenn sie dann hierauf sich stützend, ein Untersagungsrecht gegen die neu sich bildende Unternehmung ausüben wollte, so wird doch das Recht mit dem Augenblick ein Privatrecht, dass es in ihre Hände gelangt. Ihr steht also nicht zu die Aktion des Staats in Begründung eines neuen Unternehmens zusammen. Noch weniger würde ein Gericht gefunden werden können, das ihrem vermeintlichen Recht mit einem Inhibitorium oder einer anderen arrestatorischen Massregel Nachdruck giebt, weil der amtliche Wirkungskreis der Gerichte auf privatrechtliche Streitigkeiten unter Privaten beschränkt ist. — §. 1 Einleit. zur Preussischen Prozessordnung —, hier aber eine Privatperson — die ältere Gesellschaft, dem Staat, als dem höchsten publicistischen Rechtssubjekt, gegenübersteht. Der Streit zwischen dem alten und dem neuen Unternehmer würde sich also in einem vermögensrechtlichen Entschädigungs-Anspruch auflösen. Einen solchen kann aber vom Gesichtspunkt des Privilegiums aus die alte Gesellschaft in Preussen nur dann im Rechtswege verfolgen, wenn das betreffende Specialgesetz ihr ausdrücklich die Verfolgung vor den ordentlichen Landgerichten gestattet. Bericht des Staatsministerii vom 16. November 1831 approbirt durch Königliche Kabinetsordre vom 4. Dezember dess. J. G. S. 1831. S. 255. Urtel des Kompetenzhofes zu Berlin vom. 9. Februar 1856. Just. Minist. Bl. 1856. S. 87.

Wenn aber nach unserer früher entwickelten Ansicht (Kapitel VIII) das neue öffentliche Unternehmen durch ein Gesetz einzuleiten sein würde, so empfiehlt sich doch durch die Rücksicht auf die möglichste Sicherstellung desselben, dass ein derartiger Entschädigungs-Anspruch aus einem ältern Unternehmen zeitig und definitiv ermittelt wird, bevor das neue Unternehmen endgültig durch ein von den dazu berufenen Faktoren geschaffenes Gesetz festgestellt ist. Nehmen wir nun an, dass der Gesetzentwurf als Geldbill — Art. 62 der Verfassung vom 31. Januar 1850 — zuerst beim Hause der Abgeordneten eingebracht wird, so würde der Zeitabschnitt von der Ueberweisung an den Ausschuss bis zur Berichterstattung des Committe's jedenfalls der geeignetste sein, um inzwischen die schwebende Frage zu erledigen.

Diese muss aber abgemacht sein, bevor das Haus in die Detailberathung eintritt, weil die Clauseln des Gesetzes und künftig das cahier des charges sich wesentlich danach reguliren, ob die Unternehmer des neuen Werks eine vielleicht nicht unbedeutende Entschädigung an das alte Unternehmen bezahlen sollen. Dies ist für sie eine todte, improductive Schuld und sie werden sich doppelt besinnen müssen, bevor sie eine solche Last dem beginnenden Unternehmen aufbürden, das ohne sie mit pekuniären Schwierigkeiten aller Art im Anfang zu kämpfen hat. Vielleicht würde es angemessen sein, sowohl die Entscheidung der Rechtsfrage, ob überhaupt der Fall einer Entschädigung vorliege, als auch eventuell unter Mitwirkung eines Schätzungsgerichts die Feststellung der Entschädigung in quanto einem Gerichtshof, wie dem Revisions-Collegium, in einziger Instanz aufzutragen. Von diesem darf man voraussetzen, dass er die dazu erforderlichen, gleichmässig im Privatrecht, wie im öffentlichen Recht hervorragenden Kapacitäten in sich schliesst. Schon des Zeitverlustes halber möchte es nicht zweckmässig sein, diese Fragen im gewöhnlichen Instanzenzuge gerichtlich entscheiden zu lassen. Ueber die Rechtsfrage kann ohnehin keines der beiden Häuser des Landtags entscheiden, weil sie verfassungsmässig nicht als Gerichtshöfe sitzen. Das Quantum der Entschädigung könnte allerdings durch Informations-Kommissionen beider Häuser ermittelt werden. Art. 82 der Verfassung. Es wäre aber jedenfalls vorzuziehen, die Entscheidungs-Ermittelung einem Schätzungsgericht zu überlassen, schon deshalb, weil die rechtliche Vorfrage sich besonders zur richterlichen Aburtelung eignet und den sonstigen gewiss erheblichen Geschäften das Landtags eine kostbare Zeit entzogen wird. Besondere Berücksichtigung verdient in dieser Beziehung die Praxis des Englischen Unterhauses. Wenn in diesem die Einsetzung eines Ausschusses zur Untersuchung bestimmter Thatsachen beantragt wird, so kann man als Regel annehmen, dass der Antrag von dem betreffenden Mitglied zurückgezogen wird, sobald das Ministerium ankündigt, dass über die nämlichen Verhältnisse schon ein Untersuchungs Ausschuss unter Königlicher Autorität eingesetzt sei. Man zieht es in einem solchen Falle vor, den Bericht der Königlichen Untersuchungs-Kommission zu erwarten. An sich ist es unzweckmässig, dieselbe Frage gleichmässig vor zwei Instanzen zur Verhandlung zu bringen. Es lässt sich ferner annehmen, dass die Regierung vorzüglich zu einer solchen Untersuchung geeignet ist. Sie muss ohnehin das gleiche Ziel der Beförderung der Wohlfahrt des Landes verfolgen, wie die Landesvertretung selbst. Ihr steht ein reichhaltiges Material, gut geschulte Beamte, und eine Fülle traditioneller Erfahrungen gewiss zu Gebote.

Mit Erfolg wird aber nur dann zur Lesung der Bill vorgeschritten werden können, wenn die Entschädigungsfrage vor der definitiven Schlussfassung erledigt ist, vorausgesetzt, dass der erhobene Anspruch nicht von vorne herein sich als grundlos ankündigt.

b. Rechtsfragen im Laufe des Verfahrens.

Auch im Laufe des Entschädigungs-Verfahrens können Rechtsfragen und Ansprüche auftauchen, die einen gewissen Einfluss auf das Unternehmen von Aussen her ausüben. Ihre Erledigung muss stets so eingerichtet werden, dass der Gang des Unternehmens dadurch nicht beeinträchtigt wird und die erhobenen Forderungen sich in reine Geldansprüche auflösen. Nicht ohne Interesse ist hier der Kampf zweier, im öffentlichen Interesse concessionirten Unternehmungen. Eine Bergbaugesellschaft in Preussen forderte dafür Schadenersatz von einer jüngeren Eisenbahngesellschaft, dass sie auf bergamtliche Anordnung Sicherheitspfeiler zum Schutz gegen die Erschütterungen durch den Betrieb der Eisenbahn hatte setzen müssen. Das Obertribunal zu Berlin wies sie letztinstanzlich in der Entscheidung vom 28. März 1862 — Entsch. Bd. 48. S. 367 — mit diesem Verlangen aus dem in der Deklaration vom 27. Oktober 1854 angeführten zutreffenden Grunde ab, dass der Betrieb des Bergbaues einem anderen, dem Staat ebenso nützlichen Gewerbe nicht entgegen stehen dürfen. Diese Entscheidung stimmt auch mit den allgemein gesetzlichen Vorschriften vom Gesichtspunkt des Privilegiums aus überein. Gegen die klagende Bergbaugesellschaft gilt der Rechtssatz: „Privilegiatus contra privilegiatum privilegio suo non utitur" und von dem des Civilrechts aus die Regel; „qui iure suo utitur, nominen laedit;" oder wie das Preussische Landrecht (I. 6. §. 36) dies überträgt: „Wer sich seines Rechts innerhalb der gehörigen Schranken bedient, darf den Schaden, welcher einem Andern dadurch entstanden ist, nicht ersetzen." Für die Zukunft soll freilich — §§. 153, 154 des Berggesetzes vom 24. Juni 1865, G. S. S. 737 — Der frühere Bergbautreibende gegen den späteren Unternehmer eines öffentlichen Werks zum zum Anspruch auf Entschädigung berechtigt sein.

Bei dem privatrechtlichen Streit in einem anhängigen Entschädigungs-Verfahren enthält das Französische Expropriations-Gesetz — Art. 39 — und ihm nachfolgend das Schweizer Gesetz — Art. 34 — eine bestimmte Regel. Wenn — so wird dort verfügt — sich im Laufe eines solchen Verfahrens Streitigkeiten über die Legitimation der Reklamanten, über das Recht selbst, oder über irgend welche andere Frage erhoben, die von der Festsetzung der Entschädigung selbst verschieden sind, so soll die Specialjury sich dabei nicht aufhalten, die Entschädigung vielmehr festsetzen und die Parteien mit ihren sonstigen Belangen an den Richter verweisen. Mit Recht: denn die Jury ist nur mit der Entscheidung einer Thatsache, des Werths des abzutretenden Rechts; der Richter aber mit Entscheidung der bei der Liquidation des Schadensersatzes in Betracht kommenden Rechtsfragen befasst. Wir erachten dabei als selbstverständlich, dass der Specialhof für Expropriationen auch über diese Rechtsfragen entscheidet, wenn ein solcher für Preussen in den Auseinandersetzungs-Behörden eingesetzt werden sollte.

c. Fortsetzung des Kreises der Entschädigungs Berechtigten.

Ist in dieser Weise für die vollständige zweckentsprechende Erledigung der rechtlichen, auf das Schätzungsverfahren sich beziehende Fragen gesorgt, so erweist sich als nothwendig, den Kreis der Entschädigungsberechtigten genau festzustellen. Das Französische Expropriationsgesetz vom 3. Mai 1841 legt nun dem Eigenthümer die Verpflichtung auf — Art. 21 — die Pächter, Miether und alle persönliche auf Servitutberechtigte auf seinem Grundstück anzuzeigen, mit der Präjudiz, dass er im Falle der Unterlassung für deren Entschädigung aufkommen muss. Andere Realberechtigte haben zu erwarten, dass sie ihrer Rechte auf Entschädigung im Expropriationsverfahren verlustig gehen, wenn sie sich nicht selbst melden. Der Entwurf des Preussischen Expropriationsgesetzes geht noch weiter, indem er — §. 22 — den Eigenthümer verbindlich macht, alle ihm bekannte Realberechtigte ohne Ausnahme anzuzeigen, und wenn er dieser Obliegenheit nicht nachkommt, ihn mit der Entschädigung für sie belastet. Erscheinen die angezeigten und vorgeladenen Real-Entschädigungsberechtigten in dem anberaumten Termin zur Geltendmachung und Erörterung ihrer etwanigen Forderungen nicht, so sollen sie an dasjenige verwiesen werden, was der Eigenthümer für sie liquidirt hat.

Das Schweizer Bundesgesetz vom 1. Mai 1851 kennt diese Verpflichtungen und Präjudize im ordentlichen Expropriationsverfahren nicht. Es setzt hier eine dreissigtägige Frist zur Anmeldung der Realansprüche unter der Warnung, dass diese nach Ablauf der dreissig Tage auf den Unternehmer übergehen. Es kommt diesem aber wieder zu Hülfe, indem es solche Ansprüche mit Ausnahme von Pfandrechten, Grundzinsen und Zehnten erlöschen lässt, wenn binnen weiteren sechs Monaten keine Entschädigung dafür liquidirt wird. Art. 12 N. 2. Art. 14. Nur bei dem ausserordentlichen Verfahren soll der Eigenthümer verpflichtet sein, „unter seiner Verantwortlichkeit" den sonstigen Realberechtigten von dem bevorstehenden Schätzungstermine rechtzeitig Kenntniss zu geben. Art. 19.

Uns scheint die dem Schweizer Expropriationsgesetz zu Grunde liegende Ansicht die entsprechendere zu sein. Dem Eigenthümer kann unseres Erachtens ebensowenig eine Verpflichtung auferlegt werden, die Realberechtigten anzuzeigen, als man civilrechtlich von dem Eigenthümer des mit einer Servitut belasteten Grundstücks verlangen kann, zu deren Ausübung thätige Beihülfe zu leisten. A. L. R. I. 22. §. 30. Für sie zu liquidiren, halten wir ihn nicht befugt, weil ihm nach allgemeinen Rechtsregeln eine Wahrnehmung ihrer Rechte nicht angesonnen werden kann. Es waltet hier nämlich kein eigentliches Litisconsortium, sondern eine blosse subjective Klagekumutation ob. Ueberdies verpflichtet eine vermuthete Vollmacht den Eigenthümer nicht zur Vornahme schleuniger Handlungen, vielmehr berechtigt sie ihn nur dazu A. L. R. I. 13. §§. 119—120. Den Eigenthümer aber mit der Entrichtung der Entschädigungen im Falle der unterlassenen Anzeige zu bedrohen, scheint uns deshalb nicht angemessen, weil man im Voraus nicht wissen kann, ob? und was? die Realberechtigten überhaupt zu liquidiren gemeint sind.

Nach dem Princip der Singularentschädigungen, das sowohl von der Französischen Gesetzgebung, als von dem Preussischen Entwurf festgehalten wird, bleibt es füglich jedem einzelnen Berechtigten überlassen, sein Interesse selbst anzumelden. Hiezu wird ihm durch öffentliche Aufforderung im Amtsblatt hinreichende Gelegenheit dargeboten. Kommen nun durch eine solche Ladung die Entschädigungs-Prätendenten zu Tage, so ist es von Erheblichkeit, den Kreis der Berechtigten in geeigneter Weise zu schliessen, damit nicht im Laufe des Abschätzungsverfahrens vor der Abschätzung neue Realberechtigte hinzutreten, das Schätzungsverfahren dadurch erschwert und dem Unternehmer eine grössere Entschädigungspflicht aufgebürdet wird, zu deren Tragung man ihn billiger Weise nicht für verbunden erachten kann. Positive Bestimmungen sind hierüber weder im Französischen Expropriationsgesetz, noch im Preussischen Entwurf zu finden. Im erstern ist ein umständliches Verfahren angegeben, wie zuerst auf Grund des arrêté du préfet von dem zuständigen Tribunal auf Requisition des Staatsprokurators ein Expropriationsurtel geschöpft, dies in die Register des Hypothekenbewohners umgeschrieben (transscrit) und nun von den Legal- und Conventional-Hypotheken innerhalb einer vierzehntägigen Frist bei Verlust ihres Hypothekenrechts Inscription genommen werden soll, jedoch vorbehaltlich des Rechts der Frauen, Minderjährigen und Intendicirten, widrigenfalls ihre Hypotheken Rücksichts des Betrags der Entschädigung bis zu deren wirklicher Zahlung oder Regulirung der Priorität unter den Gläubigern erloschen sein sollen. Art. 14—17, 19.

Man kann hieraus nur den Schluss herleiten, dass die Hypotheken mit Ausnahme der bezeichneten Kathegorieen, bis zum Zeitpunkt der wirklichen Auszahlung der Entschädigung liquidirt sein müssen. Von den Realberechtigten ist hier nicht weiter die Rede. Die Schuld an diesem weitläufigen und doch so wenig nützenden Formalitäten kann man aber nicht den Schöpfern des Gesetzes vom 3. Mai 1841 beimessen. Sie hat ihren tieferen Grund in dem unbefriedigenden Französischen Hypothekensystem, besonders in dem Nebeneinanderstehen von Conventional- und Legal-Hypotheken; in dem fortwährenden Eingreifen der letzteren in die ersteren und der dadurch hervorgebrachten Unsicherheit des Realkredits. Bei Annahme des Systems der Personalfolien lässt sich überhaupt kein geordneter Hypothekenverkehr schaffen. Das in Deutschland existirende und hier zu einer hohen Ausbildung gebrachte System der Realfolien ist das allein geeignete, um den Realkredit zu sichern. Es hat auch in Frankreich in den „pays de nantissement“ bestanden, ist aber so wie vieles andere Gute, von der ersten Revolution hinweggewischt. Die Gesetzgeber von 1841 haben diesen Zustand der Dinge vorgefunden und haben wohl oder übel, sich ihm anbequemen müssen.

Ebensowenig ist im neuen Preussischen Entwurf eine positive Bestimmung enthalten, bis zu welchem Zeitpunkt Realberechtigte und Hypothekengläubiger zugezogen werden sollen. Der §. 22 enthält hierüber keine Vorschrift. Nur lässt sich aus dem §. 11 folgern, dass alle Real- und Hypothekengläubiger bis zum Zeitpunkt der Besitzüberweisung Anspruch auf Entschädigung haben. Die Besitzeinweisung soll aber nicht früher erfolgen — §. 30 —, als bis die Entschädigungen der Interessenten bezahlt, deponirt oder kreditirt sind.

Im Gegensatz zum Französischen Gesetz und zu dem Preussischen Entwurf greift das Schweizer Bundesgesetz peremtorisch durch. Vom Tage der öffentlichen Bekanntmachung des Bauplans an, also seit seiner Auslegung im Gemeinehause — Art. 11 —, dürfen mit dem zu expropriirenden Grundstück überhaupt gar keine rechtliche Veränderungen vorgenommen werden; ähnlich wie nach Eintragung des Subhastationsvermerks im Preussischen Recht zufolge §. 3 der Subhast.-Ordnung vom 4. März 1834 Entsch. Bd. 44. S. 322. Geschieht es dennoch, so werden sie bei Feststellung der Entschädigungssummen nicht berücksichtigt. Der Bauunternehmer hat aber für den aus dieser Einschränkung des freien Verfügungsrechts erweislich hervorgegangenen Schaden Ersatz zu leisten. Art. 23.

Diese letztere Bestimmung scheint uns zu streng zu sein und über das vorgesetzte Ziel hinauszugehen. Sie enthält eine vollständige Sperre des Grundstücks für allen Realverkehr mit demselben von der Zeit der Bekanntmachung des Parzellarplans an bis zum vollständigen Abschluss des Expropriationsverfahrens. Es dürfen also keine neuen Realrechte bestellt, keine Hypotheken eingetragen werden. Der Eigenthümer wird für diese ganze Zeit rechtlich kreditlos. Was kann es ihm nützen, dass der Unternehmer ihm den „erweislich entstandenen Schaden" ersetzen soll? Zuförderst möchte es doch sehr schwer sein, den Schaden positiv nachzuweisen, der ihm durch solche Creditverweigerung entstanden ist. Angenommen, dass ein Eigenthümer mit Jemand bloss mündlich besprochen hätte, er solle ihm gegen Hypothek auf sein Grundstück ein bedeutendes Darlehen geben, und er verliert nun dies Darlehen, mit diesem aber die Möglichkeit, sich zu halten: soll hier nach den Worten des Gesetzes der Unternehmer verbunden sein, den in Vermögensverfall gerathenen Eigenthümer herauszuziehen? Gewiss nicht. Aber auch bei Aufhebung der Creditsperre nach Beendigung des Expropriationsverfahrens wirkt für einen günstiger gestellten Eigenthümer diese gesetzliche Verfügungsunfähigkeit über sein Grundstück noch längere Zeit hindurch nach, bis sie völlig überwunden ist. Das lässt sich mehr herausfühlen, als mittels einer Entschädigungsklage in Zahlen fixiren.

Es bedarf aber auch nach unserem Dafürhalten gar nicht solcher strengen, lediglich aus einem zu absoluten Ordnungstrieb hervorgegangenen Mittel, um in das Expropriationsverfahren die allerdings unerlässliche Ordnung hineinzubringen. Man kann einen Ausweg in der Art ohne Schwierigkeit auffinden, dass der Eigenthümer auch während der Dauer des Expropriationsverfahrens freie Verfügung über das Grundstück behält und die neueinzutragenden Real- und Hypothekengläubiger demnach zeitig benachrichtigt werden, dass sie Realrechte nur abzüglich des Werths der Entschädigung für die zu expropriirenden Ländereien erwerben. Für die älteren, dem Landrecht unterstehenden Provinzen von Preussen verfügt der §. 59 der Verordnung vom 30. Juni 1834, dass in Auseinandersetzungs-Sachen auf Requisition der betreffenden Generalkommission eine Protestation im Hypothekenbuch vermerkt werden soll, sobald die Abfindung der Interessenten in Kapital feststeht, mit der Wirkung, dass die durch Kapital abgelösten Pertinenzen den neueinzutragenden Gläubigern nicht mehr verpfändet werden, Urtel des Revisionskollegii zu Berlin vom 13. Januar 1860, Zeitschr. des R. C. B. 13. S. 142. Diess lässt sich für den vorliegenden Fall dahin anwenden, dass die mit der Leitung des Expropriationsverfahrens beauftragte Behörde in den altländischen Provinzen die Hypothekenbehörde um Eintragung einer ähnlichen Protestation (de non amplius oppignorando) Rücksichts der Expropriations-Entschädigung bei Zufertigung der Parzellarpläne an die Gemeinebehörden zur öffentlichen Auslegung, requirirt. Für die Rheinprovinz lässt sich in Beziehung auf das dort geltende Französische Recht ein den dortigen Formen des Geschäftsgangs angepasstes Verfahren finden, sobald die dirigirende Expropriationsbehörde zur Ausgabe exequibler Bordereaux an die Hypothekenbewahrer ermächtigt wird. Es bedarf kaum der Erwähnung, dass die bezeichnete Protestation auf Requisition der Expropriationsbehörde nach Beendigung des Verfahrens gelöscht wird.

d. Enschädigungsverfahren mit Vor- und Nachschau.

Nachdem auf diese Weise der Kreis der Expropriations-Interessenten geschlossen ist, so kann zur Feststellung der Entschädigung selbst für die abzutretenden Rechte geschritten werden. Diese ist durch ein vorgängiges Administrativ-Verfahren nicht bedingt. Entsch. B. 52 S. 90.

Der Preussische Entwurf des Expropriationsgesetzes folgt hier althergebrachten Bahnen. Nach dem Kurmärkischen Chausséebau-Edikt vom 18. April 1792 sollte die Entschädigung durch die verordneten Kommissionen nach sehr genau angegebenen Grundsätzen — §. XVIII. N. 1 — 15 — zunächst in Land, und nur wenn dies unmöglich, in Geld, administrativ, jedoch mit verstatteter Berufung auf gerichtliches Gehör wegen der Entschädigung — §. V — regulirt werden. Das Landrecht, davon ausgehend, dass die Expropriation ein Kaufgeschäft enthalte, verweist zunächst auf die Einigung der Interessenten. Wenn eine solche nicht zu Stande kommt, soll das zu expropriirende Grundstück Zwecks Preisbestimmung von vereideten Taxatoren unter Berücksichtigung des ausserordentlichen Werths abgeschätzt werden. Will sich eine von beiden Parteien dabei nicht beruhigen, so steht ihr die Provokation auf gerichtliches Gehör zu. A. L. R. I. 11. §§. 8, 9, 11. Dies Verfahren ist im Eisenbahngesetz vom 3. November 1838 dahin präcisirt, dass die mit der Leitung des Expropriationsgeschäfts für ihren Bezirk betraute Regierung die Taxatoren ernennt; das Abschätzungsverfahren unter Zuziehung der Interessenten ausführt und gegen das so gewonnene Ergebniss nur dem Expropriaten, nicht aber der Gesellschaft, die Berufung auf den Rechtsweg zusteht, — §. 11.

Auf diesen letzteren Procedurvorschriften baut der Entwurf des Expropriationsgesetzes weiter. Wenn die Parteien sich über die dem Exproprianden zu gewährende Entschädigung nicht einigen, so erfolgt das weitere Verfahren vor einem von der betreffenden Bezirksregierung zu ernennenden Kommissar. Dieser nimmt die Entschädigungs-Ansprüche der gehörig geladenen Interessenten zu Protokoll. Vergleichen sich die Betheiligten auch bei ihm nicht, so ernennt jede Partei einen Sachverständigen, der Kommissar den Obmann. Diese Kommission schreitet in protokollarisch abgegebenen oder besonders eingereichten beeideten Gutachten mit der Abschätzung vor. Die Gutachten werden den Parteien zur Abgabe ihrer Erklärungen binnen achttägiger Präklusivfrist mitgetheilt. Die Regierung setzt hierauf „nach ihrem aus den Verhandlungen geschöpften freien Ermessen“ die Entschädigungen durch Beschluss fest und statuirt zugleich über die Einweisung des Unternehmers in den Besitz nach Zahlung oder Deposition der Entschädigungssummen. Den Parteien, die durch diesen Beschluss sich benachtheiligt halten, steht binnen drei Monaten nach der Besitzeinweisung des Unternehmers das Recht zu, richterliche Entscheidung über die Entschädigung zu verlangen, weil sonst der Beschluss rechtskräftig wird. Das Verfahren in der Hauptsache und über den Kostenpunkt regelt sich vor den Gerichten nach den in den einzelnen Landestheilen geltenden Vorschriften. Es steht den Parteien frei, vor der Besitzergreifung bei den Verwaltungsbehörden eine Vorschau zur Feststellung des Zustandes von Gebäuden, künstlichen Anlagen oder bestellten Grundstücken und — wie hier gleich zu anticipiren, — bei zeitweiligen Expropriationen zu militärischen Zwecken auch eine Nachschau zu verlangen. §§. 21 bis 27, 31, 43.

Das Schweizer Bundesgesetz vom 1. Mai 1850 kennt bei der Abschätzung in Expropriationen nur eine gerichtliche Instanz, das Bundesgericht. Dies ernennt einen, der Bundesrath den zweiten, die betreffende Cantonalregierung für die in ihrem Bezirk vorfindlichen Liegenschaften den dritten Experten. Diese drei Sachverständigen, denen im Fall der Verhinderung die doppelte Zahl von Ersatzmännern substituirt ist, bilden die Schätzungskommission. Diese ladet die Betheiligten vor. Sie ist berechtigt, Abgeordnete des Gemeineraths oder besondere Sachverständige zu Rath zu ziehen und von den Grundbüchern Einsicht zu nehmen. Der Entscheid der Schätzungskommission wird sämmtlichen Betheiligten schriftlich mitgetheilt. Er ist „gleich einem rechtskräftigen Urtheil anzusehen,“ wenn nicht binnen dreissig Tagen nach der Mittheilung Beschwerde an das Bundesgericht eingelegt wird. Das Bundesgericht urtheilt, wenn möglich, über alle Entschädigungsansprüche, wenigstens in Beziehung auf ein Grundstück, in einem Verfahren und zwar auf Grundlage „des Befundes“ der Schätzungskommission. Es ist jedoch auch befugt, eine neue Untersuchung anzuordnen. Art. 26—41. Dies Verfahren wird in dem Bundesgesetz vom 18. Heumonat 1857 dahin abgeändert, dass dem Bundesgericht die Befugniss beigelegt ist, auf erhobene Beschwerde gegen einen Entscheid der Schätzungskommission, einen Instruktionsrichter, in wichtigeren oder schwierigeren Fällen eine aus zwei oder drei Mitgliedern des Bundesgerichts bestehende Instruktionskommission abzuordnen.

Das Französische Expropriationsgesetz vom 3. Mai 1841 erachtet das Abschätzungsverfahren für eine rein gerichtliche Operation und legt dessen Ausübung in die Hände einer Specialjury. Bei Erlass des Expropriationsurtheils — Art. 14 — kommittirt das damit befasste Gericht zugleich einen „magistrat directeur du jury". Unter Leitung dieses Magistrats funktionirt die Specialjury für die im Zuge befindlichen Expropriationen innerhalb des Arrondissements. Für jedes Amtsjahr wählt der Generalrath des Departements auf jedes Arrondissement aus der Wählerliste 36 Geschworene, der Generalrath des Seine-Departement 600. Die Geschworenen müssen alle innerhalb des Amtsjahrs zu entscheidenden Expropriationsfälle abmachen, sollte auch die Entscheidung über die Schätzungen sich in den Anfang des nächsten Jahres hineinerstrecken. Diese Liste von 36 Geschworenen reducirt das zuständige Tribunal auf 16 Haupt- und 4 Ersatzgeschworene. Ausser den gesetzlichen Verhinderungsfällen, Ausschliessungen und Inkompatibilitäten, steht jeder Partei ein Rekusationsrecht für je zwei Fälle zu, so dass zuletzt 12 Haupt- und 4 Ersatzgeschworene übrig bleiben. Zwölf Geschworene konstituiren die Specialjury; zu einer gültigen Berathung sind deren neun nothwendig. Die Geschworenen erkennen über die Höhe der Entschädigung nach Stimmenmehrheit; bei getheilten Stimmen hat der Präsident der Jury den Stichentscheid. Beim Eintritt in die öffentlichen und mündlichen Verhandlungen unterbreitet ihnen der magistrat-directeur den Parzellarplan für die streitige Lokalität, das Angebot der Administration und die Forderungen der Interessenten, sowie die Titel und Dokumente zu deren Unterstützung auf beiden Seiten. Die Parteien oder deren Bevollmächtigte werden zum Wort über die Entschädigung verstattet. Die Jury ist befugt, alle Personen zu vernehmen, die sie zu ihrer Aufklärung für passend erachtet. Sie kann sich selbst in Pleno an Ort und Stelle begeben, oder einige ihrer Mitglieder dahin abordnen. Durch ihren Spruch urtheilt sie die Entschädigung in ihrem Zimmer und zwar besonders für jede Kathegorie von Berechtigten aus. Es werden ihr nur gewisse allgemeine Verhaltungsmaassregeln ertheilt. Die Entschädigung kann namentlich niemals geringer sein, als die Anerbietungen der Administration, niemals höher als die Forderungen der Expropriaten. Der magistrat-directeur erklärt den Spruch der Jury durch seine Ordonnanz für exekutorisch. Er kann nur wegen begangener Formfehler oder wegen Fehler gegen die vorgezeichneten Verhaltungsvorschriften mittels Cassationsrekurses in vierzehn Tagen angefochten werden.

Wenn der Rekurs angenommen wird, so erfolgt die Aburtheilung des Schätzungsfalles vor einer neuen Jury desselben, oder nach Befinden des Cassationshofes, eines benachbarten, auch in einem andern Departement belegenen Arrondissements. Art. 29—47.

Nach sorgfältiger Erwägung dieser verschiedenen Bestimmungen glauben wir, im Allgemeinen dem Französischen Gesetz beipflichten zu müssen.

Zunächst stimmen wir mit dem Französischen und Schweizer Expropriationsgesetz dahin überein, dass die Feststellung der Entschädigung der Interessenten nur den Gerichten zusteht, weil es sich um eine Frage des bürgerlichen Eigenthums handelt und eine solche von Gerichten, nicht von Verwaltungsbehörden zu entscheiden ist. Ferner sind wir damit einverstanden, dass sogleich ein Definitivum geschaffen wird und es eines administrativen Provisoriums nicht bedarf, weil die Gerichte, wenn sie in die Erörterung und Entscheidung des Streits eintreten, die administrativen Verhandlungen über denselben Gegenstand, als ausserhalb ihres Ressorts liegend, nicht weiter berücksichtigen können. Einer Vorschau der zu expropriirenden Realitäten bedarf es auch nicht, weil diese nur eine Vorbereitung für den gerichtlichen Expropriationsprozess Betreffs der Entschädigung sein soll. Wenn sogleich ein Definitivum geschaffen wird, sind Massregeln zu entbehren, die nur darauf berechnet sind, für dieses liquiden Beweis herzustellen. Endlich können wir uns jeder umständlichen Ausführung darüber enthalten, ob es zweckmässig ist, einer Verwaltungsbehörde eine Aburtheilung des Entschädigungspunkts „nach pflichtmässigem Ermessen aus den Verhandlungen“ zu überlassen, wo es noch im Streit ist, ob der Beweis im Civilprozess nach den Regeln der Englischen Evidenz, oder ohne solche nach den Grundsätzen der Französischen „intime conviction“, oder wie man dies in Deutschland mit einem neu entstandenen Ausdruck bezeichnet, der „freien Würdigung“ geführt werden soll. Auch scheint es uns nicht unbedenklich, in Preussen für das Administrativverfahren die schriftliche Verhandlung zu belassen, während das in den älteren Provinzen nach der Verordnung vom 1. Juni 1833 §. 20 ff. und der Prozessnovelle vom 21. Juli 1846 §. 11 existirende schriftliche Verfahren mit mündlicher Schlussverhandlung — Dr. Leonhardt, Reform des Civilprozesses, Beitrag I. §. 9. S. 65 — in ein zum grossen Theil nach den Rheinischen, in Frankreich selbst jetzt vielfach angefochtenen Procedurvorschriften eingerichtetes, wirklich mündliches Verfahren mit schriftlicher Grundlage umgewandelt werden soll. Dabei kommt in Betracht, dass das gerichtliche Entschädigungsverfahren jetzt noch in drei verschiedene Prozessformen nach den drei geltenden Systemen: für die älteren Provinzen nach der Prozessordnung vom 6. Juli 1793 mit ihren zahlreichen Novellen, wie den so eben erwähnten Verordnungen; für die Rheinprovinz nach dem Code de procédure; für die gemeinrechtlichen Landestheile nach den Verordnungen vom 21. Juli 1849 — Ges. S. S. 307 ff. und vom 30. April 1851 — Ges. S. S. 188 — verhandelt werden muss.

Hiedurch erwächst unseres Dafürhaltens der doppelte Nachtheil, dass der Prozess in zwei parallelen, von einander unabhängigen Verfahren: dem administrativen und dem gerichtlichen; im letzteren bei allen nicht ganz geringfügigen Sachen unter Umständen in drei, wenigstens in zwei Instanzen mit einem korrektorischen Verfahren in der Nichtigkeitsbeschwerde oder Cassationsrekurs verhandelt wird. Sehr verschiedene Entscheidungen und nicht unbedeutende Kosten für die Parteien folgen hieraus von selbst. Es kann dadurch keine Abhülfe geschafft werden, dass das Obertribunal zu Berlin in letzter Stelle entscheidet und dadurch die Möglichkeit einheitlicher Principien gewahrt ist, weil dieser Gerichtshof nach den geltenden Prozessgesetzen nur zum Erkenntniss berufen ist, nachdem schon zwei Gerichte vor ihm gesprochen haben; nicht, wie im alten Rom, wo der Prätor in der Formula dem kommittirten Judex das Gesetz des konkreten Falles vorweg in die Hand gab, oder, wie heute in England, wo der Richter in seiner Ansprache den Geschworenen das Recht weist.

Der Vorzug, den das Französische und Schweizer Gesetz vor dem andern Verfahren haben, besteht hienach in der letztinstanzlichen, definitiven und gerichtlichen Aburtheilung der Entschädigungsfrage. Nur will uns scheinen, dass diese Vorzüge im Schweizer Gesetz durch die Detailbestimmungen des Verfahrens nicht unerheblich geschmälert werden. Nicht ein Gericht, sondern eine blosse Kommission wird niedergesetzt. Von der Kommission appellirt man, wie es schon im Kanonischen Recht bestimmt ist, — cap. 3 de offic. vic. in VI to., I. 13 — an den Committenten, also an das Bundesgericht. Das kommittirende Gericht aber hat nicht nöthig, die Ermittelungen der Schätzungskommission unbedingt, wenigstens in faktischer Beziehung, als maassgebend zu erachten. Es kann eine neue Schätzungskommission berufen; ja es kann sogar nach dem Gesetz vom 18. Heumonat 1857 einen Instruktionsrichter abordnen oder eine Instruktionskommission aus seiner Mitte einsetzen; eine Procedur, wodurch das Schätzungsverfahren in den Weg des ordinären Prozesses ganz hinübergelenkt wird. Durch diese Bestimmungen wird unseres Erachtens der Werth des eininstanzlichen und unumstösslichen Verfahrens beeinträchtigt. Soll erst eine Sache förmlich instruirt werden, so ist damit eine Beschleunigung wie sie in diesen Angelegenheiten besonders nothwendig — Art. 39 des Bundesgesetzes — schwer zu erreichen, zumal da sich dann das Gefolge der Sachverständigen hinter dem Richter nicht vermeiden lässt. Die einheitliche Instanz wird ferner durch die Appellation vom Kommissar an den Committenten mittels „Beschwerde“ in zwei verschiedenartige Rechtszüge gespalten.

In reinen und ansprechenden Formen zeichnet sich dagegen das Verfahren vor der Jury nach dem Französischen Expropriationsgesetz ab. Nicht eine Verwaltungsbehörde, sondern der Generalrath des Departements wählt die Specialgeschworenen aus den Wählern, einem zur Wahrnehmung der eigenen Interessen vorzüglich geeigneten und urtheilsfähigen Körper. Er sucht sie aus einem nicht zu grossen Verwaltungskreise, dem Arrondissement, aus. Man darf erwarten, dass die Institution hier sich besonders segensreich bewähren wird, wo Männer von gereifter Erfahrung sich in einer Lokalität bewegen, die ihnen seit einer Reihe von Jahren nicht fremd ist. Alle zulässigen Aufklärungsmittel sind ihnen zu Gebot gestellt; die Parteien werden in öffentlicher Verhandlung gehört; die Debatten erst nach gründlicher Erörterung geschlossen. Das Gesetz giebt ihnen in den Artikeln 48—52 eine allgemeine, gleich weit von Willkür, wie von Engherzigkeit entfernte Instruktion mit auf den Weg, um ihre Berathungen im Zimmer zu einem erspriesslichen Resultate zu leiten. In dem „magistrat directeur“ besitzen sie einen gewandten, rechtskundigen, intelligenten und unparteiischen Rechtsführer lediglich zur Wahrung des formellen Geschäftsganges. Ihr Wahrspruch ist ein wahres Urtel, das auch nicht mit der indebiti condictio — Entsch. B. 52 S. 96 — wegen behaupteter Ueberzahlung über einen ausserordentlichen Werth nachträglich anzufechten ist. Es kann nur durch Cassation auf streng formellem Wege angegriffen, niemals mittels freier Appellation gescholten werden.

Würde es denn bei einem aus voller Ueberzeugung der Jury gespendeten Lobe nicht wünschenswerth sein, dieselbe auch hier im Expropriationsverfahren für Schätzungssachen bei uns in Deutschland, namentlich in Preussen, einzuführen? Wir müssten gleichwohl vor der Hand diese Frage mit Nein! beantworten.

Wir sehen davon ab, dass im Bereich der Jury gewisse Fragen immer wieder auftauchen, sobald von dieser wahrhaft volksthümlichen Einrichtung die Rede ist. So namentlich der Zweifel: ob Einstimmigkeit? — wofür wir uns nach Englischem Vorbild persönlich entscheiden möchten —; oder ob Stimmenmehrheit? Das werden stets offene Fragen bleiben, überall, wo das Volk als Richter aufzutreten berufen ist; nicht bloss unter den Rechtskundigen, sondern im Volke selbst.

Wir hegen freilich die Hoffnung, dass unsere Landsleute im wohlverstandenen Eifer, bei Handhabung dieser für das Gemeinwohl wichtigsten Institution sich persönlich thätig zu erweisen, hinter Engländern und Franzosen nicht zurückstehen würden. Sie ist im Grunde nichts weiter als die Wiederauferweckung unseres Altdeutschen Schöffengerichts. Die Unbequemlichkeiten, die wenigstens im Anfang durch den Mangel passender Räumlichkeiten für die Berathung der Geschworenen nicht ausbleiben würden, müssen ebenfalls überwunden werden. Sie sind aber bisher kein Hinderniss für die pünktliche Abwartung anderer öffentlicher Geschäfte gewesen und würden deren Ausführung auch in diesem Falle nicht hemmen.

Erheblicher scheinen uns hier nur zwei andere Bedenken. Die Zahl von zwölf Geschworenen scheint uns zu gross, wenn Verhandlungen an Ort und Stelle gepflogen werden müssen. Das Geschworenengericht, als ein Volksgericht, ist ferner seiner Natur nach ein sitzendes Gericht (Assise). Richter und Parteien, die mit ihm in amtliche Berührung treten, müssen zu ihm an den Sitz des Gerichts herankommen, nicht aber begiebt sich das Geschworenengericht in ihre Mitte. Dies lässt sich geschichtlich von den ältesten Einrichtungen der Volksgerichte bis in die neueste Zeit verfolgen. In den ältesten, aus der grossen Heliastenrolle von 6000 Bürgern ausgeloosten Attischen Dikasterien sitzen die Richter in bestimmten Amtslokalen, in gleicher Weise die durch die Lex Sempronia seit den Zeiten des Cajus Gracchus aus den Rittern gebildeten Criminalgerichtshöfe in Rom, bei denen sich zuerst ein vollständiger ausgebildetes Rekusationsrecht findet. Der Deutsche Richter mit seinen Schöffen, die Geschworenengerichte in England und Frankreich sitzen ebenfalls.

Der Umstand nun, dass eine so grosse Anzahl von Geschworenen bei der Abschätzung betheiligt sein soll und dass nur sitzende Geschworenengerichte nach dem Brauch vorhanden sind, fällt wesentlich in's Gewicht, wenn man bedenkt, dass ohne Lokalinspection des abzuschätzenden Gegenstandes die Arbeit der Geschworenen immer keine erschöpfende sein möchte. Zwar ist es bei den ständigen Richterkollegien nicht anders, wo Zeichnungen und Beschreibungen den Mangel der eigenen Anschauung von dem Streitgegenstand, der Autopsie, nur unvollkommen vertreten. Bei diesen kommt der noch grössere Uebelstand zu Tage, dass der Richter unmöglich so viele Kenntnisse von den verschiedensten Zweigen der Technik haben kann, um zu beurtheilen, Wer von den verschiedenen vor ihm oder kommissarisch abgehörten „Sachverständigen“ — sehr uneigentlich seine „Gehülfen“ genannt, Wetzel, Civilprozess §. 44 N. 2a S. 379 — das beste „Gutachten“ erstattet hat. Ferner tritt bei dieser grossen Anzahl der Geschworenen nun sogleich der Nachtheil hervor, dass die summarische Procedur — Titel VII, art. 65 ff. des Französischen Gesetzes — im Schätzungsverfahren sehr wesentlich und, wie wir glauben, ohne hinlängliche Veranlassung dazu von der gewöhnlichen abweicht. Es kommt noch in Betracht, dass das Gesetz selbst deutlich zu erkennen giebt, wie im Mangel eigener Anschauung auch der Grund unzutreffender Wahrsprüche liege und dass es deshalb Mittel ausfindig zu machen sucht, um ihm abzuhelfen. Der Jury soll nämlich — Art. 37 — gestattet sein, sich an Ort und Stelle zu begeben oder Zwecks Augenschein-Einnahme eines oder mehrere ihrer Mitglieder abzuordnen. Das letztere Mittel ist nun gewiss wohl nicht praktisch. Die Verhandlung des gerade vorliegenden Falles muss so lange sistirt werden, bis die Kommissarien zurückkommen und an die Jury berichten. Und wenn sie nun mündlich berichten, so ist dies freilich immer besser, als wenn ein Augenschein-Protokoll extraktweise in ein gleichfalls schriftliches Referat übernommen wird. Die übrigen Geschworenen aber befinden sich in der unzuträglichen Lage, unbedingt den Bericht ihrer deputirten Genossen als richtig annehmen und darauf ihre Schlüsse weiter bauen zu müssen. Haben Jene geirrt, so pflanzt sich der Irrthum ohne Correktur aus eigener Ansicht im Verdikt fort. Sollte aber die ganze Jury sich an den Abschätzungsort begeben und die betreffende Realität beaugenscheinigen, so geht darüber ein Tag verloren, bis sie im Sitzungszimmer wieder zusammentritt. Dies aber ist ein bedeutender Zeitverlust, der schwer in's Gewicht fällt, wenn viele Sachen zur Aburtheilung vorliegen und jeder einzelnen Sache doch nur ein gewisses mittleres Zeitmaass gewidmet werden kann. Die Vorschrift des Artikels 37 scheint uns also bloss da anwendbar, wo die Jury zufällig am Abschätzungsorte sitzt, wie etwa in Paris. Hier ist es wohl nur billig von den Geschworenen zu verlangen, dass sie das abzuschätzende Haus sich ansehen sollen, bevor sie in die Sitzung kommen, damit sie genau informirt sind, worum es sich handelt.

Für Deutschland macht sich noch die eigenthümliche Schwierigkeit geltend, dass es fast die Arbeit eines halben Jahrhunderts gekostet hat, bevor es möglich gewesen, die Geschworenen als ein ständiges Institut auch nur in einem verhältnissmässig nicht sehr grossen Theil der Strafsachen einzuführen. Es giebt noch immer eine nicht ganz unbedeutende Anzahl von Leuten, die, vorziehend ihrer eigenen Bequemlichkeit zu leben, nicht einsehen wollen, dass es ganz unmöglich ist, die Reihe besoldeter Richter wegen der stets wachsenden Geschäftsmasse in's Unendliche zu vervielfältigen, und die nun selbst nichts dazu thun wollen, um die laufenden

Geschäfte mit eigener Kraftanstrengung und ihren Fähigkeiten entsprechend, kurz und bündig zu erledigen. Voraussichtlich werden noch viele Jahre vergehen, bis es gelungen ist, im Volk die Ueberzeugung lebendig zu erwecken, dass die Anwendung des Geschworenengerichts in Kapitalsachen doch nur der kleinste Theil der Thätigkeit des Volksgerichts ist. Es muss freilich darauf hingearbeitet werden, Geschworene in allen erheblichen Sachen entscheiden zu lassen, in denen es sich um Thatsachen handelt, gleichgültig, ob Criminal- oder Civilsachen, und auf diese Art den Richter auf seine wahre Aufgabe zurückzuführen: nur Recht zu sprechen und nichts weiter, wie dies in England seit Jahrhunderten und zwar zur hohen Zufriedenheit aller Betheiligten der Fall ist. Rüttimann, Englischer Civilprozess §. 387 ff. Damit bricht freilich das namentlich von den Prozessualisten des siebenzehnten und achtzehnten Jahrhunderts mit erstaunlichem Kunstaufwande aufgethürmte Gebäude des Prozesses zusammen und mit ihm der ganze, vielfach in- und übereinander gesetzte Instanzenzug. Wir möchten bezweifeln, ob dies für einen bedauerlichen Verlust zu erachten wäre.

Um nun einen einfacheren Procedurgang in diesen Abschätzungen hervorzurufen, brauchen wir nur daran zu erinnern, dass schon in Rom der Prätor die Entscheidung über die Schätzung des Interesses bei den Condiktionen einem Arbiter übertrug und dass in technischen Sachen die volle Entscheidung des Streits, wie im Iudicium Agrimensorum, Sachverständigen übertragen war. Rudorff, Röm. Rechtsgeschichte B. II. §§. 40, 76 S. 141, 253. In unseren Auseinandersetzungssachen sind gleichfalls Schiedsgerichte von Sachverständigen vielfach beschäftigt, wo es sich gerade um Abschätzungen handelt. Gegen die Entscheidungen dieser Schiedsrichter findet weder Appellation noch Rekurs statt.

§§. 30 ff. V. O. v. 30. Juni 1834. Ministerial-Instruktion vom 12. October 1835, Art. 14 des Separations-Zusatzgesetzes vom 2. März 1850.

Wir sind nun der Ansicht, dass sich dies Verfahren bei Ausmittelung der Entschädigungen für Expropriationen in Preussen generalisiren und dadurch die ganze Sache mit einem Male und definitiv abmachen lässt.

Wir würden vorschlagen, nicht eine Schätzungskommission wie in der Schweiz, sondern ein Schätzungsgericht zu bestellen. Dies würden wir für eine gewisse Reihe von Amtsjahren, etwa einen dreijährigen Turnus, nach Provinzen in Thätigkeit setzen. Die Wahl der Schätzungsrichter möchten wir ähnlich wie in Frankreich den Generalräthen der Departements, den Provinzialständen übertragen, die aus der ganzen Provinz selbst gewählt sind und am Besten aus eigener Erfahrung im praktischen Leben wissen müssen, welche Männer mit Rücksicht auf die verschiedene Lokalität und die einzelnen Wirthschaftszweige dazu am Geeignetsten sind. Es hat dies umsoweniger ein Bedenken, als schon nach der bestehenden Gesetzgebung die von den Kreisvertretungen gewählten Kreisverordneten als Schiedsrichter in ökonomischen Sachen fungirt haben. Sie sind bereits früher vorzugsweise zur Abgabe ökonomischer Gutachten berufen, §. 38 des Cultur-Edikts vom 14. September 1811. Von ihnen sind, wie uns bekannt, zum grossen Theil die Entschädigungen in Eisenbahn-Expropriationen abgeschätzt. Es würde zweckmässig sein, die Schätzungsrichter mit einer entsprechenden Anzahl von Substituten zur Funktion in ihren Kreisen wählen zu lassen, die dann ganz wie im Französischen Gesetz bei den Fällen gesetzlich begründeter Exklusion oder Inkompatibilität an ihre Stelle treten. Hiebei verstände sich von selbst, dass für die grösseren Städte nach bestimmten örtlichen Bezirken eine angemessen grössere Anzahl von Schätzungsrichtern zu wählen wäre, deren je drei immer ein Schätzungsgericht bilden: ein „Quorum", wie es die Englische Jurisprudenz bei den Quartalsessionen der Friedensrichter nennt. Man darf annehmen, dass die Vertreter der Städte auf den Provinzial-Landtagen sich besonders dafür interessiren werden, dass geeignete Persönlichkeiten aus den Bürgerrollen zu diesem wichtigen Amt gewählt werden, weil voraussichtlich die Expropriationen in den Städten in bedeutendem Maasse zunehmen werden. Zur Leitung des Schätzungsgerichts möchten wir empfehlen, durch den ersten Präsidenten des Appellationsgerichts in der Hauptstadt der Provinz einen Richter mit einem Substituten aus der Zahl der ihm dienstlich untergeordneten für die gleiche Amtsdauer ernennen zu lassen. Die Concentration der Appellationsgerichte auf je eins in der Provinz lässt sich vielleicht in einer nicht zu entfernten Zeit bei einer anderweitigen Gerichtsorganisation — Motive zur neuen Preussischen bürgerlichen Prozessordnung, Schlussbemerkungen VIII. 5. S. 342

— deshalb ermöglichen, weil die verbesserten Communikationsmittel eine Zurückberufung der historisch deputirten Obergerichte zum Muttergericht erleichtern. Von diesen ersten Magistraten der Provinz kann man versichert sein, dass sie bei ihren Inspectionsreisen die beste Gelegenheit gehabt haben, besonders befähigte Richter persönlich kennen zu lernen und ihre Amtsführung an Ort und Stelle zu prüfen. Konkurriren mehrere Provinzen bei einem öffentlichen Unternehmen, so möchte es zweckmässig sein, die Wahl der leitenden Richter den Attributen des ersten Präsidenten des Obertribunals nach Anhörung der ersten Präsidenten der betreffenden Appellationsgerichte mit ihren Vorschlägen beizufügen, damit die Bearbeitung der ganzen Sache in einer Hand bleibt.

Diesem Schätzungsgericht möchten wir noch zur Hülfe beigesellen: den Kommissar der Generalkommission, der mit der Leitung des administrativen Verfahrens betraut gewesen ist (Kapitel IX), um auf die technischen Momente aufmerksam zu machen, die bei der Abschätzung der Realitäten berücksichtigt werden müssen. Der Landrath des Kreises, in welchem die Schätzung vorzunehmen ist, würde ohnehin gegenwärtig sein, weil er das öffentliche Interesse vertritt und die Liquidationen für die betheiligten öffentlichen Institute stellt, ebenso der Ortsvorsteher und — nach den sehr zweckmässigen Bestimmungen des Kurmärkischen Chausseebau-Edikts vom 18. April 1792 §§. XVII, XVIII — ein Feldmesser zur Nachweisung der zu expropriirenden Ländereien auch auf der Karte und dem Vermessungs-Register, sowie zur definitiven Setzung der Grenzzeichen.

Ein so zusammengesetztes Schätzungsgericht würden wir die ganze zu expropriirende Strecke bereisen und überall an Ort und Stelle operiren lassen. Es fängt mit der Beaugenscheinigung der zu expropriirenden Gegenstände an, hört die Parteien oder deren Vertreter und setzt dann mit Stimmeneinhelligkeit die den Expropriaten gebürenden Entschädigungen im Mangel eines gütlichen Uebereinkommens fest. Gegen seinen Spruch möchten wir nur mit kurzer Frist Kassationsrekurs an den Revisionshof gestatten, wenn erhebliche thatsächliche Irrthümer vorgefallen oder vor Eröffnung des Schätzungsverfahrens persönliche Rekusationsgründe nicht berücksichtigt sind, die auch einen ständigen Richter von Ausübung seines Amts gesetzlich ausschliessen.

Wir würden ferner zur vollständigen Erledigung des Geschäfts vorschlagen, ein fortlaufendes Protokoll, gemeineweise geordnet, über die dem Expropriationsverfahren unterworfenen Realitäten halten zu lassen, und zwar ohne Unterschied, ob die Interessenten über den Werth der Expropriationsgesetze einig sind oder nicht. Dies nämlich auch im Falle der Einigung, weil dann der Abschluss von Verträgen über die zu expropriirenden Realitäten entbehrlich wird. Hiedurch findet also eine beträchtliche Ersparniss an Zeit und Kosten statt.

Dies Protokoll dürfte enthalten:

1. Die Bezeichnung der zu expropriirenden Realitäten und Rechte, die erstere nach der Cataster- und Hypothekenbuch-Nummer, nach der Karte und dem Vermessungsregister möglichst genau aufgeführt, verbunden mit einer summarischen Beschreibung;
2. die Aufführung der Liquidanten und des Unternehmers, so wie ihrer Bevollmächtigten und Beistände, unter Beifügung der Amtsblatt-Nummer über die erfolgte öffentliche Ladung;
3. die Forderungen der Liquidanten, namentlich des Eigenthümers, ob er Landentschädigung, wenn eine solche nach den Umständen gegeben werden kann, Rente oder Kapital verlangt; für den Fall der Bewilligung der Landentschädigung auch zugleich die Taxation des Schätzungsgerichts, ob das angebotene Aequivalent gleichen Werth mit dem abzutretenden hat;
4. die Erklärung des Unternehmers, ob er diese Forderungen zugesteht; ganz oder theilweise bestreitet;
5. im Streitfall die Ausschätzung des Werths der zu expropriirenden Gegenstände durch das Schätzungsgericht nach pflichtmässigem Ermessen, jedoch ohne weitere Motivirung; dies auch dann, wenn die Rechte selbst streitig sind;
6. die Erklärung des Unternehmers über die Zeit der Entrichtung der Entschädigung und die Auslassung der Expropriaten hierüber;
7. die Erklärungen der Parteien über die Zeit der Besitzergreifung;
8. die Erklärung des Eigenthümers, ob er das Verwendungsverfahren — Kapitel XI — beanspruche, sowie

die seiner Adhärenten, ob sie damit einverstanden sind oder nicht, und im erstern Falle die Ausantwortung der Entschädigung an den Eigenthümer bewilligen, sowie eventuell die Ausschätzung der dem Eigenthümer unbedingt — Kapitel VI — freizugebenden Summen;

9. den Vermerk über die Regulirung der öffentlichen Lasten und Abgaben in Beziehung auf das Restgut; oder über deren Kapital-Ablösung;

10. die definitive Grenzberichtigung und die Anträge der Parteien zur Regulirung des Catasters und Hypothekenwesens.

Dies Protokoll würde nun, als im öffentlichen und mündlichen Verfahren gehalten, vom Schätzungsgericht und seinen Assistenten zu unterzeichnen, vom leitenden Richter aber für exekutorisch durch Verfügung zu erklären sein.

Wenn zur Förderung des Geschäfts gedruckte Formulare mit Colonnen Behufs der Ausfüllung nach Massgabe der statthabenden Verhandlungen den leitenden Richtern ertheilt werden, so dürfte Alles geschehen sein, was nach allen Richtungen hin von einer endlichen Regulirung der Expropriation zu erwarten ist. Mit beglaubten Extrakten aus dem Schätzungsprotokoll für die betreffende Gemeine würden dann alle nustreitigen Rechts- und Verwaltungs-Verhältnisse sofort; die etwa noch übrig bleibenden streitigen Fragen aber soweit geordnet sein, dass die Sache auf die Rolle gesetzt werden kann.

Ein kürzeres, alle Interessen gleichzeitig mehr berücksichtigendes und doch, wie wir hoffen, nicht unbilliges Verfahren vermögen wir nicht aufzufinden. Namentlich geben wir genauerer Prüfung und Würdigung der verschiedenen Interessen anheim, zu erwägen, ob die Theilung des ganzen Schätzungsverfahrens in ein administrativ - provisorisches und ein gerichtlich definitives oder die unverweilte Schaffung eines gerichtlichen Definitivums durch ein mit allen Befugnissen einer Specialjury ausgerüstetes Schätzungsgericht vorzuziehen sei. Unsererseits vermögen wir nur den Wunsch auszusprechen, dass die ordentlichen Gerichte von der Instruktion und Entscheidung der Expropriationsprozesse über die Entschädigungen entbunden werden mögen. Sie bürden besonders den Gerichten erster Instanz eine nicht geringfügige Arbeitslast auf, da ihnen nicht allein die Instruktion,

Beweisaufnahme und Entscheidung in erster, sondern auch durch Auftrag der Appellationsgerichte die mit noch mehreren Schwierigkeiten verbundene Beweisaufnahme zweiter Instanz obliegt. Die Vermehrung der Rechtskenntniss kann durch das bisherige Verfahren wohl nicht gefördert werden, weil es sich in allen blossen Entschädigungs-Prozessen nicht um interessante Rechtsfragen, sondern um Bewältigung eines umfangreichen, dem Rechtsrichter ferner stehenden technischen Materiales handelt. Nur muss man sich dabei nicht durch die Betrachtung leiten lassen, dass in einzelnen Appellationsgerichts-Sprengeln augenblicklich vielleicht wenige Entschädigungsprozesse anhängig sind, weil der Verkehr überhaupt noch schwach und die Vermehrung der Communikationsmittel noch keine sehr bedeutende bisher gewesen ist. Es ändert sich dies oft in kurzer Zeit, sobald nur durch die erforderlichen Creditoperationen die Mittel zur Erbauung von Chausséen, Eisenbahnen und Canälen herbeigeschafft werden. Und recht bald tritt gewiss die Massenexpropriation in grösseren Städten mehr in den Vordergrund, als es bisher geschehen. Diese aber ist mit der gewöhnlichen, selbst mit verstärkten richterlichen Arbeitskräften für die Entschädigungsfrage durch die bestehenden Tribunale wohl nicht zu erledigen. Das Seinetribunal, gegenwärtig mit 73 Richtern besetzt, nur mit richterlichen Geschäften befasst, würde nach dem Urtheil der Franzosen so wenig mit seinen grossen Kräften diese Entschädigungsprozesse für Paris allein erledigen können, dass das Expropriationsgesetz vom 3. Mai 1841 nothwendig befunden hat, für das Seinedepartement allein jährlich 600 Geschworene zur Ausurtelung der Entschädigungen wählen zu lassen. Art. 29.

Wir haben allen Anlass anzunehmen, dass uns besonders in den erfahrenen und sehr gut durch ähnliche Arbeiten bereits geübten Kreis-Verordneten und Taxatoren ein vortreffliches Personal zur Besetzung von Schätzungsgerichten verfügbar gemacht ist, wohl geeignet, um unter Leitung tüchtiger Richter prompte und sachgemässe Entscheidungen zu fällen.

Eilftes Kapitel.

Die Besitzergreifung und der Schluss des Expropriationsverfahrens.

a. Besitzergreifung.

Erst nach Feststellung und Erlegung oder Deposition der Entschädigung der Expropriaten kann Seitens des Exproprianten zur Besitzergreifung der abgetretenen Sachen oder Rechte geschritten werden. Bis dahin dauern auch die zu ihrer Sicherheit getroffenen Sperrmassregeln gegen den Eigenthümer fort. Diese beziehen sich nach dem Schweizer Bundesgesetz — Art. 23 — nicht nur auf die rechtlichen Verfügungen über den abzutretenden Gegenstand, wie wir bereits dargestellt (Kapitel X), sondern auch, sogar in dieser Beziehung konform mit §. 3. der Preussischen Subhastationsordnung vom 4. März 1834, Entsch. B. 50. S. 198, auf die Unstatthaftigkeit thatsächlicher Veränderungen des Abtretungsgegenstandes durch den Eigenthümer.

Eine Verpflichtung des Eigenthümers, die abgetretene Sache dem Unternehmer nach Erfüllung seiner Verbindlichkeiten zu übergeben, kann aber nicht angenommen werden. Der Eigenthümer hat nichts verkauft und nur der Verkäufer ist verbunden, dem Käufer die veräusserte Sache zu übergeben.

„Et in primis rem praestare venditorem oportet, in est tradere.“ Fr. 11. §. 2. D. de act. emt. et vend. XIX, 1.

Vom Eigenthümer kann vielmehr nur verlangt werden, dass er aus seinem Grundstück hinausgeht und geschehen lässt, dass der Unternehmer des öffentlichen Werks hineingeht. Das Verfahren des Unternehmers charakterisirt sich daher als eine Occupation; „Besitzergreifung“, wie der §. 31 des Preussischen Entwurfs es gelegentlich bezeichnet. Wenn beide Theile darüber einig sind, dass der Unternehmer Besitz ergreifen solle, so ist damit die Sache erledigt. Wie aber, wenn noch Streit unter ihnen obwaltet, ob der Unternehmer befugt sei, den Besitz der abzutretenden Sache anzutreten?

Auch in diesem Falle hält das Schweizer Bundesgesetz den Charakter der Occupation am schärfsten fest. Es verordnet — Art. 44 —, dass mit Bezahlung der Entschädigung der Unternehmer ohne Weiteres und ohne irgend welche Förmlichkeit die abgetretenen Rechte überkommen soll. Nach dieser Bestimmung wird ohne Erkenntniss gegen den Eigenthümer Exekution auf Besitzausweisung erfolgen können, sobald der Unternehmer die Bezahlung der bundesgerichtlich ausgeurtheilten Entschädigung liquide macht.

Im Gegensatz zu dieser Bestimmung verlangen sowohl das Französische Expropriations-Gesetz vom 3. Mai 1841, als auch der Preussische Entwurf noch ein weiteres Verfahren vor der Besitzergreifung. Das Französische Gesetz ein gerichtliches, vom Präfekten durch sein „arrêté motivé" vorbereitetes, in welchem auch über die Zeit der Besitzergreifung verfügt sein muss. Art. 11. Das Gericht spricht auf Requisition des öffentlichen Ministeriums durch Urtel im Streitfalle die Expropriation aus, vor der Einleitung des Schätzungsverfahrens — Art. 14 — und die wirkliche Besitzergreifung erfolgt dann nach Zahlung oder Hinterlegung der Entschädigungssummen bei der Bank. Art. 53.

Der Preussische Entwurf will die Intervention der Gerichte Zwecks Besitzergreifung nicht gestatten. Er kennt nur ein administratives Verfahren. Die Bezirksregierung verordnet durch den Beschluss, in welchem sie über die Entschädigungen statuirt, zugleich die Besitzeinweisung und vollstreckt diese, sobald die Zahlung oder Deposition der Entschädigungssummen nachgewiesen ist. §§. 25, 30. Die Höhe der Entschädigung kann auch bis zur Vollstreckung der Exmission durch ein rechtskräftiges gerichtliches Urtheil festgestellt sein. Die Motive (zu §. 30. Just. Minist, Bl. p. 1864 S. 368) erläutern dazu, dass der Beschluss der Regierung jedenfalls die Kraft eines Interimistikums habe, bis rechtskräftig ein Anderes entschieden, und deshalb vollstreckbar sei.

Wir können uns mit dieser Anschauung nicht einverstanden erklären. Wenn wir auch nicht so weit gehen wollten, als das Schweizer Bundesgesetz, wonach die Ausweisung des Eigenthümers ohne Beobachtung besonderer Formen zulässig ist, so glauben wir doch den Streit über die Besitzeinweisung, als recht eigentlich privatrechtlicher Natur, den kompetenten Gerichten, nach unserem Vorschlag dem erkennenden Specialhof, vorbehalten zu sollen. Wenn dieser Regierungsbeschluss in gewisser Art der missio in possessionem ex primo decreto bei der cautio damni infecti nachgebildet sein soll, so fehlt es immer an einer missio ex secundo decreto: der Regierungsbeschluss ist immer ein Definitivum, was die Besitzeinweisung anbelangt. Es kann sich nur darum handeln, ob die Gegenleistung des Unternehmers eine kleinere oder grössere wird. Dies ist eine Vorbedingung der Exequibilität des Beschlusses, ändert aber an der Besitzeinweisung selbst nichts. Die Festsetzung der Entschädigungssumme ist etwas rein privatrechtliches, auf das Vermögen des Expropriaten influirendes, und steht als eine solche privatrechtliche Obligation, wie auch der Entwurf anerkennt, schliesslich zur gerichtlichen Entscheidung. Die in Aussicht gestellte Erhöhung der Entschädigung, wenn inzwischen rechtskräftig entschieden ist, kommt dem verletzten Eigenthümer nicht zu gut. Zunächst wird wohl der Unternehmer nicht säumen, die von der Regierung durch Beschluss festgestellte, meistens geringere Entschädigung sofort zu deponiren, um sich dann unverweilt in den Besitz setzen zu lassen. Es dürfte auch künftig die Regel sein, dass der Eigenthümer auf gerichtliches Gehör provocirt, um eine höhere Entschädigung zu erlangen; nicht etwa der Unternehmer, den das Eisenbahngesetz vom 3. November 1838. §. 11 bisher von der Betretung des Rechtsweges gegen die administrative Feststellung der Entschädigung ausgeschlossen hatte. Entsch. B. 31. S. 104. Für den Unternehmer bleibt der Grundsatz geltend „Times is money!" Der mögliche Vortheil, am Schlusse einer gerichtlichen, durch die Instanzen gehenden Procedur eine Herabsetzung der administrativ ermittelten Entschädigung zu erwirken, wird hundertfach überwogen durch den Nachtheil, nicht früher in den Besitz des Expropriationsobjekts zu gelangen, als bis diese Entschädigung endlich rechtskräftig ausgeurtelt und darüber die kostbare Zeit zum Beginn des Werks ungenutzt verflossen ist. Der Eigenthümer geräth aber offenbar in Nachtheil, wenn er sich damit begnügen muss, dass ihm nur eine geringe Entschädigung auf dem Verwaltungswege zugebilligt ist und er nun lange Zeit auf seine Mehrentschädigung warten muss. Nach der Natur der bisherigen Procedurvorschriften, nach der zulässigen und von den Gerichten im geordneten Instanzenzuge nicht zurückzuweisenden Berufung und Vernehmung von Gutachtern, Gegengutachtern und Obmännern, ist es unmöglich, dass ein Entschädigungsprozess vor dem Ablauf mehrerer Jahre beendigt ist. Ist schliesslich dem Eigenthümer eine höhere Entschädigung rechtskräftig zugesprochen, so bleibt ihm nichts übrig, als die denn doch nicht immer sogleich zum Ziel führende Exekution gegen den Unternehmer nachzusuchen. Das wirksamste Mittel, diesen zur Erfüllung seiner Verbindlichkeiten zu zwingen, hat er verloren, da er inzwischen das Grundstück dem Unternehmer auf Deposition der Minderentschädigung längst hat überlassen müssen.

Es ist uns nicht unbekannt, dass der Entwurf des Expropriationsgesetzes eigentlich nur diejenigen Bestimmungen über die Besitzergreifung wiederholt und generalisirt, die in den unter der Herrschaft der Preussischen Prozessordnung stehenden Provinzen bis jetzt gegolten haben. Wir ziehen aber schon das noch für die Rheinprovinz in Kraft bestehende, in Frankreich aufgehobene älteste Französische Expropriationsgesetz vom 28. März 1810 mit seinen Modificationen durch das Gesetz vom 25. Mai 1857 — Ges. S. S. 473 — vor, weil dieses im gerichtlichen Expropriations-Erkenntniss mit seinen strengeren Formen einen festeren Halt hat. Wenn nun aber vollends der unvermeidlich langsamere Gang richterlicher Proceduren für das Entschädigungs-Verfahren durch die rasche Intervention der Jury in Frankreich nach dem Gesetz vom 3. Mai 1841 beseitigt ist, der wir das vorgeschlagene Schätzungsgericht (Kapitel X) seinem Wesen nach möglichst nachgebildet haben, so lässt sich auch in Beziehung auf die Frage der Besitzergreifung ebenfalls in kurzer Zeit ein Definitivum schaffen.

Wir würden daher in streitigen Fällen, die noch zur richterlichen Entscheidung übrig bleiben — Art. 14. Al. 5 des Expropriations-Gesetzes vom 3. Mai 1841 — über die Besitzergreifung von dem einzusetzenden Specialhof erkennen lassen. Die hiefür erforderlichen Vorbereitungen sind bei der Ausurtelung der Entschädigung angegeben (Kapitel X).

Mit diesem Erkenntniss über die Besitzeinweisung sind die eigentlichen prozessuellen Massregeln bei der Expropriation geschlossen. Es handelt sich nur noch um die Ausantwortung der Entschädigungen an die Berechtigten.

b. Verwendungs-Verfahren und Auszahlung der Entschädigungen.

Wenn das früher (Kapitel VI) über die Verwendung der Geldentschädigungen zur Aufrechterhaltung des Eigenthümers und zur Wiederherstellung der geschmälerten Sicherheit vorgeschlagene Verfahren bei Expropriationen Beifall findet — „um den Bauer in prästationsfähigem Zustand zu erhalten“, wie es unsere alten Provinzialgesetze einfach und wahr ausdrücken, — so dürfte zunächst von weiterer Ausschüttung der deponirten Geldentschädigungen abzusehen sein, sobald der Eigenthümer bei der Abschätzung der expropriirten Rechte (Kapitel X) erklärt hat, dass er die Abfindungen zu diesem Zweck für sich in Anspruch nehmen wolle. Nur bedarf der Verwendungspunkt anscheinend einer genaueren Regulirung, als sie bisher in den Preussischen Agrargesetzen gegeben ist. Nach dem neuesten derselben, dem Regulirungsgesetz vom 2. März 1850 §. 110[b], soll die Verwendung allein nach dem Ermessen der Auseinandersetzungs-Behörden stattfinden. Wir würden dies „Ermessen“ an bestimmte Zeiten und Formen binden. Ersteres insofern, als wir verlangen möchten, dass der Grundbesitzer die zweckdienliche Verwendung der Abfindungssummen für das expropriirte Grundstück binnen Jahresfrist nach Ausurtheilung der Entschädigungen nachweisen muss, damit die darauf mitangewiesenen Real- und Hypothekengläubiger bald wissen, woran sie sind und aller Besorgniss wegen Sicherstellung ihrer durch die Expropriation gefährdeten Realrechte überhoben werden. Das letztere insoweit, dass wir allenfalls noch eine Bekanntmachung der Auseinandersetzungsbehörde an die betheiligten Realinteressenten über das Vorhaben des Eigenthümers wünschen, die Verwendung der Entschädigungen für ihn selbst zu beanspruchen, wenn dieser Punkt nicht schon bei Abschätzung der Entschädigung regulirt worden ist. Auf diese Bekanntmachung hin kann dann den Realberechtigten gestattet werden, in kurzer Frist Widerspruch gegen die vorhabende Verfügung zu erheben und die Frage: ob dem Eigenthümer eine solche Disposition, bezw. unter welchen Massgaben zu gestatten sei, zur richterlichen Entscheidung in einer Instanz zu befördern.

Ohne die Gestattung eines derartigen Verwendungs-Verfahrens kennt das Schweizer Bundesgesetz vom 1. Mai 1850 — Art. 43 — nur die vom Standpunkt eines Bundesgesetzes genügende Bestimmung, dass die Cantonal-Regierungen dafür zu sorgen haben, dass den Eigenthümern, sowie den Inhabern der auf dem Eigenthum lastenden dringlichen Rechte, wie von Pfandrechten und Grundzinsen, „ihr Betreffniss“ zukomme. Es bleibt also die Ausführung dieser bundesgesetzlichen Bestimmung den Cantonal-Legislaturen überlassen.

Das Schwerfällige und Ungenügende der im Französischen Expropriationsgesetz angeordneten, „purge des hypothèques" — Art. 16, 17, 19 — haben wir bereits im vorigen Kapitel erörtert.

Uns scheint der Entwurf des Preussischen Expropriationsgesetzes im §. 33 jedenfalls bessere Detailbestimmungen aufzustellen. Wir lassen die nicht unbedenkliche Schlussdisposition (ad II) dahingestellt, dass die Ausantwortung der Entschädigungen für Baumaterialien und entzogene Nutzungen ohne Rücksicht auf die Rechte der Real- und Hypothekengläubiger erfolgen soll. Präjudicirlich deshalb, weil bei Gelegenheit einer Expropriation und zum Zweck derselben auch ganze Gutswaldungen heruntergeschlagen werden können und wir die baldigste Wiederherstellung starker Forstschutzgesetze nach Art der Oesterreichischen und Französischen Gesetze wünschen. Das Gut selbst erleidet ferner durch massenhafte Entnahme von Baumaterialien bei grossen Anlagen eine erhebliche, dem Hypothekar nicht gleichgültige Substanzverminderung. Den Hypothekarien aber sind nach der richtigeren Meinung auch die Früchte mitverpfändet. Fr. 15 pr. Fr. 16, §. 4. Fr. 26 §. 2 D. d. pign. XX, 1; C. 1 et 2 C. d. partu pign. VIII. 25. A. L. R. I. 20 §. 475.

Soviel ist jedoch gewiss, dass die unter Nr. I daselbst enthaltenen Bestimmungen über die Vertheilung der Entschädigungen an die Realberechtigten und Hypothekengläubiger im Allgemeinen zweckmässig sind. Diese würden nach unserem Vorschlage nur subsidiarisch zur Anwendung kommen, wenn nämlich das Verwendungsverfahren für den Eigenthümer nicht eintritt. Es ist hier von dem Grundsatz ausgegangen: „Pretium succedit in locum rei," der auch schon bisher für Expropriationssachen von der Preussischen Jurisprudenz als massgebend anerkannt war. Entsch. B. 45 S. 169. Meldet sich der betreffende Realinteressent binnen 6 Wochen nach der an ihn erlassenen Aufforderung nicht mit seinen Ansprüchen auf Auszahlung der deponirten Entschädigungsgelder, so wird angenommen, dass er stillschweigend in die Auszahlung der Gelder an den Eigenthümer willige. Eine derartige, in der ganzen Preussischen Agrargesetzgebung eingeführte Legalpräklusion findet schon ihre älteste gesetzliche Begründung in den §§. 460 — 65. I. 20 des A. L. R. Ausser diesem Falle werden die eingetragenen Real- und Hypothekengläubiger nach Massgabe ihrer im Hypothekenbuch eingetragenen Forderungen durch die Bezirksregierung befriedigt, so jedoch, dass die an die eingetragenen Gläubiger erlassene Aufforderung zur Erklärung über ihre Ansprüche auch als an die nicht eingetragenen Rechtsnachfolger für miterlassen gilt. Aus dem Hypothekenbuch nicht ersichtliche Realberechtigte und in Neuvorpommern auch die in das Hypothekenbuch nicht eingetragenen Hypothekengläubiger werden für einwilligend erachtet, sobald sie mit ihren Ansprüchen nicht vor der Auszahlung der Entschädigungen sich melden.

Wir sind der Ansicht, dass diese sehr verwickelte Arbeit den Regierungen abzunehmen und den General-Kommissionen zu übertragen sein dürfte, auf welche überdies, wie wir proponiren, die Bearbeitung der Expropriationssachen übergehen würde. Die Ausführung dieser Vorschriften ist nicht einfach und bei dem jetzigen Zustand des altpreussischen Hypothekenwesens mit vielen Schwierigkeiten verbunden. Man muss erwägen, dass eine grosse Bodenzersplitterung in einem nicht unbeträchtlichen Theile des Staats seit einer langen Reihe von Jahren stattgefunden hat. Bei einer Expropriation sind oft sehr viele kleine Grundstücke betheiligt und diese sind erfahrungsmässig mit den meisten Hypothekenschulden belastet, weil sie gerade dem häufigsten Besitzwechsel unterworfen sind. Ein gesetzlicher Zwang, den Uebergang einer eingetragenen Forderung zur Vermeidung gewisser Rechtsnachtheile im Hypothekenbuch vermerken zu lassen, findet bis jetzt nicht statt — Hyp. Ord. Tit. 2 §. 210 —; es wird nur die Einführung eines solchen im §. 7 des Entwurfs zu dem neuen Hypothekengesetz beabsichtigt. Auch genügt nicht, dass die mit der Auszahlung befasste Behörde sich den neuesten Hypothekenschein vorzeigen lässt. In der Regel werden unerachtet der Erleichterungen des Hypothekenverkehrs durch die Novelle vom 24. Mai 1853 §. 17 noch besondere Hypotheken-Dokumente über die eingetragene Post ertheilt sein, denen eine nicht unbeträchtliche Anzahl von Urkunden zur Führung der Legitimation des jeweiligen Gläubigers beigefügt ist. Die Prüfung dieser Legitimationen setzt besondere juristische Kenntnisse voraus und macht auch dem damit Vertrauten häufig viel Mühe. Wie soll es nun erst in dem Falle gehalten werden, wenn die Legitimation bestritten ist? Die Regierung, als eine blosse Verwaltungsbehörde, hat keine Competenz zur rechtlichen Entscheidung solcher Streitigkeiten. Schon aus dieser Darstellung ergiebt sich, dass das Geschäft der Auszahlung der Entschädigungen an die bei den Expropriationen betheiligten Real- und Hypothekengläubiger kein solches ist, das sich zur Uebertragung an die Bezirksregierungen eignete. Regierungen sind überdies ihrer Bestimmung nach Behörden, bei denen eine rasche und durchgreifende Aktion unerlässlich ist. Werden ihnen Geschäfte aufgetragen, bei denen eine langsame und minutiöse Prüfung von Dokumenten, ein tieferes Eingehen in juristische Formalitäten nothwendig ist, so werden sie in der schnellen Beendigung nicht nur des gerade vorliegenden, sondern auch der von andern Seiten her gleichzeitig andringenden, unaufschieblichen Geschäfte behindert.

Die ganze Operation ist überhaupt eine solche, die sich mehr zur gerichtlichen Erledigung eignet, weil es sich um reine Vermögensfragen handelt. Sie würde nach dem von der Staatsregierung eingenommenen Standpunkt bei der Gesetzvorlage Aehnlichkeit mit einem altländischen Kaufgelder-Vertheilungs-Verfahren haben. Es empfiehlt sich, dies Geschäft den General-Kommissionen zuzuweisen, schon darum, weil diese seit länger als fünfzig Jahren in den gutsherrlich-bäuerlichen Regulirungssachen ähnliche Arbeiten mit Erfolg durchgeführt haben, namentlich wenn ihnen auch hier mit Erweiterung der in der Deklaration vom 30. Juli 1842 — G. S. S. 245 — gezogenen Grenzen die Competenz beigelegt wird, als Specialgerichtshöfe, wie gerade in solchen Auseinandersetzungssachen, alle entstehenden Streitigkeiten in dem bei ihnen einmal angeordneten Instanzenzuge durch Erkenntniss zu entscheiden.

Endlich würden wir auf die nicht eingetragenen Realberechtigten in diesem Stadium des Verfahrens keine Rücksicht nehmen, weil sie hinlängliche Zeit gehabt haben, sich vor Beginn des Schätzungs-Verfahrens mit ihren Forderungen zu melden und wenn sie dies unterlassen, in Folge ihrer eigenen Nachlässigkeit sich nicht darüber beschweren können, dass sie für legal präkludirt erachtet werden. Ebensowenig scheint es uns erforderlich, den nicht eingetragenen Hypothekengläubigern in Neuvorpommern eine besondere Fürsorge zu widmen. Nach dem vortrefflichen, eine volle Oeffentlichkeit begründenden Hypothekengesetz für Neuvorpommern vom 9. Mai 1852 — G. S. S. 259 — existiren seit dem 1. Mai 1849 keine uneingetragenen neuen Hypotheken.

Für die noch uneingetragenen älteren Hypotheken möchte es aber zweckmässig sein, einen indirekten Zwang zur Eintragung herbeizuführen, wenn man sie Mangels Eintragung von der Theilnahme an den Grundentschädigungen ausschliesst.

c. Ordnung des Hypothekenbuchs.

Nach dem Abschluss des Expropriationsgeschäfts durch Austheilung der Entschädigungen muss auch für die Regulirung des Hypothekenbuchs von der leitenden Behörde gesorgt werden.

Es ist daher nicht bloss der nach Analogie des §. 59 der Verordnung vom 30. Juni 1834 eingetragene, durch die Vertheilung der Entschädigungssummen werthlos gewordene Beschränkungs-Vermerk in Beziehung auf die Nichtverpfändung der Entschädigungssummen im Hypothekenbuch zu löschen, sondern auch, wo Real-Hypothekenfolien bestehen, für die Abschreibung der zum öffentlichen Werk verwendeten Flächen von den betreffenden Hauptgütern das Erforderliche zu veranlassen. Diese auch in den Oesterreichischen Ministerial-Verordnungen vom 8. December 1855 und 27. April 1859 getroffene Massregel ist um so nothwendiger, als die Creditfähigkeit eines Grundstücks sich gerade nicht unwesentlich nach dessen Fläche richtet; unerlässlich aber als Ordnungsmassregel, weil Hypothekenbuch und Grundkataster in Uebereinstimmung gehalten werden müssen.

Die Anlegung eines neuen Hypothekenblatts für das öffentliche Werk selbst halten wir dagegen für unstatthaft. Mit der Fortnahme der dazu verwendeten Flächen aus dem Privatbesitz haben diese aufgehört, ein Gegenstand des gewöhnlichen bürgerlichen Verkehrs zu sein und sind in öffentliche Rechtsverhältnisse übergegangen. Mag es daher an sich zulässig sein, für mehrere, nicht innerhalb derselben Feldmark belegenen Grundstücke in Preussen nach den erleichternden Bestimmungen des Gesetzes vom 26. April 1851 Art V. N. 4 — G. S. S. 184 — ein Collektivfolium bei einer Hypothekenbehörde anzulegen, so bezieht sich dies doch nur auf solche Realitäten, welche in einem, wenn gleich mehrfachen Beschränkungen unterworfenen Privatbesitz sich befinden. Denn nur über solche Privatgrundstücke können nach den Bestimmungen der Preussischen Hypothekenordnung vom 20. December 1783 — Tit. 1 §§. 1, 6, 7 — Hypothekenfolien angelegt werden.

Man kann dieser Argumentation nicht entgegenhalten, dass in Preussen auch über die zum Staatsvermögen gehörigen Domänen Hypothekenfolien angelegt waren. Der Staat besitzt die Domänen zu keinen anderen Rechten, als jeder sonstige Gutsbesitzer. Aus diesem rein privatrechtlichen Gesichtspunkt war es zulässig, dass in den Jahren der Französischen Occupation einzelner Landestheile die Domänen zur Entrichtuug der Landeslasten mit Pfandbriefen belegt wurden, die jetzt längst gelöscht sind.

Gleiche Verhältnisse walten bei wirklich öffentlichen Anlagen nicht ob. Die Anlegung eines Hypothekenblatts muss immer einen bestimmten Zweck haben, also zunächst die Eintragung von Hypothekenschulden. Dies ist aber bei öffentlichen Werken, deren Gebrauch dem Publikum überlassen ist, wie bei Eisenbahnen, Chausseen oder Canälen, wohl ebenso unmöglich, als wenn der Zweck der Anstalt, wie bei einer Kirche oder Schule, ein höherer, geistiger ist.

Der Credit, der auf den realen Werth einer solchen öffentlichen Verkehrsanstalt gegeben werden kann, ist bereits anderweitig erschöpft. Wäre dennoch die Eintragung von Hypothekenschulden auf das fertige Werk gestattet, so würde der gute Glaube Derer schwer beeinträchtigt werden, die auf das Werk in anderer, gesetzlich gebilligter Form Credit gegeben haben. Die vermeintlichen Hypothekengläubiger würden überdies nichts weiter als ein leeres Blatt ohne reale Sicherheit, — in gewisser Art ein „nudum ius Quiritium“ —, erhalten. Wenn der Staat selbst baut, so beschafft er die erforderlichen Geldmittel entweder aus den laufenden Einnahmen, oder durch eine Anleihe auf seinen mittels Obligationen verbrieften Credit. Wenn dagegen eine Privatgesellschaft baut, so repräsentiren die Stammaktien das zum Betriebe des Werks zusammengeschossene Gesellschaftskapital; die Prioritäts-Obligationen, recht eigentlich deshalb Eisenbahn-Hypotheken in der Sprache der Handelswelt genannt, die von der Gesellschaft zur Herstellung des Werks aufgenommene Schuld, das Baukapital. In beiden Fällen ist nichts übrig, was einer hypothekarischen Beleihung fähig wäre, gerade weil der für die Hypotheken in Anspruch zu nehmende Werth schon vorher absorbirt ist.

Dieser Fall lässt sich nicht damit in Parallele bringen, dass über eine Schuld gleichzeitig die Ausstellung von Wechseln und hypothekarische Eintragung zulässig ist. Denn dies sind nur zwei verschiedene Formen nach den Seiten der persönlichen und der realen Sicherheit hin, unter welchen dieselbe Schuld geltend gemacht wird. Ist der Wechsel ausgeklagt und bezahlt, so kann der Schuldner von seinem ersten Gläubiger jedenfalls die Löschung der ihm bestellten Hypothek fordern. Im vorliegenden Falle aber würden für einen Werth zwei selbstständige, von einander unabhängige Forderungsrechte erschaffen, ein reales, die Papier-Obligation, und ein fiktives, die Hypotheken-Obligation. Das letztere hat daher keinen Anspruch auf Begründung einer scheinbaren Existenz, die es ohne Verletzung des wahren Gläubigers, des Inhabers der Prioritäts-Obligation, gar nicht beginnen kann.

Von der nothwendigen Subhastation eines solchen öffentlichen Werks kann auch füglich nicht die Rede sein, zu deren Erleichterung, wenn auch bei Privatgrundstücken nicht unbedingt nothwendig — §. 7 der Subh. Ordn. vom 4. März 1834 — das Hypothekenbuch dienen würde. Der §. 47 des Eisenbahngesetzes vom 3. November 1838 kennt nur eine „öffentliche Versteigerung der Bahn für Rechnung der Gesellschaft", wenn diese die ertheilte Concession verwirkt und die ihr aufgelegten Bedingungen nicht erfüllt hat; also eine Veräusserung von Immobilien, bezw. von Antheilsrechten an solchen, im Gegensatz von dinglichen Forderungsrechten — §. 159 des Preussischen Berggesetzes —, durch Auktion, ähnlich, wie in den Vereinigten Staaten Congressland im Wege der Auktion wieder versteigert wird, wenn die in „Scrips" enthaltenen Bedingungen der Cultur nicht eingehalten sind, oder wie nach dem Preussischen Berggesetz vom 24. Juni 1865 — §§. 101, 109, 131, 235 — die Exekution in neue Kuxe durch „Mobiliarversteigerung" vollstreckt wird. Es ist auch unter gewissen Umständen jetzt möglich, dass der Zwangsverkauf eines öffentlichen Werks eintritt. Nach Art. 240 des Deutschen Handelsgesetzbuchs kann die Verwaltungsbehörde die Auflösung einer Aktiengesellschaft verfügen, wenn das Grundkapital nach der letzten Bilanz um die Hälfte vermindert ist. Sie muss aufgelöst und der Konkurs eröffnet werden, wenn das Vermögen nicht die Schulden der Gesellschaft deckt. Im ersteren Fall handelt es sich um Theilung des gemeinschaftlichen Vermögens unter den Gesellschaftern, die civilrechtlich durch die actio communi dividundo nachgesucht werden müsste, da die actio pro socio für diesen Fall nicht gegeben ist, — Fr. 2. D. pr. comm. divid. X. 3, A. L. R. I. 17. §. 89 ff., 306. Im letzteren um Befriedigung der Gesammtheit der Gläubiger — des corpus creditorum — aus der vorhandenen Masse. Immer aber kann dem Eigensinn oder dem Eigennutz eines einzelnen Gläubigers nicht nachgelassen werden, ein gemeinnütziges Unternehmen zu ruiniren und für seine alleinige Rechnung auch dessen Zwangsverkauf anzutragen. Es ist daher auch unnöthig, Hypothekenbücher anlegen und Besitztitel berichtigen zu lassen, da dem einzelnen Gläubiger doch kein Recht auf Zwangsveräusserung, wohl sogar im Wege der nothwendigen Subhastation, zusteht und den Rechten der Societät sowohl, als der Gesammtheit der Gläubiger in anderer Weise gesetzlich vorgesehen ist.

d. Formeller Abschluss des Unternehmers. Verjährung und Präklusion.

Ist nun das Unternehmen in dieser Weise beendigt, so können auch noch später n a c h dessen Vollendung Ansprüche daraus gegen den Unternehmer hergeleitet werden. Weder im Französischen Expropriationsgesetz, noch im Preussischen Entwurf sind besondere Schutzmassregeln angegeben, die den Unternehmer gegen derartige Nachforderungen decken würden. Hienach fallen diese Nachansprüche unter das gemeine Recht. Der Unternehmer hat keine andere Hülfe von der Gesetzgebung zu erwarten, als die ihm wie jedem Privatmann, durch d i e V e r j ä h r u n g geboten ist.

Freilich hat die Preussische Gesetzgebung den Unternehmern öffentlicher Werke einen nicht gering zu veranschlagenden Schutz in der dreijährigen Verjährung des §. 54 I. 6. A. L. R. gewährt. Wer einen ausserhalb des Falles eines Kontrakts ihm zugefügten Schaden in dieser Frist gerichtlich einzuklagen vernachlässigt, nachdem das Dasein und der Urheber desselben zu seiner Wissenschaft gelangt sind, der soll sein Recht verloren haben. Hiezu setzt die Deklaration vom 31. März 1838 N. 1 — G. S. S. 252 — erläuternd fest, dass diese kurze Verjährung auf alle Ansprüche wegen Beschädigungen anzuwenden sei, die bei Gelegenheit öffentlicher Anlagen, namentlich beim Bergbau — §§. 151. 152 des Berggesetzes vom 24. Juni 1865 G. S. S. 736 — zugefügt sind. Jedoch ist die Vergütung für das zu solchen Anlagen abzutretende Eigenthums- oder Nutzungsrecht der o r d e n t l i c h e n (dreissigjährigen) Verjährung unterworfen.

Das Obertribunal zu Berlin hat zu diesen, für alle öffentlichen Unternehmungen höchst wichtigen Bestimmungen eine Reihe von Beschlüssen gefasst, die auf das Gründlichste in die Sache eingehen und um so mehr geeignet sind, den

Unternehmungen eine grosse Rechtssicherheit innerhalb der gesetzlichen Schranken zu verschaffen, als die dabei angeregten Rechtsfragen schon in dem mit Endentscheidung solcher Entschädigungsklagen befassten Senat eine eingehende Prüfung gefunden hatten, dort Conflikte zwischen älteren und neueren Rechtsanschauungen sich geltend machten und diese durch Plenarbeschlüsse des höchsten Gerichtshofes ihre schliessliche Lösung fanden. Wir heben als besonders bemerkenswerth heraus: die Plenarbeschlüsse:

1. vom 20. März 1846 — Entsch. B. 13 S. 49 —: die dreijährige Verjährung trifft auch dann das ganze Recht, wenn der Schade so beschaffen ist, dass er auch in Zukunft, obwohl in wechselndem Umfang, sich erneuert;
2. vom 22. April 1850 — Entsch. B. 19 S. 3 —: die dreijährige Verjährung bleibt auch dann nicht ausgeschlossen, wenn über die Rechtmässigkeit der beschädigenden Handlung unter den Parteien in einem Prozesse gestritten ist;
3. vom 20. Oktober 1851 — Entsch. B. 21 S. 177 —: Eine Eisenbahngesellschaft ist nicht bloss in den durch §. 14 des Eisenbahngesetzes vom 3. November 1838 vorgesehenen besondern Fällen (Einrichtung von Communikationsanlagen, Be- und Entwässerungen) sondern auch nach allgemeinen Rechtsregeln — im streitigen Falle für Beschädigung durch angestauetes Regenwasser — den Adjacenten zum Schadensersatz verhaftet.

Es ist nun wohl keinem Zweifel unterworfen, dass an der Hand der angezogenen Gesetze und der erwähnten Plenarbeschlüsse die Unternehmer öffentlicher Werke das Ausmaass ihrer Rechte und Pflichten im Allgemeinen übersehen können und dass ihnen einiger Rechtsschutz durch die dreijährige Verjährung gegen Nachforderungen gewährt ist. Unseres Erachtens ist dieser Schutz jedoch kein ausreichender. Dies beruht nicht allein in dem Umstande, dass gegen Nachforderungen für Eigenthums- und Nutzungs-Abtretungen nur die dreissigjährige Verjährung Abhülfe gewähren soll, sondern überhaupt darin, dass die Verjährung zum Ausgangspunkt und zur Begrenzung für die aus der Expropriation herzuleitenden Ansprüche gewählt ist. Es lässt sich auf Seiten der Unternehmer nicht mit apodiktischer Sicherheit operiren, wenn die Interessenten bei der Expropriation gesetzlich nicht gezwungen sind, ihre Ansprüche im Expropriationsverfahren selbst oder wenigstens unmittelbar darauf geltend zu machen und wenn nach dreissig Jahren nach Ausführung des Unternehmens Forderungen wegen Grundentschädigungen oder Nutzungsvergütungen vor Gericht geltend gemacht werden können. Kommen solche durch richterliche Entscheidungen festgestellte Entschädigungen in den ersten Jahren nach Fertigstellung des Unternehmens zu Tage, so schmälern sie die dann ohnehin noch geringfügige Dividende oder, was noch übler, den erst im Entstehen begriffenen Reservefonds. In beiden Fällen leidet das Unternehmen in der Gunst des Publikums, von der sein Credit und sein Gedeihen abhängt. Wenn sie aber in den späteren Jahren zu Tage treten, wo das Unternehmen schon im vollen Gange ist, so bereiten sie Verlegenheiten, weil Niemand daran denkt, einen Titel „ad extraordinaria" in der Jahresrechnung für solche ausserhalb aller Berechnung liegenden Fälle zu eröffnen. Es ist überdies unangenehm, wenn in General-Versammlungen unbegründete Vorwürfe gegen den Verwaltungsrath erhoben werden, dass er keine bessere Aufsicht geführt und diese Forderungen nicht zeitig beseitigt habe, Vorwürfe, die sachlich um so mehr zurückzuweisen sind, als selbst nach dem neuen Entwurf des Expropriationsgesetzes — §§. 22, 26, 33 — eine bestimmte Präklusion der sich nicht meldenden Entschädigungs-Interessenten nicht angeordnet, und unter den nach §. 47 ausser Kraft tretenden Gesetzen weder der §. 54 I. 6. A. L. R. noch die Deklaration vom 31. März 1838 speciell aufgeführt sind, soweit sie sich auf Expropriationen beziehen.

Nicht zu übersehen ist endlich, dass der §. 54, I. 6 A. L. R. nur die Klage mittels der dreijährigen Verjährung abschneidet. Als Einrede sind solche Ansprüche nach dem auch für Preussen geltenden Grundsatz brauchbar: „quae ad agendum sunt temporalia, ad excipiendum sunt perpetua"; ein Grundsatz, den zum ersten Mal das Deutsche Handelsgesetzbuch (Art. 349) mit Erfolg durchbrochen hat. Wir müssen auch verzichten, hier zu erörtern, in welchem Verhältniss der §. 54 a. a. O. zu den §§. 568—69, I. 9 A. L. R. steht, nachdem v. Savigny erklärt hat, — System des Röm. Rechts B. 5 §. 246 S. 342 ff. —, dass er selbst ausser Stande sei, eine genügende Interpretation für diese aus dem Traktat des Rave de praescriptionibus übernommenen Stelle zu finden.

Wir würden von der Verjährung ganz absehen und einen kräftigeren Schutz für den Unternehmer gegen Nachforderungen auf einem andern Rechtsgebiet suchen. Bereits an einer anderen Stelle: System des Röm. Rechts B. IV. §. 178 S. 309 ff. — macht v. Savigny darauf aufmerksam, dass es ganz verschiedenartige Institute giebt, wie Prozessfristen, die Fristen der bonorum possessio, und andere, in welchen durch den Zeitverlauf eine Veränderung von Rechten entsteht, ohne dass man berechtigt wäre, diese unter den Begriff der Verjährung zu subsumiren. Diese anscheinend nur theoretische Spekulation ist sehr wohl dazu angethan, um sogleich wesentliche praktische Resultate daraus zu ziehen. Es gründet sich nämlich auf diese Wahrnehmung nach der uns hier interessirenden Seite hin das ganze System der Präklusionen, mögen wir diese nun weiter eintheilen in Generalpräklusionen kraft des Gesetzes — sogenannte Legalpräklusionen, oder Specialpräklusionen, Anwendung des gesetzlichen Präjudizes auf einen Rechtsprätendenten nach vorgängiger, an ihn persönlich gerichteter Aufforderung, dass er sein Recht innerhalb einer gewissen Frist bei Vermeidung des Verlustes geltend machen solle. Materiell ist von diesem Grundsatz Gebrauch gemacht bei der Aufforderung an Lehnsagnaten, sich in die Lehns- und Successions-Register innerhalb einer zweijährigen Frist eintragen zu lassen, weil sie sonst bei Verfügungen über das Lehen, nicht berücksichtigt würden — §§. 8, 14 des Gesetzes vom 11. Juli 1845 über die Lehns- und Successions-Register in Pommern, G. S. S. 474 —: formell bei den Provokationen ex lege diffamari und ex lege si contendat.

Von diesen Präklusionen lässt sich gerade bei Expropriationen der ausgiebigste Gebrauch für den Unternehmer des Werkes machen, ohne alle Unbilligkeit gegen die Expropriaten, weil das Gesetz gewiss berechtigt ist, an jeden Bürger die Anforderung zu stellen, dass er vor allen Dingen ein ordentlicher Mann sei und sich zu rechter Zeit um seine Angelegenheiten gehörig bekümmere.

Das Schweizer Bundesgesetz hat schon — Art. 14 Alin. 1 und 2 — den Anfang zur Anordnung einer derartigen Präklusion gemacht. Es verfügt, dass diejenigen, welche eine Entschädigung für abzutretende Rechte bei Expropriationen fordern, ihre Ansprüche binnen dreissig Tagen nach Auflegung der Parzellarpläne bei den Gemeinderäthen anmelden sollen. Wenn sie innerhalb dieser Frist schweigen, so geht mit deren Ablauf das abzutretende Recht auf den Unternehmer mit allen darauf ruhenden Lasten über. Den Entschädigungs-Prätendenten wird nun eine zweite Frist von sechs Monaten zur Anmeldung ihrer Forderungen gewährt. Lassen sie auch diese unbenutzt verfliessen, so erlöschen ihre Rechte, jedoch mit zwei Ausnahmen: einmal Betreffs derjenigen Rechte oder Lasten, deren Existenz dem Abtretungspflichtigen erst später bekannt geworden ist und alsdann der Entschädigung für die auf dem abzutretenden Gegenstand haftenden Pfandrechte, Grundzinsen und Zehnten.

Das dieser Bestimmung zum Grunde liegende Princip des Erlöschens der Rechte der Expropriaten bei unterlassener Meldung innerhalb der zweiten sechsmonatlichen Frist ist gewiss richtig. Es ist dadurch die Nothwendigkeit einer Legalpräklusion klar hingestellt. Sogleich wird es aber mit zwei sehr wesentlichen Ausnahmen durchbrochen, die nicht undeutlich erkennen lassen, dass die Gesetzgeber die unverkennbaren Grenzen zwischen Präklusion und Verjährung nicht scharf ins Auge gefasst haben. Zunächst sind ausgenommen die erst später dem Expropriaten bekannt gewordenen Rechte und Lasten; dies ist ein offenbarer Nachklang aus der Lehre von der Verjährung. Jede Verjährung läuft erst vom Zeitpunkt der Wissenschaft an. Dies Princip ist zugleich sehr bedenklich. Wie will der Unternehmer mit Genauigkeit excipiren, dass dem Expropriaten das Vorhandensein eines Rechts oder Last, wofür er nach langer Zeit seit Ablauf der sechs Monate zweiter Frist Entschädigung fordert, früher bekannt geworden ist? Und noch mehr, welchen stringenten Beweis will er dafür antreten? Der Nachtheil ist unzweifelhaft auf seiner Seite und für derartige Nachforderungen ein weites Feld eröffnet. Gleich bedenklich ist die zweite Ausnahme: Pfandrechte, Grundzinsen und Zehnten, kürzer gefasst, alle grundbücherlichen Real- und Hypothekenrechte sollen der verabsäumten Meldung unerachtet auch nach Ablauf der zweiten Frist vorbehalten bleiben. Auch diese Bestimmung ist der Verjährungslehre entnommen. Nach Deutschem Privatrecht — Beseler, System des Deutschen Privatrechts §. 97 III.b, B. II. S. 153, Seuffert, Archiv B. 16 N. 201 S. 337, und nach dem Preussischen Recht — A. L. R. I. 9 §. 511 — findet die erlöschende Verjährung von Rechten nicht statt, die im Hypothekenbuche vermerkt sind. Der eingetragene Real- und Hypothekengläubiger, vielleicht sogar der nicht eingetragene Realgläubiger, sind vom Gesetz gegen jede „poena negligentiae", die denn doch zufolge der Theorie gemeinrechtlicher Praktiker gerade ein charakteristisches Merkmal der sogenannten „Exstinktiv-Verjährung", auf das Nachdrücklichste geschützt. Sie mögen sich nun melden oder nicht, die Cantonalregierung muss doch dafür sorgen, dass ihnen ihr Betreffniss zu Theil und die Ledigung des Abtretungsgegenstandes (la purge des hypothèques) in die betreffenden Titel eingetragen werde. Art. 43. Dies scheint uns unrichtig zu sein. Wir wollen zugeben, dass der Grundsatz zur Aufrechterhaltung des Privat-Realkredits und des guten Glaubens des Hypothekenbuchs im Streit von Privaten gegen Privaten seine Rechtfertigung findet. Hier streitet aber die öffentliche Rechtsordnung, im öffentlichen Unternehmen verkörpert, mit der Privatunordnung eines Hypothekengläubigers, der sich um nichts bekümmert und doch verlangt, dass der Staat von Amtswegen seine Rechte wahrnimmt. Sein Hypothekenbuch ist in diesem ausserhalb des Privatrechts sich bewegenden Conflikt nicht besser, als jede andere Realforderung, die auch durch öffentliche Urkunden verbrieft ist, ohne dass dieselben rechtzeitig auf geschehene Aufforderung zu Tage gebracht würden. Mit demselben Recht, wie man diese letztere Kathegorie ignorirt, ist man auch befugt, von dem Hypothekenbuch keine Notiz zu nehmen, wenn der Hypothekar sein Recht nicht selbst verfolgt. Man hat wenigstens in Preussen — und unseres Erachtens mit vollem Recht — bei der Regulirung des Hypothekenbuchs in neu erworbenen Sächsischen Landestheilen — Verordnung v. 16. Juni 1820 §§. 19, 26 G. S. S. 103, 105, alle unter der Sächsischen Herrschaft legal konstituirten Bannrechte — Arch. f. R. F. B. 55 S. 186 — und Hypotheken präkludirt, die nicht bis zum Jahre 1822 Behufs Aufnahme in das neue Preussische Hypothekenbuch angemeldet waren. Im Preussischen Berggesetz v. 24. Juni 1865 ist gleichfalls — §§. 31, 35, 36, G. S. S. 712—13 — bei Verleihungen von Bergwerks-Eigenthum eine Präklusion der nach Entscheidung über die Verleihung oder Ausstellung der Verleihungsurkunde vom Oberbergamt ihre An- und Einsprüche durch gerichtliche Klage binnen drei Monaten nicht geltendmachenden Prätendenten und Opponenten eingeführt. Wir halten es daher für vollkommen gerechtfertigt, dass der Preussische Entwurf zum Expropriationsgesetz §. 33, die

Legalpräklusion auf jede Entschädigung auch gegen eingetragene Real- und Hypothekengläubiger verhängt, die sich im Stadium der Entschädigungs-Vertheilungen nach erfolgter Bekanntmachung nicht gemeldet haben. Dies um so mehr, als der Entwurf gelegentlich an anderen Stellen, wie §. 26 bei der Provokation auf rechtliches Gehör gegen die administrative Vorentscheidung binnen 3 Monaten, in der Verkürzung dieses Zeitraums auf 6 Wochen bei Militairexpropriationen im §. 44, ferner der in §. 41 angenommenen dreitägigen Frist zur Anmeldung der Entschädigungen aus Militärmanövern, auf das Princip der Präklusion zurückkommt.

Eine Generalpräklusion aber, wie wir sie für unerlässlich halten, um dem Unternehmer unumstössliche Sicherheit gegen alle Nachforderungen zu gewähren, die schon während der administrativen und gerichtlichen Verhandlungen hätten hervortreten müssen, finden wir in der mehrerwähnten Preussischen Verordnung vom 20. Juni 1817 bei einer bestimmten Gattung von Expropriationen, den ländlichen Auseinandersetzungen, gegeben. Bei diesen wird am Schlusse ein Rezess errichtet. Der Kommissar der Generalkommission soll alsdann die Interessenten bedeuten, dass die zur Sache zugezogenen Personen nicht nur mit keinen Einwendungen wegen der darin bestimmten Gegenstände, sondern auch mit keinen Nachforderungen weiter gehört werden können, welche ihnen Hinsichts dieser Regulirung zuständig gewesen und dabei übergangen sind. Keiner der Interessenten hat künftig eine andere Einschränkung seines Eigenthums als die durch allgemeine Gesetze bestimmte oder im Rezess ausdrücklich vorbehaltene, zu dulden. Nur wegen einzelner bestimmter Punkte, besonders wegen der Wege und Triften, Ent- und Bewässerungs-Gräben, Benutzung des Wassers zur Viehtränke, soll noch binnen Jahresfrist (vor der Generalkommission) eine Nachregulirung mit gleicher Wirkung stattfinden §. 171.

Immerhin mögen die grossen und unverkennbaren Vortheile dieses Gesetzes durch einige andere Satzungen mehr in den Hintergrund treten. Denn wenn auch der Rezess nicht mit der Macht eines rechtskräftigen Urtheils, sondern nur mit der Wirkung einer gerichtlich bestätigten Urkunde — §. 169 — bekleidet ist; wenngleich derselbe wegen solcher Mängel in der Person der Kontrahenten angefochten werden kann, die wegen fehlender Willensübereinstimmung, wie

Zwang, Irrthum, Betrug, jeden Kontrakt ungültig machen — Entsch. B. 36 S. 96 — so bleibt doch das erhebliche Princip der Legalpräklusion für alle zugezogenen Interessenten stehen. Die nicht zugezogenen sind freilich nicht daran gebunden, weil sie nicht mitkontrahirt haben, und ebenso wird die Feststellung von Rechten durch einen von der General-Kommission abgeschlossenen Rezess durch die nach Jahresfrist eintretende Competenz der ordentlichen Gerichte und durch die Annahme von Realklagen bei diesen durch Dritte erheblich geschmälert. §. 22 V. O. v. 20. Juni 1817; Entsch. B. 47 S. 320; Archiv f. R. F. B. 50 S. 25.

Uns kommt es für die vorliegende Expropriationsfrage nur darauf an, den Grundsatz der Legalpräklusion, den wir der gewöhnlichen dreijährigen Verjährung vorziehen, in seinem vollen Umfang wieder herzustellen.

Wenngleich das Expropriationsverfahren nicht, wie die Auseinandersetzungssachen, durch einen förmlichen Rezess beendet und die Vorarbeiten in diesen zusammengefasst werden, so halten wir doch dafür, dass sich der gleiche Abschluss für Expropriationen empfehlen würde. Wir möchten daher den Entwurf zum Preussischen Expropriationsgesetz durch eine Bestimmung des Inhalts ergänzt sehen, dass die Rechte aller bei den Expropriationen interessirenden Personen, die zu deren Wahrnehmung öffentlich vorgeladen sind, erloschen sein sollen, insofern sie sich nicht im Laufe des Expropriationsverfahrens zur gehörigen Zeit gemeldet haben. Es kann sich eine solche Präklusion begreiflich nur auf Diejenigen beziehen, deren Rechte älter sind, als das Expropriationsverfahren. Insofern aber neue Ansprüche erst durch die Anlage des öffentlichen Werks hervorgerufen sind, würden wir für zweckmässig und billig erachten, dass solche Personen mit ihren Forderungen bei Vermeidung des Verlustes sich binnen Jahresfrist bei derjenigen Behörde zu melden haben, die mit Leitung des Expropiationsverfahrens beauftragt ist.

Es bedarf keiner Ausführung, dass die im §. 13 des Entwurfs aufgeführten Adjacenten von dieser Legalpräklusion nicht betroffen werden. Die Unternehmer sind nur verpflichtet, sobald es Culturveränderungen nach der Beendigung der öffentlichen Anlage nothwendig machen, zur Sicherung der angrenzenden Grundstücke gegen Gefahren und Nachtheile auf Kosten der Eigenthümer die erforderlichen Schutzanstalten vorzukehren. Es ist dies eine blosse polizeiliche Ordnungsmassregel, weil nicht jedem Dritten gestattet werden darf, das öffentliche Werk nach seinem Nutzen oder seiner Bequemlichkeit umzumodeln und dadurch das Publikum zu benachtheiligen.

e. Kosten des Expropriations-Verfahrens.

Es erübrigt uns nur noch, über die Kosten in Expropriationssachen einige Bemerkungen hinzuzufügen.

Das Französische Expropriationsgesetz vom 3. Mai 1841 — Art. 58, 59, 40 —: das Schweizer Bundesgesetz vom 1. Mai 1850 — Art. 48, 49, und der Entwurf des Preussischen Expropriationsgesetzes — §§. 34, 27 — stimmen darin überein, dass der Unternehmer die Kosten des administrativen Verfahrens zu tragen hat. Für alle gütlichen Verhandlungen und Administrativakte, die darauf gerichtet sind, den expropriirten Eigenthümern und ihren Adhärenten zum Bezug der ihnen gebührenden Entschädigungen zu verhelfen, wird im ausgedehntesten Maasse Befreiung von den sonst taxmässig anzusetzenden Sporteln, Gebüren, Stempeln, in Frankreich auch von der Enregistrements-Gebür, bewilligt. Die diesfällige Clausel im Preussischen Entwurf, die auch Befreiung von den Depositalgebüren für die Entschädigungen verheisst, schliesst sich im Wesentlichen den bisher schon geltenden Vorschriften im §. 15 des Eisenbahngesetzes vom 3. November 1838 und der Ministerial-Instruktion zu §. 3 des Sportelgesetzes vom 10. Mai 1851 — N. 8 f. — an.

Wir möchten hier eine Trennung zwischen denjenigen öffentlichen Anlagen machen, die ausschliesslich dem öffentlichen Bedürfniss ohne Gewinn für Privatpersonen gewidmet sind, und zwischen denjenigen, bei welchen ein solcher individueller Nutzen neben dem öffentlichen stattfindet. Nur in Fällen der ersteren Art würden wir eine unbedingte Kostenfreiheit für alle nicht prozessuellen Verhandlungen und Akte eintreten lassen.

Wenn eine Stadt theilweise umgebaut wird, um ihren Bürgern unentbehrliche Lebensbedürfnisse, wie frische Luft, Licht und offene Baumgänge zu verschaffen, so wäre es geradezu inhuman, irgend welche Steuer unter der Form von Kosten auf ein solches, den allgemeinen Zwecken der Menschheit gewidmetes Unternehmen zu legen. Es könnte sich sogar fragen, ob es nicht gerathen wäre, die Commune auch als unterliegenden Theil von der Zahlung der gerichtlichen Prozesskosten zu befreien. So richtig gewiss der im Preussischen Landrecht — I. 11 §. 404 — ausgesprochene

Grundsatz ist, dass der Cessionar des Fiskus auf dessen administrativ selbstverständliche Sportelfreiheit keinen Anspruch habe, so kommt doch in Betracht, dass die Commune, gleichfalls von verständigen Verwaltungsgrundsätzen ausgehend, gewiss nicht anders die Forderungen der Expropriaten bestreiten wird, als wenn sie dieselben für übertrieben erachtet und im allgemeinen Interesse es auf richterlichen Spruch ankommen lässt, um die aus Durchführung der Expropriation erwachsende Last nicht unnöthig zu vergrössern.

Was aber diejenigen öffentlichen Werke anbelangt, aus welchen gleichzeitig ein privativer Geldvortheil erwächst, so halten wir es für nicht unbillig, dass nach einem ungefähren Ueberschlag dieses Privatnutzens für alle Stadien der administrativen und gerichtlichen Behandlung ein angemessener Kostensatz erhoben wird. Aus philanthropischen Motiven, wofür der Deutsche Idealismus am Schlusse des verflossenen Jahrhunderts schwärmte, wird in unserem materiellen und industriellen Zeitalter gewiss Niemand eine Eisenbahn oder einen Kanal bauen. Ebensowenig wird das Unternehmen deshalb unterbleiben oder verzögert werden, weil der Staat auch seinen Theil daran für die aufzuwendende Mühe und Arbeit bei dessen Zustandekommen fordert. Wir erinnern daran, dass in dem praktischen England gewiss Niemand daran denkt, die Bearbeitung solcher Angelegenheiten unentgeltlich zu fordern. Es ist deshalb noch keineswegs nöthig, die Kosten approximativ auf eine solche Höhe zu stellen, wie es dort bei den Privatbills der Fall ist. Ein Notar, der in Preussen nach der jetzigen Einrichtung einen Kaufvertrag über ein Parzelle für eine Eisenbahn aufnimmt — §. 5 N. 5 des Parzellir-Gesetzes vom 24. Mai 1853, G. S. S. 242 —, bringt seine Gebüren unzweifelhaft dafür in Ansatz. Warum sollte der Staat hiebei leer ausgehen? Nach unserer Ansicht würden ohnehin einzelne Abtretungen als blosse Cessionen, nicht als Käufe, einem geringeren Stempelsatz unterworfen sein. Im Allgemeinen dürfte die im §. 4 N. 6 des Sportelgesetzes vom 10. Mai 1851 dem Finanzminister eingeräumte Befugniss, nach Rücksprache mit dem betreffenden Ressortminister und vorbehaltlich der Genehmigung der Landesvertretung den ausschliesslich als gemeinnützig erkannten Unternehmungen Kostenfreiheit zu bewilligen, dahin auszudehnen sein, dass ihm auch Vollmacht ertheilt wird, mit dem Unternehmer solcher gleichzeitig einen

Privatnutzen bezielenden Werke sich auf einen Pauschsatz zu einigen.

Wenn sich übersehen lässt, welcher Kostenbetrag durch diese sich stets mehrenden Unternehmungen der Staatskasse zufliesst, wird es auch möglich sein, auf die Beseitigung derjenigen Abgaben Bedacht zu nehmen, deren Geldbetrag wie bei der jetzt durch Gesetz vom 15. April 1865 — Ges. S. S. 265 — aufgehobenen Steuer auf die inländische Weinproduktion an sich gering ist, die aber durch ihre Erhebung unverhältnissmässig hohe Controlekosten nothwendig machen.

Zweiter Abschnitt.

Zwölftes Kapitel.

Aussergewöhnliches Expropriationsverfahren.

a. Begründung eines ausserordentlichen Verfahrens.

In dem vorhergehenden Abschnitt haben wir uns bemüht, den Gang des Expropriationsverfahrens für gewöhnliche Fälle darzustellen. Sie bilden die Regel. Ausnahmen von derselben müssen besonders begründet werden. Diese treten dann ein, wenn überhaupt nach den besonderen Umständen eine beschleunigte Aktion erforderlich ist, die nicht gestattet, die an sich langsamern Formen des Gesetzes abzuwarten und die einzelnen administrativen und gerichtlichen Stadien in ihrer naturgemässen Reihenfolge hintereinander durchzumachen, in welche das Expropriationsverfahren an sich zerfällt.

Es fragt sich nun hierbei vor allen Dingen, ob es nothwendig ist, die Fälle speciell aufzuzählen, in welchen ausnahmsweise ein beschleunigtes Verfahren eintreten soll, oder ob es genügt, generell anzudeuten, dass das summarische Verfahren in allen aussergewöhnlichen Fällen stattfinden solle.

Das Französische Expropriationsgesetz vom 3. Mai 1841 beschreitet den letzteren Weg. Ausser den Militärexpropriationen, über welche noch ein besonderes Gesetz vom 30. März 1831 und die Artikel 75 ff. des allgemeinen Expropriationsgesetzes sich verhalten, bestimmt es allgemein unter der

Rubrik „Dispositions exceptionelles" (Tit. VII) Art. 65, dass ein ausserordentliches Verfahren dann einzutreten habe: „lorsqu'il y aura urgence de prendre possession des terrains non bâtis", ohne die Fälle genauer aufzuzählen, in welchen die Gesetzgebung diese „urgence" angenommen wissen will.

Dem Französischen Gesetze schliesst sich der Entwurf des Preussischen Expropriationsgesetzes im Ganzen an. Er statuirt ein summarisches Verfahren für besonders „dringende Fälle", giebt aber im Text — §. 28 — nicht näher an, was unter diesen Ausnahmefällen verstanden werden soll. Daneben regelt er in Tit. V §. 37 ff. die vorübergehenden Beschränkungen des Eigenthums zu Zwecken der Militärverwaltung.

Das Schweizer Bundesgesetz vom 1. Mai 1850 schlägt den entgegengesetzten Weg ein. Es giebt in Art. 17 genau die einzelnen Fälle an, in welchen das ausserordentliche Expropriationsverfahren eintreten soll.

Dies findet nämlich dann statt:

1) Wenn die Abtretung eine bloss zeitweise sein soll;
2) wenn dieselbe zum Zweck der Herbeischaffung oder Ablagerung von Material verlangt wird;
3) wenn es sich um Abtretung zum Zweck der Unterhaltung oder des Betriebes eines öffentlichen Werks;
4) zum Behuf unwesentlicher Veränderungen oder Erweiterungen desselben handelt;
5) wenn Rechte abgetreten werden sollen, um die in den Art. 6 und 7 enthaltenen Verbindlichkeiten zu erfüllen (Unterhaltung ungestörter Communikationen und Sicherheitsanlagen in Folge der Herstellung des öffentlichen Werkes).

Wir glauben die Specialität des Schweizer Bundesgesetzes den unseres Dafürhaltens zu allgemeinen Bestimmungen des Französisehen Expropriationsgesetzes und des Preussischen Entwurfs vorziehen zu müssen. Jedermann will durch das Gesetz selbst belehrt sein, in welchen Fällen die Abweichung von der allgemeinen Regel gerechtfertigt sein soll. Es kann dies wohl nicht dem subjektiven Ermessen überlassen bleiben, weil die Vollmacht, die das Gesetz ertheilt, immer nur eine objektiv begrenzte, keine schrankenlose sein kann. Es versteht sich von selbst, dass die Freiheit der Aktion durch keine Fesseln und keine Beobachtung fast peinlich genau vorgeschriebener Förmlichkeiten behindert sein kann, wo es sich darum handelt, ohne Zeitverlust wegen Dringlichkeit der Umstände handelnd vorzuschreiten. Gerade deshalb wird Niemand wohl auf den Gedanken kommen, aus dem überdies fast unbegrenzten Reich der Expropriationen alle einzelnen Fälle aufzählen zu wollen, in welchen nur das summarische Verfahren stattfinden kann, eingedenk dessen, dass dies ein völlig unpraktisches und darum eitles Bemühen wäre, und dass einer Gesetzgebung nichts so sehr schadet, als das Sichvertiefen in den unergründlichen Schacht der Casuistik. Ein freier und unternehmender Geist wird dadurch angetrieben, sich über alle Schranken des Gesetzes hinwegzusetzen. Für ängstlichere Gemüther gilt aber hier der Spruch der Dichters:

„Der angebornen Farbe der Entschliessung
Wird des Gedankens Blässe angekränkelt,
Und Unternehmungen voll Mark und Nachdruck werden
Durch diese Rücksicht aus der Bahn gelenkt."

Nach unserer Ansicht lässt sich hier mit wenigen allgemeinen Definitionen auskommen, die einmal elastisch genug sind, um alle für das summarische Verfahren geeigneten Fälle zu umfassen und die doch auf der andern Seite präcis genug erscheinen, um nicht in den Abgrund des „processus summarius indefinitus" rettungslos zu versinken. Die Ziffer 5 im Schweizer Bundesgesetz würden wir ganz beseitigen, weil sie schon im ordentlichen Administrativ-Verfahren (Kapitel IX) ihre Erledigung gefunden hat. Es möchte daher genügen, anzunehmen, dass das ausserordentliche Expropriations-Verfahren Platz greift, wenn

Entweder gewisse Nothstände momentan eintreten, oder Staatsbedürfnisse periodisch wiederkehren;

Oder wenn die Durchführung eines bereits gesetzmässig festgestellten, im Vollzuge begriffenen, öffentlichen Unternehmens ein unverweiltes Einschreiten erheischt.

Diese Definitionen dürften alle Fälle in sich schliessen, in denen ungeweiltes Handeln Pflicht, Säumigkeit eine Pflichtverletzung ist. Bei Nothständen, durch die Wuth der entfesselten Elemente erzeugt, dispensirt die Natur selbst von der Einholung eines Expropiationsgesetzes für den einzelnen Fall. Das Bedürfniss, das Heer allezeit kampffähig zu machen und — wie es auch der Preussische Entwurf andeutet, — Motive zu §. 37 J. M. Bl. 1864 S. 374 — gegen eine drohende Invasion die schutzlose Seeküste zu decken, ist ein periodisch wiederkehrendes und unabweisliches. Soldaten können nicht auf einem Kasernenzimmer oder in einer Reitbahn praktisch eingeübt werden, wie sie den Feind anzugreifen und in kürzester Zeit zu vernichten haben. Dies kann nur auf grösseren Manövrirfeldern geschehen. Das geübte Auge des Ingenieurs muss im Augenblick den geeigneten Platz ersehen und mit einem passagèren Werk ausrüsten, um Geschütze darauf zu placiren und etwanige Landungsversuche des Feindes abzuhalten, unbekümmert darum, Wem der Platz gehört und was darauf wächst. Die Entschädigung dafür — um die es sich nur handeln kann — lässt sich ebenfalls in kürzester Zeit ermitteln und bezahlen.

Ebensowenig darf man von menschlicher Voraussicht erwarten, dass bei Erlass eines speciellen Expropriationsgesetzes und bei Feststellung des administrativen Plans alle Hindernisse ohne Ausnahme gewürdigt und zum Voraus berücksichtigt sein sollen, welche der Durchführung der Expropriation im Laufe der Arbeiten wider Erwarten sich entgegenstellen können. Man kann vielleicht nicht ohne Grund darauf gerechnet haben, dass man im Stande sei, eine Eisenbahn mitten durch einen See zu führen, weil dies die kürzeste Linie ist und bei den angestellten Bohrversuchen sich ergeben hat, dass die obere Erdschicht im See aus festem Boden besteht. Bei den Fortschritten der Arbeit selbst findet sich aber, dass diese feste Schicht nicht tief genug ist und dass sie die Belastung mit den Substruktionen der Bahn nicht ertragen kann. Es muss also der Versuch, an dieser Stelle den Uebergangspunkt zu finden, aufgegeben und nun in einem Bogen um den See herumgegangen werden.

Dadurch werden andere Expropriationen nothwendig, als wie man sie ursprünglich beabsichtigt hatte; die ursprünglich beabsichtigten müssen aber als werthlos für das Unternehmen aufgegeben werden. Oder es werden an anderen Stellen, als die man beim Beginn des Werkes im Auge hatte, mächtigere und bessere Kiesschachte und Steinlager aufgedeckt, die nun die Einrichtung von neuen Ablagerungsplätzen nothwendig machen. Es können gleichfalls augenblicklich durch Wolkenbrüche oder Ueberschwemmungen Nothstände sich erzeugen, die eine Herstellung fliegender Brücken und ähnlicher, auf den momentanen Gebrauch berechneter Communikations-Anstalten erheischen. In allen diesen Fällen, denen sich viele ähnliche anreihen lassen, kommt es darauf an, rasch zu handeln. Aufgabe des Gesetzes ist es dann, Formen zu finden, durch welche der Beweis geführt wird, dass, wo es gilt, die Legalität der Ausführung mit dieser selbst den gleichen schnellen Schritt einhält.

Die Ermächtigung zur Expropriation im summarischen Verfahren wird nun vom Französischen Gesetz — Art. 65 — durch Königliche Ordonnanz — jetzt Kaiserliches Dekret — für den Specialfall ertheilt; im Preussischen Entwurf, der zunächst bloss an eine Beschleunigung innerhalb eines schon eingeleiteten Expropriationsverfahren denkt, der betreffenden Bezirksregierung — §. 27 —, bei Expropriationen zu Militärzwecken dem Kreislandrath — im Auftrag der Bezirksregierung — §. 39 ff. — Das Schweizer Bundesgesetz legt die ausserordentliche Expropriation in die Hände des Bundesraths. Dessen Bestimmung bleibt es anheimgestellt, zu befinden, ob das ordentliche oder ausserordentliche Verfahren eintreten soll. Art. 22. b. Gesetzliche Ermächtigung

In allen diesen Bestimmungen waltet der Grundgedanke vor, dass bei der Expropriation im ausserordentlichen Verfahren auch eine Erleichterung in den Formen ihrer rechtlichen Durchführung eintreten müsse. Auffallend könnte nur beim ersten Blick erscheinen, dass dem Schweizer Bundesrath, als der höchsten vollziehenden Behörde, die Wahl zwischen dem ordentlichen und dem ausserordentlichen Verfahren gestattet sein soll. Allein dies erklärt sich einfach dadurch, dass das ausserordentliche Verfahren nur auf verhältnissmässig wenige und gesetzlich — Art. 17 — genau bezeichnete Fälle beschränkt ist; dass die Ermächtigung, das eine oder das andere Verfahren eintreten zu lassen, mehr darauf hinausgeht, das ausserordentliche Verfahren in das ordentliche hinüber zu führen, als umgekehrt, und dass endlich für das ausserordentliche Verfahren nur eine relativ sehr geringe und den Expropriaten wenig präjudicirliche Wirksamkeit geschaffen ist.

Wenn anderer Seits das Französische Gesetz den Eintritt des ausserordentlichen Verfahrens an eine Königliche Ordonnanz knüpft, so verfügt es nur im engsten Zusammenhange mit den Eingangsbestimmungen über das ordentliche Verfahren, worin auch schon — Art. 3 — die legale Existenz des öffentlichen Unternehmens für eine dort speciell aufgeführte Reihe von Expropriations-Angelegenheiten von einer einleitenden Königlichen Ordonnanz abhängig gemacht war.

Für Preussen haben wir (Kapitel VIII) unsere Ansicht darzustellen bemüht, dass nach der bestehenden landrechtlichen Gesetzgebung in Verbindung mit der Verfassung vom 31. Januar 1850 ein specielles Gesetz für den einzelnen Fall postulirt erscheint, und hieran den Wunsch angeknüpft, dass, wenn die Expropriation die Grenzen einer Provinz nicht überschreitet, diese Angelegenheit durch Wiedererweckung der legislativen Befugnisse der Provinzialstände geordnet werden möge. Hieran anschliessend würden wir es für wünschenswerth im Falle der Expropriationen durch ausserordentliches Verfahren erachten, das Unternehmen durch einen Königlichen Erlass einzuleiten, insofern mehr als eine Provinz dabei betheiligt ist; durch einen Erlass des Statthalters der Provinz aber, wenn es die Grenzen der Provinz nicht überschreitet. Wir gehen davon aus, dass die frühere historische Verfassung für diesen höchsten Würdenträger der Provinz einen ähnlichen Wirkungskreis geschaffen hat, wie für den Lordlieutenant einer Englischen Grafschaft auf einem freilich kleineren Territorium; er soll recht eigentlich der „Alter Ego“ des Königs sein. Für die Provinz Pommern wird dies noch heute deutlich dadurch erwiesen, dass der jedesmalige Thronfolger mit der gegenwärtig freilich nur eine Ehrenprärogative enthaltenden Würde eines Statthalters bekleidet ist. Die Schnelligkeit der Einholung und Ausführung Dessen, was an provinziell höchster Stelle angeordnet wird, ist durch die Vervollkommnung aller geistigen und leiblichen Communikationsmittel, namentlich durch Telegraphen und Eisenbahnen, hinlänglich gesichert.

c. Summarisches Verfahren selbst.

Beim Fortschritt des summarischen Expropriationsverfahrens beschränkt sich das Schweizer Bundesgesetz — Art. 18—21 — nur auf solche Massregeln, welche eine schleunige Ermittelung der Entschädigungsberechtigten zum Zweck haben. Ein besonderer administativer Plan braucht bei der Einfachheit der im Artikel 17 aufgezählten, zum ausserordentlichen Verfahren geeigneten Operationen nicht aufgenommen zu werden. Die schnellste Ermittelung der Entschädigungs-Berechtigungen wird dem Bauunternehmer auferlegt. Dieser wendet sich an die Eigenthümer, denen ihrerseits die Verpflichtung aufgegeben ist, „bei eigener Verantwortlichkeit“ ihren Adhärenten so rechtzeitig Kenntniss von dem

Unternehmen zu geben, dass sie in der gestellten dreissigtägigen Frist gegen die ihnen angesonnene Abtretungspflicht Einspruch erheben können. Leiden die weiteren Abtretungspflichtigen durch die Nachlässigkeit der Eigenthümer Schaden, so haben sie sich an diese zu halten. Das weitere Verfahren ist nach Art. 22. ff. ein gemeinschaftliches für das ordentliche, so wie für das ausserordentliche Verfahren Betreffs Feststellung der Abtretungspflicht und der Regulirung der Entschädigungen.

Das Französische Gesetz erfasst die ausserordentlichen Expropriationen nach Feststellung des Nothfalls durch Königliche Verordnung mit dem Expropriations-Urtel. Dies soll zugleich Ladung zum vorläufigen Regulirungstermin für die Expropriations-Interessenten enthalten. Die Administration stellt ihr Entschädigungs-Angebot, die Betheiligten haben sich darüber zu erklären. Bleiben sie im Termin aus, so nimmt das Tribunal oder ein von ihm kommittirter Richter eine Beschreibung über die abzutretenden Lokalitäten auf und bestimmt vor der Hand die Entschädigungssummen. Auf Ansicht des Beschreibungsprotokolles (procès verbal descripti) bestimmt das Gericht die vom Unternehmer zu deponirende Kapitalsummen nebst zweijährigen Zinsen zu fünf Prozent. Der Präsident des Gerichts ordnet nun auf Grund der Beschreibungs-Verhandlung und der gerichtlichen Bestimmung über die niederzulegende Summe nach Verlauf einer mindestens zweitägigen Frist die Besitzergreifung an. Gegen das Urtel des Gerichts und die Präsidial-Ordonnanz ist kein Rechtsmittel statthaft. Die definitive Festsetzung der Entschädigung erfolgt auf Betreiben der fleissigsten Partei durch die Jury. Urtheilt diese eine höhere Entschädigung als die im gerichtlichen Vorverfahren bestimmte aus, so muss der Ueberschuss in vierzehn Tagen gleichfalls deponirt werden. Wenn dies unterbleibt, so hat der Eigenthümer das Recht, sich der Fortsetzung der Arbeiten zu widersetzen. Art. 68—74.

Der Preussische Entwurf endlich beschränkt sich auf die Bestimmung — §. 28 —, dass die Bezirksregierung befugt sein soll, in besonders dringenden Fällen die Fristen zur Meldung und administrativen Erörterung der Entschädigungs-Ansprüche zu verkürzen, und dass gleichzeitig mit administrativer Festsetzung des Plans und Ausmittelung der Entschädigungen vorgegangen werden soll.

Eine Vereinigung zwischen diesen drei Systemen des summarischen Expropriationsverfahrens ist nicht möglich, weil sie verschiedene Ausgangspunkte haben. Dem Schweizer Gesetz kommt es nur darauf an, die Einspruchs- und Entschädigungs-Berechtigten auf die kürzeste Weise und in kürzester Frist zu ermitteln. Es ist, wenn wir uns so ausdrücken dürfen, eine reine Personalfrage zur schleunigsten Lösung vorgelegt. Umgekehrt ruht der Schwerpunkt des Französischen Verfahrens in der Besitzergreifung. Der Unternehmer soll möglichst bald mit den Arbeiten beginnen können. Hiezu wird ihm im Gesetz ein „Nothweg" eröffnet. Es prädominirt daher die Realfrage. Der Preussische Entwurf will allen Theilen vorläufig gerecht werden, soweit es gesetzliche Hülfen gestatten. Er stellt daher einen mezzo termino auf: die Interessenten sollen baldigst geladen, mit ihnen beförderlichst verhandelt und gleichzeitig die Feststellung des Plans uud der vorläufigen Entschädigung in Angriff genommen werden. Dies Alles im administrativen Wege.

Nunmehr lässt sich die innere Verwandtschaft der Bestimmungen des Preussischen Entwurfs über die Vorbestimmung der Entschädigungen mit dem Französischen Recht nachweisen, wenn gleich bisher schon im Preussischen Recht vielfache administrative Proceduren vorhanden gewesen sind, auf welche ein gerichtliches Definitivum gefolgt ist. Wie Briegleb mit seltenem Scharfsinn in der berühmten Clementina „Saepe" cap. 2 de verb. signif. V. 11; — das wahre Reformgesetz für den ganzen modernen Prozess entdeckt hat, — Summarischer Prozess, Cap. II. §, 12 ff. S. 34 ff. —; wie Leonhardt mit Geschick und Glück nachweist, dass die Reformbestrebungen der heutigen Französischen Prozessphilosophen, besonders von Raymond Bordeaux und Régnard, zur Umgestaltung ihres veralteten und den berechtigten Forderungen der Zeit längst nicht mehr entsprechenden ordinären Prozesses ihren Ausgangspunkt vom summarischen Verfahren „sur un simple acte sans autres procédures, ni formalités" Cod. d. proc. art. 405 — mit Recht nehmen — Prozessreform, Beitrag I. §. 12 ff. S. 85, Beitrag II. §. 17 S. 104 —; so hat auch der Preussische Entwurf zum Expropriationsgesetz von seinem Standpunkt aus die gewiss nicht zu missbilligende Idee verfolgt, dass der Preussische, ordinäre Expropriationsprozess in der Entschädigungsfrage von dem Grundgedanken des Französischen summarischen Expropriationsprozesses ausgehen solle. Nur fallen bei näherer Betrachtung dieser Reform sogleich drei wesentliche Verschiedenheiten ins Auge:

1) der Preussische summarische Expropriationsprozess ist ein blosses Incidentverfahren innerhalb desselben Expropriationsverfahrens. Der Französische ist eine besondere Procedur für ein freilich nach unserm Dafürhalten zu generell hingestelltes Gebiet, die „urgence", die selbstständig und ausser dem ordinären Verfahren einherschreitet. Zwei „ordonnances Royales" zur Einleitung besonderer Geschäftsakte in demselben Expropriationsgeschäft sind rechtlich undenkbar. Die Schicklichkeit scheint uns auch nicht zu gestatten, den Herrscher in derselben Angelegenheit zweimal zu bemühen.
2) Das Französische Gesetz nimmt bei dem summarischen Verfahren mit seiner Vorschau (Art. 68) seinem Consignations-Urtheil (Art. 69), der Präsidial-Besitzergreifungs-Ordonnanz (Art. 70) überall die richterliche Thätigkeit in Anspruch. Der Preussische Entwurf überträgt die nämliche Funktionen einer Verwaltungsbehörde, der Bezirksregierung. §§. 23, 30, 31. Wir ziehen die Bestimmungen des Französischen Expropriationsgesetzes vor, weil es sich um bloss civilrechtliche Akte handelt und die Gerichte regelmässig mit Entscheidung derartiger Rechtsfragen, überdies in grösserer Formenstrenge, befasst sind. Endlich ist sehr wichtig:
3) Der Anschluss des Schätzungsverfahrens vor der Jury und die ausnahmsweise dem Eigenthümer ertheilte ausserordentliche Ermächtigung: Gegen die Fortsetzung der Arbeiten Opposition einzulegen, wenn nicht die volle, von der Jury ausgeurtelte Entschädigung deponirt ist. Art. 73—74.

Bei Erörterung des §. 30 des Preussischen Entwurfs über die Besitzeinweisung (Kapitel XI) haben wir uns darzustellen bemüht, dass es nach unserer Ueberzeugung für den Eigenthümer nicht wohl thunlich sein dürfte, nach den in Preussen geltenden Systemen des specifisch Preussischen, des Rheinischen und des gemeinen Prozesses sich ein rechtskräftiges Urtheil über die Entschädigung von Gerichten zu verschaffen, bevor die Einweisung in den Besitz zu Gunsten des Unternehmers verfügt wird.

Wir verkennen nun nicht die gute Absicht, die bei der Aufstellung des §. 28 des Preussischen Entwurfs massgebend war. Der Decernent bei einer Regierung in Eisenbahnsachen ist gewiss gleichzeitig mit der gemeinnützigsten und ehrenvollsten Arbeit betraut. Man kann hier in eminentem Maasse seinen Mitbürgern nützen und das besondere Vertrauen der Vorgesetzten rechtfertigen. Aber es ist zugleich eines der formell und materiell schwierigsten Geschäfte. Sobald das Unternehmen nur glücklich in Zug gebracht ist, beginnt der Kampf der Ausführung des Unternehmens mit den auf jedem Schritt vorwärts unvermeidlich verletzten materiellen Interessen. Von allen Seiten her kreuzen sich schriftliche Eingaben und Gegenvorstellungen, alle: „Schleunig"; nicht zu gedenken der persönlichen Anfragen und Vorstellungen, die auch eine unverweilte Erledigung erheischen. Für diese ungeregelt andringende Fluth der Geschäfte soll jetzt ein eingedämmtes und sicheres Abflussbett im §. 28 des Entwurfs geschaffen werden.

Um so nothwendiger scheint es uns, dass die im Eingang des Kapitels von uns aufgestellte Trennung des summarischen Expropriationsprozesses nach zwei fest verschiedenen Kathegorieen festgehalten wird, um hienach das ausserordentliche Verfahren erschöpfend auszubilden.

Die erste Gattung:

> „Gewisse momentan eintretende Nothstände oder periodisch wiederkehrende Staatsbedürfnisse"

umschliesst einen selbstständigen summarischen Prozess.

Die zweite

> „Nothwendigkeit eines unverweilten Einschreitens bei schon angefangener Ausführung des Unternehmens"

einen summarischen Nebenprozess, der mit und in der Hauptsache — dem begonnenen Unternehmen — zum Austrag gebracht werden muss. Die letzterwähnte Kathegorie verhält sich zu dem Unternehmen selbst, wie ein mit Anstrengung des Hauptprozesses ausgebrachtes Arrestgesuch zu diesem selbst. Das unter liquiden Beweis, nicht auf blosse Bescheinigung, gestellte Arrestgesuch ruft unvorzügliche Thätigkeit des Richters in sicherer Anlegung des Arrestes hervor, weil das eleganteste nach allen Kunstregeln des gemeinen Rechts ausgearbeitete Erkenntniss unter Anrufung der Fürsten des Rechts, eines Gajus und Ulpian, sowie ihrer grossen Glossatoren, des Bartolus und Baldus, doch nur einen theoretischen Werth hat, wenn der Verklagte inzwischen sein Vermögen bei Seite geschafft hat. Aehnlich verhält es sich hier. Wenn im Fortgang der Arbeiten an einer Eisenbahn eine Strecke sich findet, deren Ueberschreitung nur mit unverhältnissmässigem Kostenaufwande zu erreichen sein würde; wenn neue und ergiebigere Lager von Baumaterialien erschlossen werden, für welche keine Niederlegeplätze projektirt sind, so muss durch eine Plankorrektur oder Gewährung einer Ablage die nöthige Hilfe gegen Uebelstände augenblicklich in dem anhängigen Expropriations-Verfahren gewährt werden, ohne dessen Beendigung abzuwarten. Für beide, wie wir gesehen, wesentlich verschiedene Kathegorieen bietet der Preussische Entwurf im §. 28 insofern eine brauchbare Grundlage, als er das Princip aufstellt, dass die Planfeststellung und die Ermittelung der Entschädigungen in schleunigen Fällen kombinirt werden sollen. Nur würden wir empfehlen, ihn aus dem Titel III. D „Feststellung der Entschädigungen" ganz herauszunehmen und damit sowie mit den sich anknüpfenden weiteren Bestimmungen über das summarische Verfahren einen besondern Titel zu bilden. Eine gleiche Oekonomie befolgt schon das Schweizer Bundesgesetz vom 1. Mai 1850 in der mit Art. 17 anfangenden Sektion: „B. Ausserordentliches Verfahren", worauf denn Art. 22 die Rubrik „C. Gemeinsame Bestimmungen" beginnt. In der That enthält nämlich der §. 28 des Preussischen Entwurfs viel mehr, als man an dieser Stelle suchen würde.

Wir wünschen aber sogleich zu einem Definitivum, nicht zu einem Provisorium zu gelangen, wie es der §. 28 des Entwurfs im Auge hat. Hiezu bietet sich Gelegenheit, wenn man davon ausgeht, dass die Expropriation in ausserordentlichen Fällen vom obersten Statthalter der Provinz eingeleitet wird. Von diesem aus bedarf es nur zweier Telegramme, um gleichzeitig den Kommissar der Auseinandersetzungs-Behörde und das gerade mit Rücksicht auf seine Funktion in allen Sachen so beweglich als möglich gemachte Schätzungsgericht sofort an Ort und Stelle zu dirigiren und hier definitiv sowohl eben so sehr die administrativen Modalitäten der schleunigen Expropriation als die Entschädigung der Interessenten endgültig festsetzen zu lassen. Für diesen Fall würden wir den administrativen Kommissar mit der Machtbefugniss bekleiden, wie der Französische Tribunalspräsident „sans opposition ni appel“ — art. 71 — von ihm selbst aus und ohne Collegialbeschluss unwiderruflich über die erforderlichen Verwaltungs-Maassregeln zu statuiren, weil die Fälle dieses Einschreitens an sich einfach, das Collegium überdies auf den Bericht seines, mit der Lokalität persönlich vertrauten Kommissars sich verlassen muss und die Sache selbst keinen Aufschub duldet. In acht Tagen könnte dann die ganze Angelegenheit, wenn dauernde neue Anlagen nothwendig sind, einschliesslich der Niederlegung der Entschädigungssummen und des Expropriations-Urtheils definitiv abgemacht sein, gleichviel, ob das ausserordentliche Verfahren unter den Formen eines besondern Prozesses oder eines Adhäsivprozesses auftritt.

Wir glauben umsomehr, dass es möglich sein wird, in einer solchen Sache zu zeigen, was Verwaltung und Gericht vereint zu leisten im Stande sind, wenn wir erwägen, dass durch die Thätigkeit des Gerichts in Preussen ein Wechselverklagter schon am dritten Tage nach Anstellung der Klage auf Grund eines vollstreckbaren Urtheils erster Instanz durch energische Handhabung des Wechselprozesses (Preussische Prozessordnung Tit. 27 §§. 12, 21, 25, 30, 44—45, Prozessnovelle vom 21. Juli 1846 §. 13) zum Wechselarrest gebracht sein kann.

d. Verfahren bei Militär-Expropriationen.

Wir schliessen an diese Grundzüge des summarischen Expropriationsverfahrens im Allgemeinen zwei häufiger erscheinende specielle Anwendungen desselben an.

Zunächst das Verfahren ausserordentlicher Art bei Expropriationen für Militärzwecke.

Es ist dies ein periodisch wiederkehrendes Bedürfniss des Staats, insofern nicht von Anlegung permanenter Befestigungen die Rede ist. Die letztern sind nach dem gewöhnlichen Expropriationsverfahren auszuführen, da die Anlage mit längeren technischen Vorbereitungen verbunden ist, und deren Ausbau schon wegen der Kostspieligkeit sowie der Entnahme der jährlichen Bauraten aus dem Extraordinarium des Budgets gewöhnlich eine nicht unbedeutende Reihe von Jahren hindurch dauert.

Die Fragen, die hier zur Sprache kommen, sind theils

realer, theils persönlicher Art. Realer Beschaffenheit, insofern es sich besonders um Anlegung von passagèren Befestigungen handelt, wie auch die Motive zum Preussischen Entwurf (§. 37 S. 374) umständlicher hervorheben. Persönlicher Art, insofern es nöthig ist, grösseren taktischen Körpern für die Uebungen im Divisions- beziehungsweise im Armeekorps-Verbande ein geeignetes Unterkommen in Cantonements-Quartieren und ein passendes Gefechts-Uebungsfeld zur Vorbereitung und Veranschaulichung der im Kriege vorkommenden Wechselfälle zu verschaffen.

Die sonstigen im Preussischen Entwurf hervorgehobenen militärischen Zwecke — §§. 37, 40 — scheinen uns von minderem Belang zu sein. Das Französische Expropriationsgesetz vom 3. Mai 1841 beschäftigt sich wesentlich nur mit permanenten militärischen Anlagen für das Landheer und die Kriegsmarine — Art. 75 ff. — und verweist im Uebrigen auf das die militärischen Bedürfnisse regelnde, daneben in Kraft bleibende Gesetz vom 30. März 1831. Wenn nun im Preussischen Entwurf noch besonders — §. 37 — die Exercir-, Schiess- und Lagerplätze; an anderer Stelle — §. 40 — das Terrain zu kleinen Felddienstübungen besonders erwähnt wird, so ist daraus an sich nur eine geringe Last für die betheiligten Grundbesitzer zu besorgen. Eine Expropriation zu diesen speciellen Zwecken dürfte in den seltensten Fällen eintreten. Zunächst wird es für die meisten Fälle in den Händen der Militärbehörden liegen, sich die geeigneten Lokalitäten auch ohne den Zwang der Expropriation zu verschaffen.

Wir mögen immerhin als richtig zugeben, dass die Gelegenheit zur Herausfindung solcher Plätze mit grösseren Schwierigkeiten als früher verbunden ist, seitdem in der Nähe der Städte der Pflug seine Herrschaft immer weiter ausdehnt, durch die Separationen der Antrieb zur regelmässigen Bestellung des Landes mit Einziehung der Weideländereien und mit dem Aufhören der Schwarzbrache gegeben ist, und seitdem die wachsende Theuerung der ersten Lebensbedürfnisse in den Städten zu grösserer Thätigkeit und Steigerung der Erwerbsquellen in unmittelbarer Nähe anspornt. Darum fällt es den Militärbehörden aber doch wohl nicht schwer, für die geringeren Uebungszwecke den nöthigen Raum zu erhalten. Denn, wenn Stadtkommunen, wie es gar nicht selten vorkommt, die Verlegung von Garnisonen in ihren Bezirk wünschen, so versteht es sich von selbst, dass sie auch die erforderlichen Plätze zu den kleinern Garnison- und Felddienst-Uebungen auf ihre Kosten beschaffen müssen, ohne welche ein militärischer Truppentheil ebensowenig existiren kann, wie ein Schüler ohne Gymnasium. Die Ausmittelung der Lokalitäten für diese Zweige des Vorbereitungsdienstes in nicht zu weiter Entfernung ist aber keine so schwierige für die städtischen Behörden, wenn man bedenkt, dass nach neueren statistischen Schätzungen noch immer 950 Quadratmeilen, in runder Summe ein Fünftel der ganzen Bodenfläche des Staats, als Oedflächen daliegen und ein grosser Theil dieses Landes schwerlich jemals bebaut werden kann.

Als die einzigen erheblichen Fälle für die Expropriation werden daher wohl der Regel nach nur die Beschaffungen des Terrains zur Anlegung provisorischer Befestigungen und für Manöver in grössern taktischen Verbänden übrig bleiben. Auch das erstere ist gewiss selten mit grossen Schwierigkeiten verbunden. Das Feuer der Strandbatterien aus den Küstenforts ist seewärts gerichtet; für die Anwendung der Rayongesetze bleibt wenig Spielraum übrig. Nahe beim Strande wird auch der Regel nach nicht lohnender Ackerbau getrieben, das Land ist vielmehr mit Sand, Weiden und Strandhafer bedeckt. Es reducirt sich daher schliesslich die Frage nach der Anwendbarkeit der Expropriation für vorübergehende Militärzwecke hauptsächlich auf die Herstellung grösserer Uebungs- und Cantonnirungs-Plätze für die Truppentheile vom Regiment aufwärts bis zur Brigade und weiter in kombinirten Waffengattungen von der Division an. Auch hier nimmt das Bedürfniss zur zwangsweisen Beschaffung passlicher Lokalitäten im Wege der Expropriation ab. Das „sub pellibus tenere“ — das Baraokiren — empfiehlt schon Cäsar als eines der vorzüglichsten Mittel zur Abhärtung des Soldaten und Kräftigung des militärischen Geistes. Die Vorgänge bei der Französischen Nord- und Süd-Armee mit den natürlichen Centren Paris und Lyon in den stehenden, stets von wenigstens einer Division bezogenen Lagern von Chalons (den geschichtlich berühmten campis Catalaunicis) und Sathonay haben unzweifelhaft an entscheidender Stelle eine Prüfung hervorgerufen, ob es nicht im Interesse der Armee selbst wünschenswerth sei, ähnliche Einrichtungen zu besitzen, die auf die Förderung des gemeinschaftlichen dienstlichen Interesses abzielen. Kaufen lassen sich freilich alle

Lokalitäten zu Uebungsterrains nicht, wie die Motive zum Entwurf — §. 37 S. 373 — mit Recht bemerken. Wir möchten aber im Anschluss an unsere frühere Darstellung (Kapitel IV) hervorheben, dass es sich für alle diese Fälle empfiehlt, in welchen eine Expropriation zu militärischen Zwecken sich nicht vermeiden lässt, in Erwägung zu nehmen, ob nicht die Entschädigung der betheiligten Grundbesitzer unter dem Charakter einer Rente aufzufassen und dem Fiskus das Recht vorzubehalten ist, die Rente mit dem zwanzigfachen Kapitalbetrage der Jahresentschädigung abzulösen. Wir finden einen Vorgang für diese Ansicht in dem Verfahren mehrerer städtischer Kommunen, die dem Fiskus, so viel uns bekannt geworden, für die Nutzung eines Terrains, das als Acker oder Weide unbrauchbar, gegen einen billigen Zins zeitweise überlassen haben.

In dem Preussischen Entwurf wird nun das Expropriationsverfahren für zeitweilige Militärzwecke der Regel nach administrativ so geordnet, dass der Kreislandrath, als beständiger Kommissar der Bezirksregierung nach vorgängiger administrativer Feststellung der Entschädigung und erforderlichen Falles unter Aufnahme einer Beschreibung der Realitäten (procès verbal descriptif, art. 68 des Französischen Expropriationsgesetzes vom 3. Mai 1841) mit der Besitzeinweisung ohne Gestattung eines Rechtsmittels beauftragt wird, soweit es sich um eine vorübergehende Besitzergreifung (occupation temporaire, art. 70 desselben Gesetzes) handelt. Steht dagegen nur eine vorübergehende persönliche Benutzung durch Truppen, verbunden mit einer Suspension des Nutzungsrechts des Eigenthümers, in Frage, wie bei allen grösseren oder kleineren Felddienstübungen, so können jene das für ihre Zwecke nothwendige Terrain auch ohne vorgängige Benachrichtigung der Besitzer gebrauchen. Der Entschädigungsberechtigte soll dann binnen drei Tagen bei Verlust seines Anspruchs nach beendigtem Manöver seine Forderung bei dem Kreislandrath schriftlich oder protokollarisch anmelden. Dieser oder ein zu ernennender Kommissar der Bezirksregierung schätzt dann die Flurschäden unter Beiladung aller Betheiligten und unter Zuziehung von Sachverständigen ab. Die Regierung setzt diesen ermittelten Schaden durch motivirten Beschluss fest. Gegen den letzteren findet binnen sechs Wochen präklusivischer Frist die Berufung auf rechtliches Gehör statt. Die Regierung hat jedoch auch das Recht, nach Anhörung der Sachverständigen innerhalb einer von diesen zu bestimmenden Frist eine zweite Abschätzung des Schadens vornehmen zu lassen, bevor sie ihren Beschluss fasst. §§. 37—45.

Uns scheint es, dass nach dem Vorgange des Französischen Expropriationsgesetzes in der Lehre vom summarischen Expropriationsprozess, Art. 68 ff., alle diese Operationen durch das betreffende Kreisgericht ausgeführt werden können, in dessen Bezirk diejenigen Grundstücke belegen sind, welche von den Truppen vorübergehend mit Bauten besetzt oder zu Uebungen benutzt werden sollen. Von der Nothwendigkeit eines administrativen Plans und der Feststellung eines solchen mittels eines besondern Verfahrens kann hier selbstverständlich nicht die Rede sein, weil die Königliche Generalordre, in welcher die Anlage temporärer Befestigungen oder der Manöverplan für die einzelnen Truppenkörper nach den verschiedenen Armeekorps angeordnet wird, hier das specielle Gesetz des Ausnahmefalles ist. Besitzeinweisung und Ermittelung von Entschädigungen scheinen uns rein civile, vermögensrechtliche Akte zu sein, die als solche der Kompetenz der Gerichte anheimfallen. Es möchte auch kein Hinderniss im Wege stehen, die Sache sogleich definitiv abzumachen, ohne nachträglich zuzulassende Anrufung der Gerichte im geordneten Instanzenzuge. Wenn nämlich der Oberpräsident der Provinz, der von diesen, an höchster Stelle beschlossenen Massregeln durch den Minister des Innern Kenntniss erhält, demjenigen Ersten Präsidenten des Appellationsgerichts, in dessen Amtssprengel die betreffenden Kreisgerichte belegen, davon seinerseits Nachricht ertheilt, so kann von diesem höchsten Magistrat der Provinz aus die fernere Verfügung an die Direktoren der Kreisgerichte ergehen. Werden nun von den letztern sogleich Richter zur Ermittelung der Entschädigungen kommittirt, und treten diese unter Zuziehung der Interessenten mit den im Kapitel X erwähnten, zunächst aus den Kreisverordneten gewählten Schätzern zum Schätzungsgericht zusammen, so ist die endgültige Ermittelung der Entschädigung sogleich zu bewirken. Es lässt sich auch wohl veranstalten, dass der Kreislandrath den Abschätzungstermin für den Militärfiskus wahrnimmt und sobald die Entschädigungssummen festgestellt sind, die Anweisung an die Kreiskasse ertheilt, für Rechnung des Militärfiskus die Entschädigungen unverweilt zu zahlen. Sollten unter diesen, die Rechte der Interessenten vollständig wahrenden Maassgaben die Grundeigenthümer sich noch nicht entschliessen, da, wo es darauf ankommt, den Besitz der dem Staat nothwendigen Plätze zu passageren Fortifikations- und ähnlichen Anlagen räumen zu wollen, so kann der mit Leitung des Schätzungsverfahrens beauftragte Richter-Kommissar beiden Theilen Ladung auf die nächste Audienz des Kreisgerichts ertheilen, das dann endgültig und vollstreckbar über die Exmission erkennt. Diese Förmlichkeiten sind gleichfalls für die Rheinprovinz durch die Betheiligung der Landgerichts-Präsidenten, bezw. der Friedensrichter als Richter-Kommissare anwendbar.

In den Fällen, in denen es auf Besitzeinweisung nicht ankommt, in denen vielmehr die Truppen bei grösseren Uebungen vorübergehend bestellte Ländereien betreten haben, ist die im §. 43 des Preussischen Entwurfs gestellte Nachschau gewiss in der Billigkeit begründet. Nur dürfte sie zunächst auf Antrag des Fiskus anzuordnen sein, weil dieser allein ein Interesse zur Sache hat, dem Gegner den Beweis zu führen, dass ihm in der That aus dem Betreten seines kultivirten Landes kein Nachtheil erwachsen sei. Dieser Antrag ist an sich ein durch die Umstände wohl gerechtfertigtes Gesuch um Vertagung des Schätzungstermins, wenn man erwägt, wie viele Grundbesitzer nach Beendigung eines Mannövers sogleich oft die übertriebensten Entschädigungs-Forderungen aufstellen und wie wenig es möglich ist, in den nächsten acht Tagen nach dem Uebergange nur annähernd zu sehen, ob solche Beschädigungen wirklich vorgefallen sind. Hier kommt auch noch die Zeit in Betracht, in der diese Manöver, gewöhnlich im Frühling und im Herbst, unmittelbar nach Bestellung der Sommer- und der Wintersaat, stattfinden. Man kann nicht nur den Motiven (zu §§. 42—43, Just. Min. Bl. 1864 S. 376) darin beistimmen, dass es der jungen Saat häufig nicht schädlich ist, wenn sie von Infanterie flüchtig betreten wird, weil damit die Arbeit des Einwalzens ausgeführt wird; sondern man darf auch weiter gehen und behaupten, dass durch Stellung von Kavallerie auf Piket in einem solchen Felde die nämliche Arbeit verrichtet und dem Besitzer überdies ein erheblicher Vortheil bereitet wird. Vermittels der auf diesen Stellen zurückbleibenden löslichen Ammoniakalien erhalten erfahrungsmässig die Saaten auf kraftlosem Boden eine nicht unbeträchtliche Ueberdüngung, so dass sie in nicht langer Zeit durch einen üppigen Wuchs dem Auge sich besonders markiren.

e. Nothstands-Expropriationen.

Ein gleiches, höchst beschleunigtes Verfahren muss auch zur Anwendung kommen, wenn unvorhergesehene Naturereignisse zur Ablenkung grösserer Gefahr die Ableitung des schädlichen Elements auf das Grundstück eines Einzelnen nothwendig machen. Sicher wird sich Niemaud besinnen, bei einer für die ganze Stadt Verderben drohenden Feuersbrunst ein Paar benachbarte, von der Flamme noch nicht ergriffene Häuser einreissen zu lassen, wenn dadurch dem Umsichgreifen eines verheerenden Brandes Einhalt gethan werden kann, oder mittels eines Deichdurchstiches der anschwellenden Wasserfluth einen Seitenabzug zu verschaffen, wenn damit ein ganzer Landstrich vor Verwüstung gerettet werden kann. Von einem ängstlichen Abwägen, ob dies nothwendig, und von Beobachtung der gewöhnlichen Förmlichkeiten bei Expropriationen darf in solchen Augenblicken höchster Gefahr nicht die Rede sein. Durch umsichtiges und schnelles Handeln lässt sich dabei das Unglück auch dann zum Nutzen für alle Betheiligten wenden, wenn die Natur selbst expropriirt und dem reissenden Strom ein neues, sicheres Bette angewiesen hat, wie wir dies neuerlich bei der Weichsel gesehen haben. Es kommt in diesen Fällen nur darauf an, den neuen Erwerb durch unverzügliche Arbeit zu befestigen und allen Gefahren für die Zukunft in einsichtiger Benutzung des günstigen Moments vorzubeugen. In allen diesen Ereignissen kann es sich nur darum handeln, den Verlust der Expropriaten durch das Kreis-Schätzungsgericht sogleich feststellen zu lassen.

Zum Schluss machen wir darauf aufmerksam, dass das Preussische Landrecht gelegentlich (I. 9 §. 271, II. 15 §§. 69 bis 71, Zeitschr. des Revis. Coll. B. 15 S. 232) den durch einen neuen Lauf eines Flusses beschädigten Grundeigenthümer auf Landentschädigung aus dem alten verlassenen Flussbette anweisst.

Druckfehler-Verzeichniss.

Seite	67	Zeile	39	lies:	Celsus	statt:	Colsus
"	68	"	42	"	Aurelianus	"	Aurelanus
"	69	"	5	"	placuit	"	piacuit
"	69	"	38	"	Territorial-	"	Territerial-
"	71	"	30	"	Staatsanwaltschaft	"	Staatsanwalt
"	74	"	8	"	Cantonal-	"	Contenal
"	76	"	18	"	9	"	g
"	78	"	14	"	national-	"	material-
"	89	"	12	"	Opportunität	"	Oppertunität
"	94	"	7	"	alten	"	allen
"	95	"	11	"	Individualaktion	"	Individualakten
"	104	"	10	"	VII	"	VIII
"	106	"	38	"	Verordnung	"	Ordnung
"	117	"	28	"	Gestattung	"	Gestaltung
"	117	"	29	"	älteren	"	altüren
"	119	"	36	"	ablegt	"	obliegt
"	121	"	39	"	denen	"	deren
"	122	"	14	"	endgültig	"	endgütig
"	123	"	9	"	zu hemmen	"	zusammen
"	124	"	26	"	Entschädigungs-	"	Entscheidungs-
"	125	"	27	"	1804	"	1854
"	127	"	28	"	Klagekumulation	"	Klagekumutation
"	128	"	18	"	Interdicirten	"	Intendicirten
"	143	"	6	"	Expropriationsobjekte	"	Expropriationsgesetze
"	181	"	13	"	die	"	für die.

GPSR Compliance

The European Union's (EU) General Product Safety Regulation (GPSR) is a set of rules that requires consumer products to be safe and our obligations to ensure this.

If you have any concerns about our products, you can contact us on ProductSafety@springernature.com

In case Publisher is established outside the EU, the EU authorized representative is:

Springer Nature Customer Service Center GmbH
Europaplatz 3
69115 Heidelberg, Germany

Batch number: 10844655

Printed by Printforce, the Netherlands